宁波市哲学社会科学研究基地项目成果

政府培育发展社会组织：模式、路径与效应

滕红燕　著

WUHAN UNIVERSITY PRESS

武汉大学出版社

图书在版编目(CIP)数据

政府培育发展社会组织：模式、路径与效应 / 滕红燕著．
武汉：武汉大学出版社,2025.6. -- ISBN 978-7-307-25031-4

Ⅰ. C912.21

中国国家版本馆 CIP 数据核字第 2025TU2817 号

责任编辑:陈　帆　　　责任校对:鄢春梅　　　版式设计:马　佳

出版发行:**武汉大学出版社**　　(430072　武昌　珞珈山)

(电子邮箱: cbs22@ whu.edu.cn　网址: www.wdp. com.cn)

印刷:湖北云景数字印刷有限公司

开本:720×1000　1/16　　印张:16.75　　字数:270 千字　　插页:1

版次:2025 年 6 月第 1 版　　2025 年 6 月第 1 次印刷

ISBN 978-7-307-25031-4　　　定价:79.00 元

目　　录

表 目 录

图 目 录

第一章　导论：全球视野下的政府培育发展社会组织

第一节　政府培育发展社会组织：在争议中
探寻中国式政社关系发展路径

政府培育发展社会组织是一个广泛现象。自新公共管理运动以来，政府通过社会组织、企业等非政府组织来间接供给公共服务成为一种流行趋势，这种趋势在无形中也促进了政府培育发展社会组织行为的产生。一方面，政府在公共服务供给领域对社会组织的开放，以及大量政府购买服务资金的注入，进一步拓展了社会组织的生存空间，成为社会组织规模和数量迅速增长的重要动力。另一方面，伴随福利国家转型所面临的资源困境，以及社会组织在公共服务供给中所体现出的独特优势，包括中国在内的世界各国政府主动地采取了各种方式去培育和发展社会组织，以期以最小的成本实现更高效益的公共服务供给。

政府培育发展社会组织，指政府采取积极的措施促进社会组织的发展，这些措施主要包括改善社会组织的政策环境，提供社会组织成长发展所需的资金和平台等各方面的支持，以及以转移政府职能和购买服务等方式鼓励社会组织参与公共服务的供给等。政府培育发展社会组织不仅仅是表面上所显示的政府培育和支持行为，其背后还涉及国家与社会关系的转型、社会组织发展路径的选择、公共服务供给方式的变革以及社会治理结构的转型等一系列的重大问题。因此，近年来，政府培育发展社会组织已成为横跨公共管理学、社会学、政治学等多个学科领域的研究热点。

政府培育发展社会组织的行为及其所带来的一系列影响，促使人们去重新思考政府与社会组织在构建现代国家治理体系中的各自角色和相互关系。从政策目标来看，政府培育发展社会组织是政府提升国家治理能力中一个重要的理想途径。借助社会组织的跨部门优势，政府能更好地应对现代社会治理问题中的各种挑战。然而，政府培育发展社会组织本身仍面临诸多争议，这些争议包括但不限于以下几个问题：

第一，政府能否培育发展出一个具备跨部门优势、能够在公共服务供给中有效弥补政府自身不足的社会组织系统？

第二，政府培育发展社会组织能否促进政府与社会组织之间形成新型、良性的合作伙伴关系？换言之，政府培育发展社会组织是促进了双方之间的合作，还是反而会强化政府对社会组织的管控？

第三，在政府强有力的介入下，社会组织如何能在相对不平等的双方权力关系中克服约束，创造机会，以实现自身的组织使命和目标？

因此，政府能否有效实现其培育发展社会组织的政策目标，仍是一个亟待深入探讨的问题。

政府培育发展社会组织的以上这些争议引起了国内外学者的广泛关注，而在中国语境下探讨政府在培育发展社会组织过程中存在的这些问题，又具有一定的特殊性。中国政府培育发展社会组织具有与西方语境迥异的历史发展脉络和时代特征，这种差异性也使该议题在学术研究与实践探索中具有不同的核心关注点。

在学术研究方面，已有理论研究表明，由于制度环境、历史背景的差异，基于国家社会二分、追求相对于政府独立性的西方社会组织发展路径并不适合中国实际。因此，自20世纪90年代以来，一批具有历史使命和现实关怀的学者深入探讨了在"强国家—弱社会"的环境下，以社会组织为主体的市民社会（civil society）在中国是否存在，如何内生出相对自主和成熟的社会组织等问题。这些研究致力于探寻基于中国特色和本土经验的社会组织发展路径，并逐步将研究议题聚焦于如何促进社会组织的成长，以及如何推动政府和社会组织之间的合作共治等问题（邓正来、景跃进，1992；顾昕，1994；安戈、陈佩华，2001；康晓光、韩恒，2005）。

在实践探索方面，经过20多年的发展，我国政府在社会组织发展问题上，正逐步走出传统的管控约束与零和博弈的旧模式，转而将正确处理政府与社会组织的关系、促进社会组织高质量发展以及充分发挥其作用，作为重要的政策目标，以推动社会组织助力国家治理体系和治理能力的现代化。相应地，我国各级政府陆续出台了一系列的政策来培育发展社会组织，将社会组织定位为重要的社会治理主体，把培育发展社会组织、充分有效发挥其作用，作为加快构建现代公共治理体系的重要举措之一。

政府对社会组织的积极培育和扶持，意味着我国政府与社会组织关系的性质正在发生重大调整，表明政府正在以更加正面、积极的态度来看待社会组织在提供公共服务、促进政府职能转移和构建现代公共治理体系中的作用和价值。然而，政府对社会组织的培育扶持，并不必然意味着社会组织自此便能实现自身的良性发展；同样地，政府对社会组织作用的日益重视，也并不代表着在实践中能够顺利达成政府与社会组织合作共治的政策目标。在现实社会中，我国社会组织的发展路径及其与政府的关系仍然面临着与西方国家的社会组织发展路径截然不同的各种挑战，例如政府对社会组织采用自上而下的动员式发展策略，造成实践中出现了大量的"僵尸组织"，以及处于发展初期、组织能力相对孱弱的社会组织在面对处于强势主导地位的政府时，被政府行政化和工具化等现象。

实际上，在"强国家—弱社会"的格局下，从全能主义时期社会组织角色的缺失，到后全能主义时期政府对社会组织发展的管控与约束，再到当前政府开始强调社会组织的作用并对其赋权赋能，我国政府对社会组织的政策虽然经历了显著的演化与变迁，但政府与社会组织的边界始终存在着模糊甚至越界的问题。因此，当政府投入大量资源并以行政动员的方式介入社会组织的发展中时，政府能否培育出真正具有跨部门优势的社会组织，以及政府能否与社会组织形成良性健康的合作关系，便成为理论与实践中尤为值得关注的重要问题。

因此，中国政府培育发展社会组织所具有的独特历史发展脉络和时代特征，以及从中央到地方各个层级政府开展的各种培育试验和积累的丰富经验，能够为探寻上述政府培育发展社会组织所面临的三大争议性问题提供新的研究契机。作为"least-likely case"（George & Bennett, 2005），在中国语境中探讨政府培育发展社会组织的问题可以为以下问题找到可能的答案：在理论和实践中看似颇为矛盾的"政府造社会"路径，是因为其自身存在难以克服的缺陷，以至于无论采取何种方式，政府培育发展社会组织最终都会不可避免地陷入国家单方面控制社会的困境中？还是说，存在一些潜在的、更具中国适用性的方法，既能使政府在社会组织相对孱弱时以恰当方式加以扶持、加快其成长，从而得以借助社会组织的跨部门优势共同应对各种治理挑战，又能使社会组织在抓住发展机遇的同时，保持一定的自主性以实现自身的使命和目标？

因此，研究中国各层级政府在培育发展社会组织过程中所采取的不同方式及其对政社关系演变和社会组织发展产生的效应，不仅能够丰富国内外关于政府与社会组织互动关系的研究，为探讨"强国家—弱社会"格局下的政社合作治理机制和社会组织发展路径提供基于中国经验的方案，而且对于探索基于中国特色和本土经验的社会组织发展路径，以及推进更具中国适用性的国家社会关系理论的研究，具有重要的理论和实践意义。

第二节 本书主要内容与结构安排

基于上述讨论，本书将对我国政府培育发展社会组织的模式、路径和产生的效应展开研究，为回答以上这些问题提供新的实证依据。围绕什么是政府培育发展社会组织，政府如何培育发展社会组织，政府培育发展社会组织所产生的效应及其作用机制等问题，本书的后续篇章结构将按以下逻辑展开：

第二章为"政府培育发展社会组织：概念、模式与政策工具"。政府培育发展社会组织是一个具有深厚历史背景的全球性现象。在不同地区，政府通过运用丰富多样的政策工具来促进社会组织发展，在这个过程中表现出了差异化的行为模式特征。本章将结合国内外已有的研究和实践，讨论以下三方面内容：

首先，介绍政府培育发展社会组织产生的时代背景和影响范围，回答"什么是政府培育发展社会组织"的问题。其次，聚焦我国政府培育发展社会组织的实践，分析政府培育发展社会组织采用的主要模式类型及其特征，比较不同的政府培育模式对社会组织发展的支持差异，以及将政府培育模式的概念操作化，为后续进一步分析政府培育模式的效应奠定基础。该部分的关键问题包括：政府在培育发展社会组织的过程中应该扮演什么样的角色，各项支持性的政策和培育机制的设计具有哪些总体性的特征，政府培育模式有哪些核心维度，如何在定量研究中测量政府培育模式的特征，等等。最后，为了更好地论述不同的政府培育模式在实践中具有哪些区别，本章将通过理论与案例相结合的方法，选取公益创投与政社共建公益性机构这两种政策工具，从比较案例分析的视角，探讨在政府采用不同的培育模式下，同一种政策工具在运作方式、机制特征及实施成效方面的差异。

第三章为"政府促进支持型社会组织发展的路径选择"。前文主要探讨了政府对于一些相对比较弱小、在资源和能力上需要外部培育主体予以支持的普通社会组织，应该采取怎样的模式和政策工具促进其发展的问题，并提出一个较为理想的路径是"以社养社"：通过赋权支持型社会组织、以间接的方式促进社会组织的发展。然而，一个依然有待解决的问题是，当支持型社会组织自身仍处于较弱水平的时候，政府又应如何促进它们的发展，即"社会培育主体如何培育"的问题。

在一个相对成熟的社会组织系统中，支持型社会组织提供的是社会组织整体发展所需的公共基础设施，是整个社会组织生态系统健康成长的支柱，具有很强的专业性、社会链接能力和自我知识迭代更新能力。鉴于支持型社会组织发展的特殊性和重要性，政府通常用于培育发展普通社会组织的政策工具和培育模式并不适用于促进这类组织的发展，因而需要单独来讨论。上文所述的政府间接培育模式的本质是借助社会和市场机制"以社养社"，但当前政府对支持型社会组织的培育扶持更多体现的是行政化的直接培育模式。基于此，本章将围绕"政府应如何促进支持型社会组织的发展"问题展开论述，从我国支持型社会组织的发展现状和存在的问题出发，通过运用第二章提出的政府间接培育模式的基本逻辑，探讨政府应如何构建促进支持型社会组织发展的政策支持体系。

第四章为"政府培育发展社会组织的效应：基于政社关系发展的考察"。政府培育发展社会组织产生了全方位的效应，包括但不限于对社会组织数量和规模的影响、对政府自身机构改革和职能重构的效应、对政府和社会组织关系发展的影响等。其中，正确处理政府与社会组织关系既是政府培育发展社会组织的重要政策目标之一，也是充分发挥社会组织作用的必要条件，更与社会组织发展路径的选择息息相关。因此，本章将主要以政府与社会组织关系的发展走向为切入点，考察政府培育发展社会组织对政社关系发展所产生的效应，并进而分析其中的作用机制。

已有研究识别了政府培育发展社会组织可能会对政社关系发展产生的两种效应，但并未进一步给出政府培育影响政社关系发展方向的实现条件和作用机理，较少考量政府在处理政社关系中的双重行为逻辑，同时在分析中也较少关注社会组织的行动能力和发展质量在其中的影响。本章将在已有研究的基础上，根据政府培育模式的核心维度与组织间权力理论，构建政府培育模式影响政社关系特征的综合分析框架，然后综合运用结构方程模型和多元层级回归分析等方法，分析和验证在政府培育发展社会组织过程中，有哪些因素影响了政社关系发展的方向，其中的影响机制是什么等问题。

第五章为"建构基于中国本土经验的社会组织发展路径"。中国所具有的独特历史发展脉络和时代特征以及丰富的地方实践，为探讨在"强国家—弱社会"的场景下政府如何培育和发展社会组织，如何在培育中构建出更为良性的政社关系，以及社会组织如何在双方相对不平等的权力关系中实现与政府的合作共治等问题提供了一种可行的中国方案。本章将回到本书的核心理论，基于全书对政府培育发展社会组织模式、路径和效应的讨论和分析，论证通过政策改良形成的政府间接培育模式能够促成政社关系的良性发展，并有助于实现政府培育政策的多重目标；同时，相对于西方路径而言，以政府扶持、参与共治为主要方式的社会组织发展路径更具有中国适用性。最后，基于上述研究，本书将进一步提出如何优化政府培育发展社会组织政策以及如何构建更加良性的政社合作关系等方面的政策建议。

第二章　政府培育发展社会组织：

概念、模式与政策工具

第一节　什么是政府培育发展社会组织

一、政府培育发展社会组织的发展历程

政府培育发展社会组织，是指政府采取积极的措施促进社会组织发展，其具体的支持方式包括改善社会组织的政策环境、提供社会组织成长发展所需的资金和平台等方面的支持、以转移政府职能和购买服务等方式鼓励社会组织参与公共服务供给等。

政府培育发展社会组织是近 20 年中国政府与社会组织关系发展变化中的一个重要现象。早在 2006 年，党的十六届六中全会就提出，对社会组织要"坚持培育发展和管理监督并重，完善培育扶持和依法管理社会组织的政策，发挥各类社会组织提供服务、反映诉求、规范行为的作用"。2012 年，民政部和财政部出台《关于政府购买社会工作服务的指导意见》，正式以购买服务等方式支持社会组织发展；同年，"中央财政支持社会组织参与社会服务示范项目"正式启动，截至 2021 年 9 月，累计投入 15.8 亿元资金用于支持社会组织参与社会服务。2013 年，《国务院机构改革和职能转变方案》明确提出应重点培育、优先发展行业协会商会类、科技类、公益慈善类、城乡社区服务类社会组织。2020 年，民政部出台了《培育发展社区社会组织专项行动方案（2021—2023 年）》，大力促进社区社会组织发展，发挥其在加强和创新基层社会治理和建设社会治理共同体中的作用。在政府的强有力推动下，我国社会组织的发展数量实现了迅速增长，发展质量稳步提升。截至 2024 年三季度末，全国共有社会组织 87.9 万家，包括 38 万家社会团体、48.9 万家社会服务机构以及 9700 余家基金会，此外，全国各类社区社会组织已达 270 万家。[1]

---

[1]　《截至今年三季度末，全国共登记社会组织 87.9 万家》，载《北京日报》，https://news.bjd.com.cn/2024/10/23/10944525.shtml，2025 年 3 月 3 日访问。

政府培育发展社会组织的现象不仅仅存在于中国，而是一个遍布全球、具有深厚历史背景的广泛现象。一般认为，政府对社会组织的大范围支持，以及在公共服务领域与社会组织的广泛合作兴起于 20 世纪 70 年代，但实际上政府对社会组织的支持和发展拥有比这更为长久的历史。

以美国为例，已有研究显示，政府培育发展社会组织最早可以追溯到美国建国前后对私人教育服务机构的资助和支持。由于当时流行的观点认为，服务于公共目标的教育、医疗和社会服务等私人慈善机构也应该得到公共资金的支持，同时也因为对公共机构在提供公共服务效率上的顾虑，在 19 世纪末，政府已经广泛地资助私人慈善机构，政府资助甚至替代私人捐赠成为大多数社会组织的主要收入来源；发展到 20 世纪 70 年代，这种现象在数量和程度上都显著增长，社会组织成为美国公共出资服务的主要提供者，为了更好地达成提供公共服务的目标，政府甚至创建了全新的社会组织，从而拓展了社会组织的类型构成（萨拉蒙，2008）。除了美国以外，在西方发达国家和一些发展中国家，政府同样也是支持社会组织发展的主要力量，在社会组织的发展中起到了显著作用，可以说，来自政府的支持是形成 20 世纪"全球结社革命"一个重要的推动力（萨拉蒙，2008）。政府的支持成为社会组织长期发展不可或缺的条件，甚至有学者认为，"在很大程度上，它们（草根组织）是适当的政策和称职的政府机构培育的"（安妮斯，1987）。

二、政府对社会组织的主要支持方式和支持规模

政府对社会组织的支持具有多种方式，如为社会组织的发展提供良好的法律环境，出台各种税收优惠政策，向社会组织提供资金支持，等等。其中，相较于前两种支持方式带来的作用，政府向社会组织提供的资金支持是影响社会组织发展的重要途径之一，如通过财政拨款和购买服务等途径直接资助社会组织来提供公共品和公共服务（Smith，2006；Salamon et al.，2017；Lu，2016；萨拉蒙，2007a）。萨拉蒙等学者在 20 世纪 90 年代对全球社会组织发展的研究显示，来源于政府的资金支持在全球范围内已经超过社会捐赠，成为社会组织收入的重要组成部分，占比超过 1/3，特别是在健康和社会服务领域，政府资助已成为社会组织的主要收入来源；在英国、德国和法国等发达国家，政府资助更是成为社会组

织最大的收入来源，这些国家通过在社会福利服务的供给中建立"政府出资、社会组织提供服务"的合作伙伴关系，推动了社会组织的蓬勃发展，成为其发展壮大的关键力量（萨拉蒙，2007b）。

此外，政府也通过搭建社会组织成长发展的平台、赋权一些支持型社会组织来提供能力建设支持等方式，促进社会组织的发展（Shea，2011；White House，2008；王浦劬、萨拉蒙，2010；王浦劬、郝秋笛，2016；王名等，2009）。支持型社会组织主要指专门为各类中小型和草根社会组织提供资源、信息、能力建设等服务，以及为社会组织行业提供评估、认证、监管等职能的专业性或联合性社会组织（祝建兵，2016；Brown & Kalegaonkar，2002）。

在一些发达国家，支持型社会组织在政府向社会组织提供资助的过程中发挥了核心作用。例如，美国联邦政府经常通过支持型社会组织来赋权社会，促进第三部门的发展，一方面是因为支持型社会组织能更好地识别和支持一些地方性社会组织，另一方面也是因为这些地方性社会组织虽然运作得很高效，但其组织能力还不足以与联邦政府直接合作，故联邦政府转而通过支持型社会组织间接地向这些地方性社会组织提供资助。一个典型的例子是，美国卫生与公众服务部（Department of Health and Human Services，DHHS）下属的儿童和家庭管理局（Administration for Children and Families，ACF）自 2002 年以来通过"CCF"项目（Compassion Capital Fund）向支持型社会组织提供了 1.75 亿美元，专门用于支持该国的社会组织能力建设；支持型社会组织主要通过向地方性社会组织进行二次分配、提供能力建设、培训和技术支持等方式执行这些项目（Shea，2011）。

在英国，政府也通常以合作网络的方式实施社会组织能力建设项目，而非由政府直接操作。如该国由社区、地方政府与第三部门共同设立的社区建设者基金（Community Builder Funds），主要由社会投资企业（Social Investment Business）这一第三方机构管理，以支持一些小型的地方性社会组织（王浦劬、郝秋笛，2016）。另一个例子是英国的"Chang Up"项目和"Capacity Builders"项目。这些项目向社会组织提供资金支持和能力建设服务，从而提高社会组织的服务能力和管理水平。截至 2011 年，这些项目已经累计提供了 2.4 亿英镑资金，而这些资金主要由支持型社会组织以及其他多元主体组成的各类地方性联盟组织负责运营（王名等，2009）。

综上所述，从世界各国的社会组织发展经验来看，政府培育发展社会组织是一个遍布多个国家、数量和规模庞大的广泛现象，对社会组织的发展以及政府提供公共服务的方式都产生了重要影响。一方面，政府通过投入大量公共资金，借助社会组织来间接提供公共服务，无形中大大拓展了社会组织的生存空间。另一方面，为了提高社会组织提供公共服务的能力和管理水平，政府主动提供了全方位的能力建设支持，从而加快了社会组织的发展与成熟。可以说，政府是推动社会组织发展的重要力量，社会组织的可持续发展离不开政府的大力支持（James，1987；Salamon et al.，2017）。

三、政府培育发展社会组织的主要研究视角

政府培育发展社会组织的重要政策目标之一是充分发挥社会组织的作用，从而得以借助社会组织的跨部门优势，以便更好地应对现代社会的各种治理挑战，提升政府的治理能力。因此，为了有效达成其政策目标，政府需要提升其培育的社会组织的质量，尤其是需要培育发展出一个具备跨部门优势、能够在公共服务的需求识别与供给方式设计中有效弥补政府自身不足的社会组织系统，并与之建立起新型、良性的合作伙伴关系，这是政府能否在治理中充分发挥社会组织作用的重要前提。

那么，政府应如何提升其培育发展社会组织政策的有效性？政府在培育发展社会组织的过程中应该扮演什么样的角色？政府应如何设计社会组织的培育机制，从而能够借助多方资源助力社会组织的高质量发展？

对于这些问题的回答涉及政府如何培育发展社会组织的问题，相关研究涉及以下几种不同的研究视角。首先是国家与社会关系的研究视角，主要讨论政府对社会组织所采取的发展策略（康晓光、韩恒，2005；王名，2013；Jing，2015；Teets，2015；Howell，2011；Gleiss & Sæther，2017；Ma，2002；林闽钢、战建华，2018）。其次是制度分析视角，主要是从社会组织发展所需要的制度环境支持来探讨政府培育发展社会组织的问题（黄晓春，2017；李友梅，2016；王名、刘求实，2007）。以上两种视角更多的是从宏观层面分析政府培育发展社会组织的问题，为分析政府培育发展社会组织行为的本质提供了深刻的见解和丰富的理论基础。由于宏观层面的政治制度环境变迁和政策转向需要一个过程，一些诸如对社会组织培育发展的选

择性支持、制度碎片化和制度缺位等问题仍将在相当长的一段时间内存续，故这两种视角在分析中微观层面的具体培育发展问题上存在一定的限度。

此外，还有一类重要的研究视角是政策分析，主要关注政府培育发展社会组织过程中的政策创新，以及所采用的政策工具类别、作用、特征与可能存在的限度（黄晓勇，2017；萨拉蒙，2016；王浦劬、萨拉蒙，2010；王世强，2012；谭志福，2014；崔正等，2012；李健、荣幸，2017；王炎龙、刘叶子，2021；邵任薇等，2021）。本书认为，政府运用政策工具的培育结果并非单纯由政策工具本身决定的，而与政府实际中的培育理念和培育模式有关。在选择同样的政策工具的情况下，若政府采取的培育模式不同，政策工具的运用方式和产生的效果也将大相径庭，而探讨政府培育发展社会组织的另一类研究正是从政府的培育模式视角入手的。这些研究主要从培育主体间关系、培育方式和资源配置机制等维度，归纳、分析和比较不同培育模式的特征和效果差异。

鉴于政府所采用的培育模式对多元主体合作网络、资源整合方式以及当地的社会组织发展形态具有深远影响，关系到地方政府培育社会组织的政策走向，故本书主要采用该视角来展开研究。接下来，本章第二节将根据理论和实践中政府培育发展社会组织政策和行为模式的总体特征，探讨政府培育发展社会组织所采取的主要模式类型，在此基础上比较不同的政府培育模式对社会组织发展的支持差异，然后提炼政府培育模式的核心维度，将政府培育模式的概念操作化。同时本章的第三节也将以比较案例的形式，具体论述同一政策工具在不同政府培育模式下的运行机制、各主体的行为特征以及实施成效。

第二节 政府培育发展社会组织的主要模式

一、政府培育发展社会组织的模式类型

（一）已有研究评述

从国内外的发展经验来看，社会组织的可持续发展离不开政府的大力支持（James，1987；Salamon et al.，2017）。政府采取了多种方式培育和发展社会组

织，如通过财政拨款和购买服务等途径直接资助社会组织提供公共品和公共服务（Smith，2006；Salamon et al.，2017；Lu，2016；萨拉蒙，2007a；王世强，2012），或是通过搭建社会组织成长发展的平台、赋权一些支持型社会组织提供能力建设支持等（Shea，2011；White House，2008；王浦劬、萨拉蒙，2010；王浦劬、郝秋笛，2016；王名等，2009）。

政府对社会组织的培育和支持引起了学术界对政府培育发展社会组织模式（以下简称"政府培育模式"）的关注和探讨。尽管该领域已有不少研究，但现有文献仍未明确给出对政府培育模式概念的权威定义。已有文献对培育模式的概念界定大多基于类型学的研究，通常在界定培育模式的类别时给出对不同类型的政府培育模式的定义，而较少直接界定"政府培育模式"这个概念本身的内涵和外延。因此，本书将首先回顾已有文献对政府培育发展社会组织模式的类型划分，然后给出本书对政府培育发展社会组织模式的概念界定。

已有研究对政府培育发展社会组织的模式有不同的界定方法。一些研究以培育主体类型和相互间的关系为标准来界定政府培育模式。在政府培育发展社会组织的早期实践探索中，有学者根据政府部门的类型，将政府培育模式界定为民政主导模式、基层政府主导模式、业务主管部门主导模式和专门机构主导模式（邓国胜，2006）。随着政府培育规模的扩大和购买服务的全面推行，社会培育主体开始承接政府培育项目并在其中发挥了越来越重要的作用。一些研究根据政府在培育中是否引入社会培育主体，将政府对社会组织的培育界定为政府主导的培育模式和政社合作的培育模式等类别（许小玲、马贵侠，2013；张海，2015；丁慧平、吕方，2016）。这种分类方式界定标准清晰，但没有区分当政府选择与社会合作培育时由于政府对社会组织培育介入程度不同而产生的培育模式的多样性。

另一些研究根据政府行政力量介入社会组织培育过程的程度，将政府对社会组织的培育界定为行政培育模式和社会培育模式（栾晓峰，2017；马庆钰、廖鸿，2015）。该分类方式与第一种分类方式相比，都包括了"政府出资—政府直接运行"的政府主导培育模式。两者的差别在于，根据政府是引导性的培育还是直接参与式的培育，对政府和社会合作培育的模式作了进一步的区分，因而更能反映实践中培育模式的本质特性，但这些研究未提出明确的区分不同培育模式的标准。在此基础上，本书的前期相关研究根据政府介入社会组织培育程度的差异,进一步明确了政府培育模式的界定标准,根据培育需求的导向、培育主体间关系和资源配置机制等标准,将政府培育模式界定为两种类型:由政府主导、以行政机制配置培育资源的直接培育模式和政府赋权支持型社会组织、以市场和社会机制配置资源的间接培育模式,这两种模式具有不同的特征,如表2-1所示(郁建兴、滕红燕,2018)。

表2-1 政府培育社会组织两种模式的特征比较

特征 模式	培育方案的主要设计者	培育的需求导向	资源配置机制	培育主体间关系	培育社会组织的资源结构	支持型社会组织参与治理的层次
政府直接培育模式	政府	政府需求和偏好	行政机制	业务指导与执行关系	单一资源支持	操作与执行
政府间接培育模式	支持型社会组织	社会组织发展的需求和偏好	社会机制+市场机制	基于契约的合作伙伴关系	多个委托方与多个承接主体间的复合结构	规则和政策制定

总的来讲,以上研究已经对政府培育模式进行了较为细致的类型学研究,也对每种培育模式进行了界定,但仍未对政府培育模式的概念给出直接明确的定义。同时,这些研究虽然在一定程度上揭示了政府培育模式的性质,但仍忽略了除培育主体关系结构之外的其他重要的政策设计和政策执行因素对政府培育发展社会组织的影响,如政府纵向和横向的治理结构特征(黄晓春,2015;徐盈艳、黎熙元,2018),因而也无法完全反映某一地区或某一领域内政府培育政策的总体特征。

(二)政府培育模式的定义与类型

在已有研究和上述讨论的基础上,本书进一步对政府培育模式给出了以下界定:

政府培育发展社会组织的模式，是指政府在采取措施扶持社会组织发展中的一系列政策和机制设计的总体特征。具体而言，包括与哪些培育主体合作、培育主体间的决策权限和职能分工的设置、所采取的资源配置机制类型以及培育的主要目标等内容。

政府培育发展社会组织的模式具有两种理想类型，即政府的直接培育模式和政府的间接培育模式。其中，政府的直接培育模式，是指以政府为培育主体的核心，以行政机制为主要的资源配置手段来培育和发展社会组织的模式。在此模式下，政府直接或借助支持型社会组织来推动社会组织的发展，并主要根据自身的偏好与需求配置、调整财政资金以及其他各类人力、物力资源，是社会组织培育方案的设计、培育需求的确认以及当地社会组织发展规划的制定等过程中的绝对主导者和最终决策者。而其中的支持型社会组织主要承担辅助功能，是培育方案的主要执行者，具有建议权但没有最终决策权，并且在资源获取上高度依赖政府，与政府之间形成的是较为单一的资源支持结构。

政府的间接培育模式，是指在政府培育发展社会组织的过程中，政府赋权给支持型社会组织，由其作为主要的培育主体，以市场机制和社会机制为主要的资源配置机制，来推动社会组织发展的培育模式。在这种模式下，政府主要扮演参与者和支持者等辅助角色，主要通过提供资源和发展平台、营造良好的政策支持环境以及提供公信力和合法性支持等方式来促进社会组织的发展，并监督和规范社会组织的整体运行。而其中的支持型社会组织则被政府赋予了社会组织培育主导者的角色，其以政策倡导等方式影响政府决策，在培育方案的设计、具体政策执行和培育效果评估等方面发挥核心作用，成为社会组织培育过程中的主导力量。在这种模式下，政府与支持型社会组织之间的关系更多的是基于契约的合作伙伴关系，而非单纯的行政隶属关系，它们相互间的资源结构不再是简单的一一对应关系，而是形成多个委托方与多个承接主体的复合结构。

需要强调的是，以上对政府培育模式概念的界定和分类主要是从培育方的视角切入的，反映的是某一区域范围内政府促进社会组织发展政策的总体特征，是一个中观概念。而本书以一对一的政府与社会组织关系作为分析对象。在这种情况下，每个社会组织所获得政府培育资源的政府部门数量很可能是多个，而且存在跨行政区域的情况。所以即便是同一区域范围内的不同社会组织，它们所接触的政府培育政策特征也具有某种程度上的差异性。在微观的组织间关系层面上，社会组织所处的培育模式更像是由各项培育政策和政府行为特征所共同构成的场域。

因此，本书在后续论述政府培育模式可能产生的效应时，需要降低政府培育模式的分析层次，在一对一的组织间关系层面上给出对政府培育模式更为精确的概念界定，以使该概念在后续的分析中具有可操作性。基于此，本书从社会组织这一方的视角切入，进一步给出微观层面上对政府培育模式的定义：

社会组织所处的政府培育模式，指社会组织在成立、成长和发展壮大的过程中，在向政府获取发展所需资源和机会时所接触的政府各项培育扶持政策和资源配置机制的总体特征。

（三）不同政府培育模式对社会组织发展支持差异的比较分析

正如上文所述，政府培育模式的不同，意味着政府在促进社会组织发展中所采取的一系列政策和机制的总体特征存在区别，进而会构建出差异化的制度场域。接下来本书将在前期研究的基础上，从理论上论述在对社会组织发展提供的支持上，两种不同的政府培育模式会存在哪些差异，并结合实际案例进行分析。

1. 政府培育模式的比较维度

在展开具体的比较前，首先要确定比较的维度，而这与政府培育发展社会组织的政策目标有关。在明确社会组织的发展目标后，才能进一步分析哪种培育模式对实现政府的培育目标更为有效。

政府培育发展社会组织的政策目标是什么？总体而言，近年来我国政府对社会组织的培育发展目标经历了一个从追求数量增长，到更加注重结构和功能的全面性，从而实现高质量发展的转变过程。在早期，地方政府对社会组织单纯追求数量上的迅速扩张，这曾经造成了很多问题，例如社会组织的结构单一、活力不足，出现大量"僵尸型"社会组织，等等。2016 年中共中央办公厅、国务院办公厅出台了《关于改革社会组织管理制度促进社会组织健康有序发展的意见》，提出要形成"结构合理、功能完善、竞争有序、诚信自律、充满活力的社会组织发展格局"。自此以后，地方各级政府更加注重社会组织的发展质量。2021 年，民政部在《"十四五"社会组织发展规划》中提出，要"推动社会组织的发展从

'多不多'、'快不快'向'稳不稳'、'好不好'转变，从注重数量增长、规模扩张向能力提升、作用发挥转型，推动社会组织在全面建设社会主义现代化国家新征程中发挥积极作用"，这意味着政府培育发展社会组织的目标全面转向了推动社会组织的高质量发展，以助力国家治理体系和治理能力现代化。

由此可见，社会组织的高质量发展既包括单个社会组织层面的能力提升与作用发挥，也包括社会组织作为一个行业层面的功能完善与结构合理等目标。因此，可以从社会组织个体层面的发展与社会组织的行业发展两个方面来比较不同培育模式的支持差异。

从社会组织个体层面来看，社会组织的发展需要以下几个方面的支持：在发展初创期和成长期在社会网络、专业性和资源上的支持，以及在发展成熟期的能力建设支持等（郁建兴、滕红燕，2018）。其中，就社会组织发展的能力建设而言，社会组织能力的有效提升需要培育主体提供差异化、多元化和更具针对性的能力培育支持。通常政府提供能力建设的主要方式是以购买服务等形式由第三方承接培训项目，然后向社会组织提供各类培训服务。接下来本书以此为例，来比较两种培育模式在向社会组织个体提供能力建设服务时所体现的差异。

在政府直接培育的模式中，一方面，政府直接培育模式下的能力建设很难向社会组织提供更具差异化和针对性的能力提升服务。在该模式下，政府并非社会组织能力提升的主要实施者，但却是筛选培训项目、确认购买服务承接方等重点事项的直接决策者。由于政府本身对社会组织运营的专业知识有限，外加政府与支持型社会组织之间行政化的管控关系容易引起支持型组织顺从政府的偏好，因此在培育对象选取、培育方式选择等方面的专业化程度较低，主要以政府自身偏好以及其所理解的社会组织需求来确定如何开展社会组织的能力建设支持。同时，在现实中，面对社会组织构成复杂、需求多样、组织间个体差异大的实际情况，在注意力和精力有限的情况下，政府也只能按照所认为的一般需求来作出决策。以上这些原因导致政府直接培育模式下的能力建设项目在实施方式上手段较为单一，比较注重形式上的统一与培训的规模效应，因此很难向社会组织提供更具差异化和针对性的能力提升服务。

另一方面，政府的多重角色对直接模式下的能力建设造成了限制。准确界定社会组织能力存在的瓶颈是有效培育的前提，因此社会组织在接受政府培育扶持时，是否能真实准确地反映和暴露自身存在的问题，往往决定了能力培育和提升的实际效果。然而，在政府直接模式中，政府既是能力的培育主体，也是公共服务的购买方、社会组织评估等级的认定方以及社会组织规范运行的监管方。政府的这些多重身份都可能会使社会组织在接受政府能力建设的服务中无法真实顺畅地表达自身需求，从而在一定程度上造成一些社会组织能力培育的表面化、泛化。

相对而言，在政府的间接培育模式中，由政府赋权支持型社会组织来主导的能力建设更具针对性，更能有效地促进社会组织的能力提升。在支持型社会组织主导的能力建设项目中，一方面，支持型社会组织本身更具备专业的能力建设知识和丰富的经验，因而更容易鉴别社会组织发展所存在的实际问题，更有可能在提供服务时考虑到社会组织不同发展阶段的特征、组织实际运营的瓶颈等非常具体的细节，也可以借助自身的社会网络优势，与社会、市场上的多元培育主体合作，共同提供设计更合理、针对性更强、培育手段更灵活多样的能力建设服务。另一方面，由于支持型社会组织与培育对象之间是相对平等的契约伙伴关系，可在培育对象的信息反馈上较政府主导的方式更为及时、真实和准确，因而能更多地针对社会组织本身的需求和偏好行事。所以，相对而言，在为社会组织提供能力建设上，政府的间接培育模式较直接培育模式更有优势。

从社会组织的行业发展来看，社会组织的高质量发展需要以下几方面的支持：对社会组织发展出多元化组织形态和创新公共服务供给模式上的支持，对竞争有序的行业生态环境建设的支持，等等。其中，就社会组织发展的多元化而言，培育主体需要对社会组织的探索和创新保持较为包容的态度，允许新业态、新形式的组织形式出现，允许个性化、小众或短期发展较慢的社会组织也有恰当的途径获得发展所需资源，以及允许获得政府培育扶持的那些社会组织有一定的创新与试错成本；培育主体能为各种新的社会问题解决方案、新的跨部门合作形式以及新的公共服务供给模式和机制的产生创造出良好的外部条件，给予其足够的探索和成长空间，从而发展出更为多样化的组织形态、业务和模式。接下来，本书将以社会组织发展的多元化支持为例，比较和分析两种培育模式的差异。

在政府直接培育模式中，政府的需求和偏好占据了主导地位。受限于政府自身的组织逻辑，政府主导的直接培育模式对社会组织多元化发展的支持力度有限。一方面，在资源有限的情况下，政府更倾向于满足大多数民众的公共服务需求，而对一些提供个性化、多元化公共服务需求的那些社会组织来讲，政府能提供的支持力度非常有限。另一方面，由于政府本身存在较为严格的考核机制，由政府直接运作的项目会更加看重短期内的高绩效和明确产出；当遇到一些未明确界定的新的组织类型和新的业务模式时，相应的主管部门可能需要承担较大的风险，出于种种顾虑，其很难给予这些组织较大力度的支持。

相对而言，在政府的间接支持模式中，政府赋权了支持型社会组织，使其在培育发展社会组织的过程中发挥主导作用。由于支持型社会组织本身的组织特性，这种模式在支持社会组织的多元化发展方面具有一定的优势。一方面，由于支持型社会组织的社会属性，其在实际工作中往往直接对接现实中多元的公共服务供给需求与各种社会组织所提供的多元化解决方案。社会本身就是多元性的源泉，支持型社会组织由于根植于社会，因而在对多元公共服务供给需求的识别上、对解决方案可行性的判断上，以及在多维信息的有效传递上具有更强的优势和更广的包容度。另一方面，在政府的间接培育模式下，支持型社会组织能够作为政府和社会组织之间的"缓冲带"。对于一些存在未知风险的潜在培育对象，支持型社会组织可以给予其非正式的认可和非正式的支持，从而发挥了前期筛选的作用。因而在这种模式下，政府既能够有效减轻自身在筛选和识别大量未知、多样的社会组织发展需求中的工作量，又能借助支持型社会组织的优势来有效支持社会组织发展的多元性。

综上所述，在对社会组织个体层面上的发展以及行业层面上的发展提供支持时，政府不同的培育模式具有不同的侧重点。相对而言，政府的间接培育模式能够为社会组织的高质量发展提供更为全面、有效的支持。

接下来，本书将以两个案例为例来具体说明实践中两种政府培育模式在提供社会组织发展支持上的差异。

2. 政府直接支持模式对社会组织发展的支持特征：以 B 市 H 区公益街为例

B 市 H 区的社会组织发展起步较早、发展较快，是全国较早开展政府购买社会组织服务的地区之一，且成立了 A 省首个社会组织服务中心。2016 年，该区新建了区级社会组织公益街，由该区社会组织服务中心以政府购买服务的方式负责运营，经过几年的经营，该公益街已经成为 B 市政府培育发展社会组织的代表性案例和集中展示平台。本书将以该公益街在运作中体现出的政府培育模式特征为例来具体说明实践中的政府与其合作的支持型社会组织（即上述社会组织服务中心）在培育社会组织中的关系，以及在对社会组织发展提供支持时所表现出的总体特征。案例材料主要来源于笔者对 H 区民政局分管领导和主管科室负责人、社会组织服务中心负责人的半结构访谈；笔者同时实地走访了公益街的部分社会组织，搜集了部分材料作为案例的补充。

根据本书对政府培育模式的类型划分，H 区对公益街的运营方式属于较为典型的政府直接支持模式，主要体现在以下两个方面。

一方面，从政府对负责公益街运营的社会组织服务中心的功能定位来看，两者之间的关系是以政府为主导的业务指导与执行关系。在访谈中，政府方的受访者认为社会组织服务中心是其管理社会组织的有力执行者，社会组织服务中心的优势首先是执行，然后才是其专业性与独立性。虽然社会组织服务中心是独立的法人单位，但就双方的业务关系来看，受访者认为该社会组织服务中心"肯定是在政府主导下成立和运转的"①，而政府主要是通过购买服务等方式来确定该支持型社会组织的重点任务和目标。在访谈中，政府方的受访者表示：

> 我为什么要委托这个项目给它，一个是它专业，另一个是让它的发展有方向……我们肯定要设定它的方向，否则的话去支持它干什么……我们的目的就是通过一些项目来把握住它的方向。②

另一方面，政府是社会组织培育发展方案的主要设计者。在该案例中，政府对自身在培育发展社会组织中的定位是培育方案的研究和规划，以及争取上级相应的政策支持；而政府对社会组织服务中心的定位，以及社会组织服务中心对自身的定位，都是以执行为主。在访谈中，负责运营公益街的社会组织服务中心的负责人表示，自己的定位主要是给上级领导做好参谋，当好军师，负责起草与社会组织培育相关的方案与政策；而在公益街社会组织培育项目的设计、资金运作

---

① 参见访谈资料：HSMZ01。
② 参见访谈资料：HSMZ01。

等工作中，社会组织服务中心始终要按照上级主管部门的指示来执行。

在政府直接支持模式下，该区在对社会组织发展所提供的支持上表现出了以下几个特征。

从社会组织个体层面来看，政府支持的行政化特征明显，对社会组织个体发展的专业性和针对性支持不足。在直接支持模式下，政府在确定能力建设的方式方法时，根据自身偏好和所理解的社会组织需求来确定能力建设方案。在案例中，由于当地政府本身的专业知识有限、精力不足，又没有充分赋权给支持型社会组织，很多政府的能力在提升项目上出现专业性缺乏、培育方案缺少针对性和差异化等问题，培育效果难以保证。在访谈中，有社会组织的负责人表示，其参加的政府培训的常见形式是：

> 主要找几个老师来上课，老师不能说没有水平，但是在不下三次场合听到某一老师讲同样的内容。①

虽然政府也意识到了该问题并决心去解决，但是由于负责该职能的政府部门人手有限，受政府委托的又都是同一个支持型社会组织，因此很难实现顺利转型。

从社会组织的行业发展层面来看，政府主要扶持培育符合自身偏好的社会组织，对社会组织多元化发展的支持力度有限，存在社会组织系统功能结构不完整、结构单一、抵御外部环境风险的能力弱等问题。在直接培育模式下，政府发展社会组织的偏好往往带有整齐划一、追求规模和短期效益的特点。一方面，政府更加看重其直接运作的培育项目能否在短期内实现高绩效和高产出。行政化的培育方式容易造成社会组织活力不足。以追求创新性和竞争性为特征的公益创投为例，该区基层社区社会组织对此却是被上级政府驱使的被动参与态度：

> 不报的话，上面领导要说，"这个创投资金项目在，你们怎么不去报"。

---

① 参见访谈资料：HSSF02。

报了嘛，一是资金使用太麻烦，二是增加工作量。①

　　另一方面，政府对培育中可能存在的潜在风险的容忍度比较低，因而对于一些有风险、不符合政府理念和偏好、小众和个性化的社会组织，当地政府并不支持。如 H 区曾遇到过一些小众的社会组织，因为不符合培育理念并未同意其入驻，建议这些组织去其他区寻求支持。在案例中，H 区政府所投入的培育资源主要集中在符合政府培育偏好的社会组织中，如该区选择集中发展的民生服务类社区社会组织，以及符合政府理念得以入驻公益街的一些社会组织；对于一些从来没有遇到过、属于新兴形态的社会组织则极少同意其入驻，对提供个性化公共服务的社会组织的支持力度很有限，从而形成了基于辖区、内外有别的政府培育特征，所培育的社会组织同构化特征比较明显。除此以外，这种政府培育模式下发展起来的社会组织所依赖的资源结构也比较单一，难以抵御政策调整带来的风险。例如，有受访者表示，H 区新任分管领导对社会组织的培育思路与以往大不相同，未来会重点发展其他几类社会组织，不再搞"苗圃区"。这意味着该区对社会组织的培育方向面临大转型，而原先依靠政府扶持的大量社会组织可能会面临生存问题。这种由政府来完全主导社会组织发展方向的培育方式受政府政策调整的影响过大，使得其前期培育发展的成果极易随政府培育政策的调整而流失。

　　由此可见，从社会组织个体层面来看，该区政府对社会组织个体发展的专业性和针对性支持不足；从社会组织的行业发展层面来看，该地区当下的政府培育模式对社会组织发展的多元化支持有限。因而，在当前模式下，该区很难培育出服务能力强、新业态、新形式的社会组织，也难以实现培育成果的逐步累积，从而最终形成结构合理、功能完善的社会组织系统。

　　3. 政府间接支持模式对社会组织发展的支持特征：以 S 市公益园为例

　　S 市是 J 省社会组织发展的典型代表，该市获评的省级示范性社会组织数量多次位居全省首位。S 市培育发展社会组织的主要平台为 S 市公益园，由该市社会组织服务中心负责运营，是业界知名的社会治理创新和社会组织培育基地。接

---

① 参见访谈资料：HSSF01。

下来，本书将以该组织为例来具体说明它在给社会组织发展提供支持时所表现出的总体特征。

首先，就政府与支持型社会组织在 S 市公益园运营中所表现出的关系特征而言，政府采用的培育发展模式主要是间接培育模式。双方的关系体现出以下两点特征：

第一，政府更多地以市场机制和社会机制为主要方式来配置培育资源，政府与支持型社会组织相互间的资源结构不再是简单的一一对应关系，而是形成多个委托方与多个承接主体的复合结构，这种方式促使双方形成了基于合作契约的合作伙伴关系。在 S 市，政府对于谁可以承接政府的培育项目持比较开放的态度，这扩大了各类支持型社会组织承接政府合作项目的参与面，与政府达成合作的机会更加开放。通过这种方式，政府与支持型社会组织之间形成了一种复合的资源结构。在本案例中，该支持型社会组织并没有固定的政府财政专项资金支持，收入主要靠承接各级政府的购买服务项目，其资源结构更为多元。

一方面，委托方是多元的，并不仅限于委托其运营公益园的市一级政府。受访者表示：

> 现在我们也承接了不少各个区一级政府的委托项目。比如它说这个事情你们帮我们来做，或者是它发包了我们去投标，中标了就去做，不中标也没有……另外像慈善基金会要发包一批项目，叫我们去监管，那我们也接受它的委托。①

另一方面，政府所选择的承接主体也是多元的，并不限于该支持型社会组织或某一家官办机构。在案例中，S 市及下辖各区县的大部分政府设立的孵化基地是委托专业的社会组织来托管的，承接主体除了该支持型社会组织之外，还包括高校创办的社工机构以及来自其他省市的一些支持型社会组织。多元的资源结构减少了该支持型社会组织对单个政府资源的依赖，增强了组织自主性；而承接主体间的竞争也促使组织更为精简高效。

---

① 参见访谈资料：JSSZSF02。

正是因为该市政府采取了这种对培育项目承接方相对开放和竞争的态度，该市社会组织培育资源的分配呈现出由多个委托方与多个承接主体间形成复合结构的特征。这种特征淡化了政府对支持型社会组织的行政化管理色彩，凸显了政府与支持型社会组织之间基于契约的合作伙伴关系的特征。在案例中，支持型社会组织的负责人如此表述自己与委托其运营公益园的政府方之间的关系：

> 我们和它的关系是，它委托我们干什么事就干什么事……它要有钱购买服务，没钱的话总要自己干。①

因此，在本案例中，政府与支持型社会组织之间更多体现的是基于购买服务的合作伙伴关系，而非基于行政化的业务指导与执行关系。

第二，政府赋权支持型社会组织，由其在政府培育发展社会组织中发挥主导作用。在案例中，支持型社会组织不但作为政府和社会组织的桥梁，以政策倡导等方式为当地的社会组织发展营造了更为良性的政策环境，而且在政府培育方案的设计、执行和效果评估等方面发挥了核心作用，成为其中的主导力量。一方面，该支持型社会组织衔接了社会组织培育中政府与社会组织双方的需求，在政府培育社会组织中发挥了必不可少的作用。该组织不但参与了当地政府培育发展社会组织的政策设计与完善工作，为社会组织发展争取到了更多的政府资源支持，推动政府扩大了以公益创投、社会服务统一发包等形式的资金投入规模，而且也在 S 市探索以公益采购形式支持社会组织的最初阶段，帮助政府相关部门建立了社会服务类专家库。另一方面，该支持型社会组织成了社会组织培育方案的主要设计者。该组织不但主导了政府为社会组织提供的能力建设项目的整体设计，而且通过与社会组织的实际需求紧密结合，不断迭代升级具体的培育措施，提高了政府培育项目的针对性和有效性。

在这种政府培育模式下，S 市对社会组织发展的支持体现出了与直接培育模式迥异的特征。

从社会组织个体层面来看，社会组织能够获得更具针对性、与社会组织实际

---

① 参见访谈资料：JSSZSF02。

需求契合度更强的专业性支持。在本案例中，该支持型社会组织在 S 市社会组织发展的不同阶段为社会组织的发展提供了具有针对性的支持。例如，在 S 市最初探索如何以公益采购的形式培育发展社会组织时，该组织针对怎么投标的问题做了专项的能力建设工作，帮助了社会组织了解招投标的事情怎么做，专家评判的意见如何处理，以及在接受项目评估中需要注意哪些事项等。在能力建设具体形式的探索中，则从一开始大而统的单向培训，转变为后来专门针对社会组织负责人历时三年的系统性培训，再转向当前针对不同类型社会组织的不同需求提供的分类培训，其能力建设服务的精细化程度能随着社会组织实际需求的变化而不断调适，从而能更好地使政府的能力建设服务落到实处。

此外，该组织也根据政府培育政策的实际执行情况灵活调整实施方案。以公益创投为例，当其负责运营的公益创投开始出现项目同质化问题时，该组织提出"从公益创投到公益采购"的改进方案，适时把公益创投中一些效益较好的项目固化，走另外的公开招标方式，而公益创投就可以专注于评估参选项目的创新性、可持续性等维度，从而避免了其他地区经常出现的公益创投低质量重复的问题。

从社会组织的行业发展层面来看，在政府间接培育模式中，政府较少以行政手段干预资源的配置，而是赋权支持型社会组织来运作，以招投标、竞标为特征的市场机制和借助社会网络实现资源整合的社会机制为主要的资源配置方式，其扶持培育的社会组织更有活力。在案例中，S 市培育发展社会组织的资源通过多方参与的招投标形式配置，招投标的专家库由学者、主要机构负责人和相应的业务科室骨干组成，评审时临时抽调、全程监控，从而能够让有活力、有能力、能够使资源利用效益最大化的社会组织获得政府的支持和发展。这种资源配置方式对社会组织行业发展产生的影响往往是连续性的。

此外，案例中的支持型社会组织还借助自身的社会网络优势，引导社会组织对接市场、社会资源，帮助它们建立起更多元和稳定的资源结构。与行政机制主导的政府培育模式不同，这种对接更接地气，更能从社会组织本身可持续发展的角度看问题。在访谈中，支持型社会组织的负责人表示：

我们让社会组织知道不只是政府这里有资源，企业也有资源，社会也有资源……也告诉一些企业家们，如果要履行社会责任，这也是一个好的办法。所以我们现在有一批通过这个项目实施以后形成的企业与社会组织的战略合作……我们引导社会组织想办法拓宽资源来源。如果与大的企业形成战略合作关系，或者和基金会合作，那这样不是挺好的？①

由此可见，从社会组织个体层面来看，政府间接培育模式能使社会组织获得更具针对性、与自身实际需求更契合且更灵活的支持；从社会组织的行业发展层面来看，该模式的资源配置机制更有效，培育扶持的社会组织更有活力，发展更健康，从而能够更有助于达成社会组织高质量发展的政策目标。

综合以上分析，在对社会组织个体层面上的发展以及行业层面上的发展提供支持时，两种不同的政府培育社会组织模式具有不同的侧重点。相对而言，政府赋权支持型社会组织的间接培育模式能够为社会组织的高质量发展提供更为全面、有效的支持，从而更有助于达成结构合理、功能完善、竞争有序、诚信自律、充满活力的社会组织发展目标。

二、政府培育模式的概念操作化与测量

政府培育发展社会组织的模式，是指政府在促进社会组织发展中的一系列政策和机制设计的总体特征。不同的培育模式会构建出差异化的制度场域，从而对政社双方的行为逻辑产生重要影响。在以往的大多数相关研究中，对政府培育模式这个概念的运用较少涉及微观可测量的层面。而将政府培育模式的概念操作化，能够借助定量研究方法来进一步检验与政府培育模式相关的重要推论，从而推进该领域的相关研究。在对政府培育模式进行概念操作化之前，首先要明确培育模式的核心构成维度有哪些。本书主要从政府行政介入的程度来识别政府培育模式的核心维度。

（一）资源配置机制

在政府培育和发展社会组织的过程中，政府如何分配其培育资源一直是学术

---

① 参见访谈资料：JSSZSF02。

界研究培育政策的一个核心关注点。在我国地方政府购买服务的探索初期，就有研究依据购买程序是否具备竞争性，结合社会组织的成立背景，对政府购买服务的模式进行了类型学研究（王名、乐园，2008）。在随后的研究中，有学者分析了 2009—2013 年承接上海各级政府项目的 356 家社会组织的资料，认为如何保证政府项目配置过程中的竞争性是至关重要的政策要点（管兵，2015）。一些研究指出，政府配置资源的行政化对政府的培育效果产生了负面影响。在行政化的资源配置机制下，地方政府实则是"借道"社会组织来解决自身困难，这使得政社之间边界模糊、组织属性趋同（Zhao et al.，2016；黄晓春、周黎安，2017）。资源配置的行政化成为政社双方不对等关系的基础，加剧了政府对社会组织的权力渗透（吕纳，2013；岳经纶、郭英慧，2013）。由于资源配置机制在研究政府培育模式中具有重要性，有研究将政府是否采用行政机制来配置培育资源作为划分政府培育模式的主要依据（郁建兴、滕红燕，2018）。可以说，政府采取的资源配置机制不但会影响社会组织的整体发展样貌，而且会深刻影响政社关系的发展特征。

基于此，本书提出培育模式的第一个分类维度——资源配置机制。培育模式的资源配置机制是指政府在培育发展社会组织的过程中如何分配资源。当政府采用行政机制来分配对社会组织的支持性项目和各类其他培育资源时，政府可能会以自身偏好为主来筛选被培育和扶持的社会组织或确定购买服务项目的承接对象。在这种情况下，社会组织能否获得资源的主要原因是它是否具有政府背景、与政府的关系是否密切。判断培育资源的配置机制是否具有竞争性，主要看社会组织获得培育资源是通过竞争确定的，还是由政府指定的。

（二）参与机会的开放性

在促进社会组织发展的过程中，政府培育政策的一个主要内容是不断开放社会组织参与社会治理的空间，并向社会组织提供与政府合作解决问题的机会（王名，2013）。国内外的已有研究和案例表明，政府在何种程度上向社会组织开放参与空间和合作机会，是区分培育模式的另一个核心维度。

首先，国外的一些研究和实践为识别政府培育模式的核心维度带来了一些启示。正如前文所述，在西方国家，政府一直将支持和促进社会组织发展作为提升政府治理绩效的有效手段之一。虽然大部分的社会组织属于自发成长和自我培育的模式，但同样也存在政策催生社会组织的情况，只是在具体方式方法上与国内有所不同。Nikolic 和 Koontz 在其研究中提供了一个案例，描述美国俄亥俄州政府如何在培育发展社会组织时减少政府对社会组织可能产生的不利影响（Nikolic & Koontz，2008）。在该案例中，政府提供了资金、议题和合作机会，至于社会组织由谁成立、谁来运行，则是一个由社会自由选择的过程，政府所提供的参与机会是向社会同等开放的。因而在该培育模式下所组建的社会组织具有较强的使命导向和内驱力，在后续的公共服务供给中能够保持社会组织的特性和优势，避免因政府资助而可能产生的使命偏移等问题。

与此相对的是，本书在对国内地方政府培育发展社会组织案例的研究中发现，一些政府在培育社会组织时，因为信息渠道、政府行为特征等各种原因，政府所提供的参与机会并非对社会组织同等开放的。在访谈中，有社会组织提到以下现象：

> 社会组织间的两极分化很严重。要么业务量会很多、很饱和，能够做到跟企业一样的规模，每年的营收很可观；要么就是苟延残喘，只能拿这一点点的补贴……政府应该出台政策，让社会组织有更多的渠道，让更多的草根组织可以接触到、拿到政府的项目。很多人不知道政府还有这样的项目。[1]

同时，国内已有研究也指出了政府培育所存在的参与机会开放性问题。一些研究发现，地方政府的培育项目经常排斥跨区划的社会组织参与竞争（敬乂嘉，2011；黄晓春、周黎安，2017；李友梅，2016），而社会组织为了适应这种方式会选择在多个行政区划注册类似机构（黄晓春、嵇欣，2014）。参与机会的不均等，一方面造成培育资源分配的不均衡；另一方面也促使社会组织采取各种策略向政府靠近，以获取发展空间（黄晓春、嵇欣，2014）。参与机会的开放性程度能够改变社会组织与政府的互动逻辑，影响政府与社会组织关系的发展方向。

基于此，本书提出培育模式的第二个分类维度——参与机会的开放性，主要

---

[1] 参见访谈资料：T20190619_YC。

衡量政府在培育社会组织的过程中所提供的参与社会治理的空间是否对社会组织同等开放、合作机会是否均等。当政府在某一活动领域中限定参与对象时，实际上有机会进入该领域的社会组织是相对固定的。这些社会组织可能是政府正式授权允许的，具有一定的垄断性；也可能是与政府关系密切、与政府有长期合作关系的。在这种情况下，合作的机会大多属于政府指定的社会组织，普通的社会组织可能无法获得信息，或是缺少参与的途径，不具有同等的参与机会。

（三）政府培育模式的测量

在识别培育模式的两个核心分类维度后，本书将借鉴已有文献的研究成果，界定微观层面上政府培育模式的两种理想类型，然后给出对社会组织所处培育模式特征的衡量方式。

在上述的相关讨论中，本书已将政府培育模式划分为直接培育模式和间接培育模式两种类型，并给出了培育模式的界定维度，所采用的分类方式实质上依据的标准是政府行政力量介入培育的程度。但正如前文所述，这种类型划分并不适用于在微观层面上对政社关系进行量化研究，因为它主要是从培育主体这一方的视角切入的，反映的是某一区域范围内的政府培育政策特征。该分类方式尤其不适用于以下情形：现实中的社会组织为了获得更有利的发展条件，往往会向多个政府部门申请培育资源，甚至可能会同时在横向和纵向上跨行政区域承接政府项目（徐盈艳、黎熙元，2018）。

因此，为了使不同的培育模式可测量，本书根据培育模式的两个核心分类维度，从社会组织的视角出发，在前文给出的培育模式概念基础上，重新界定微观层面上的两种培育模式类型：直接培育模式和间接培育模式。

首先，社会组织所处的直接培育模式，指社会组织在发展中所获得的培育资源主要是政府以行政机制为主要手段分配的，政府所提供的参与空间和合作机会具有一定的限制性，社会组织一般需通过获取政府授权或与政府建立密切联系等方式获取新的发展空间和合作机会。

其次，社会组织所处的间接培育模式，指社会组织在发展中所获得的培育资源由政府以市场竞争机制等非行政的方式来间接配置，相对而言，社会组织能比较容易地获得政府的资金、议题和合作机会等培育政策信息，在参与的主体资格等方面限制较少。在该模式中，政府主要扮演辅助角色，为社会组织的培育发展提供资源、政策和合法性支持，并监管社会组织系统的规范运行。

在实际中，社会组织所处的培育模式可能介于以上两种理论模型之间。为了衡量社会组织所处培育模式的特征，本书通过测量资源配置机制和参与机会的开放性两个维度来反映社会组织所处培育模式的直接性或间接性程度。具体的指标构建过程与测量方法将在第四章展开论述。

第三节　政府培育发展社会组织的政策工具与模式选择：比较案例分析

政府可以采用多种政策工具来达成培育发展社会组织的政策目标。在政府与社会组织关系的相关研究中，就有一部分研究主要是从政策工具本身的特征来探讨政府对社会组织政策的演进特征与政策性质的。例如，有学者根据政策工具体现出的强制性程度，将政府对社会组织的政策工具分为放松管制型、监督管理型以及培育发展型三类，其研究的主要问题是分析我国政府对社会组织政策的演进路径与空间分布特征，以及政策工具选用的适配度问题（李健、荣幸，2017；王炎龙、刘叶子，2021）。这些研究基于中国各级政府出台的社会组织培育扶持的政策文本，采用政策文本量化分析等方法，展现了近几十年来我国政府对社会组织培育扶持政策的总体转向，以及当前社会组织培育发展政策的整体特征。

其中，就政府如何培育发展社会组织而言，有学者将政府所采用的以培育扶持为导向的政策工具划分为四大类：基础型工具，如放宽登记注册条件等放松管制类；分配型政策工具，如税收优惠等；市场化工具，如政府购买服务等；引导型工具，如政府与社会组织构建伙伴关系、赋能社会组织等（王世强，2012）。与此类似的是，有研究根据政策工具的特性以及政府对培育扶持过程中的介入程度，将政府的培育扶持政策划分为强制型、激励型、市场化和引导型工具四种（谭志福、赵云霞，2021）。此外，也有学者借用国外学者所采用的不同分类方法，从社会组织发展的供需关系以及外部政策环境等角度，将社会组织的培育发展政策分为供给型、需求型和环境型三类政策工具，如供给型政策工具包含资金投入和人才培养，需求型政策工具包含政府购买与外包，环境型政策工具包括法规与管制以及税收优惠等（邵任薇等，2021）。还有学者用政策文本的扎根分析方法，根据政府培育发展政策的具体着力点，将政策工具分为治理型、激励型、支持型和赋能型等（王振兴等，2024）。

当前学术界对政府培育发展社会组织的政策工具有多种分类方式。其中，从社会组织成长发展的各个周期所适用的具体政策工具来看，建设孵化基地、公益创投、购买服务和构建伙伴关系是政府培育发展社会组织过程中实际应用较为普遍的政策工具。

具体而言，孵化基地适用于从无到有的初创期社会组织培育；公益创投更多地被用来作为社会组织成长发展中的筛选机制，以将有限的资源择优培育更具发展潜力和创新性的社会组织；而政府购买社会组织服务更多的是为一些组织结构健全、发展较为完善的社会组织提供资源，以促进这些社会组织的发展规模和成熟度；最后，政府也通过与一部分领军型社会组织构建政社合作伙伴关系的方式，为这些社会组织参与社会治理提供更广阔的平台，其中一种典型的方式是在一些全新的、未知的领域与它们共建新的公益性机构，以此来探索新型的公共服务供给方式与社会治理上的创新。

与以往研究不同的是，本书将从政府培育发展社会组织模式的视角出发，分析在政策执行中的政策工具运行机制特征。本书认为，在选择同样的政策工具下，若政府采取的培育模式不同，政策工具的运用方式和产生的效果也将大相径庭。因此，本节将在以上常用的政府培育发展社会组织的政策工具中，选取其中以公益创投与政社共建公益性机构为代表的两种政策工具，采用比较案例的方法，分析比较在政府采用不同的培育模式下，每一种政策工具的运行机制特征与实施效果差异。

一、公益创投：不同政府培育模式下的运行特征与成效

公益创投作为社会组织成长发展的筛选机制，是一种起源较早、在当下仍在不断更新迭代、具有较强生命力的政府培育发展社会组织的政策工具。在公益创投的理念被引进我国后，政府、以基金会为代表的各类社会组织以及企业成为公益创投的主要发起主体。借助公益创投的竞争筛选机制，政府和各类社会培育主体能够择优培育更具发展潜力和社会效益的社会创新项目，继而以项目培育的方

式使入选的社会组织获得新的发展资源和机会。其中，由政府发起的公益创投具有支持力度大、领域较全、参与范围较广等特点（杨建华，2019）。自2009年上海市民政局举办首届上海社区公益创投大赛以来，全国各地相继涌现了各种由政府发起的地区性公益创投项目，为各类社会组织，尤其是草根社会组织的崛起和发展提供了宝贵的发展机会与资源支持。

然而，由于政府培育发展社会组织理念的不同以及扶持方式上的差异，同样是政府发起的公益创投，在实践中却表现出了迥异的运行机制，而对培育发展社会组织的成效也有所不同。本节将探讨在两种不同的政府培育发展模式下，政府如何运用公益创投的政策工具来培育和发展社会组织，并以该区在不同历史时期的公益创投运行机制为例，分析比较不同政府培育模式下的公益创投在培育发展社会组织中的运行特点与成效。

（一）方法与数据

B市Z区是A省最早开展公益创投的地区，首届公益创投大赛开始于2010年，由团区委联合多部门共同举办，随后该区的民政局在2011年亦开始了持续的年度公益创投活动，成为国内较早持续开展公益创投的地方政府之一。该区最开始由民政系统发起的公益创投主要是以政府主导、由行政机制配置资源的直接培育模式。随着政府自身对于培育发展社会组织的理念转变，以及社会组织群体的发展阶段差异，该区公益创投的运行机制出现了新动向。政府逐渐开始赋权支持型社会组织，允许以支持型社会组织为主导来运行公益创投，政府与支持型社会组织在其中的角色和作用发生了变化。新模式下的公益创投不但充分撬动了市场、社会资源，也能为其他地区探索政府与支持型社会组织更好的合作方式提供一定的借鉴。

笔者自2019年起长期跟踪该区由民政系统发起的各类社会组织培育扶持项目，公益创投的案例分析数据主要来源于2019—2024年对该区民政局相关负责人、社会组织服务中心负责人、社区发展基金会负责人和获得公益创投资助的多家社会组织负责人的半结构性访谈，以及访谈过程中搜集的各种内部工作报告、社会组织年报，同时也包括笔者作为评委参与评审所获得的材料。

（二）分析框架

借助上文所提出的政府直接培育模式与间接培育模式的分析框架（见表 2-1），本书从培育方案的主要设计者、培育社会组织的资源结构、培育主体间关系、培育的需求导向特征与资源配置机制、支持型社会组织参与治理的层次等维度出发，将该分析框架运用到对公益创投运作机制的分析中，分别根据公益创投的方案设计、资助议题特征、资金来源、培育主体间的合作方式、资助项目的确定方式，以及政府与支持型社会组织在公益创投中的角色等方面，比较了不同政府培育模式下公益创投项目运行特点，如表 2-2 所示。本书接下来将具体展开论述每一种政府培育模式下的公益创投项目是如何运行的，取得了哪些成效，以及各自存在的局限性。

表 2-2 　　　　　　　**不同政府培育模式下的公益创投项目运行特点**

政府培育模式类型	政府直接培育模式	政府间接培育模式
公益创投的方案设计	SSO 拟定、政府审核审批	SSO 与第三方合作伙伴共同确定
资助议题特征	综合性议题	专门性议题
公益创投的资金来源	政府财政资金	第三方合作伙伴在 SSO 处出资设立的专项基金
合作方式	政府购买 SSO 服务，由 SSO 执行	由 SSO 与第三方合作伙伴共同运营
资助项目的确定方式	在专家评审基础上，经由政府领导审核、调整后批准执行	由评审专家根据主办方事先确定的议题和评审标准来评审确定
政府的作用	出资者、最终决策者	参与者、支持者：为评审专家成员之一；搭建平台，提供公信力、扩大影响力
SSO 的作用	执行者，有建议权，无最终决策权	主导者：整合政府、市场和社会资源，沟通协调不同参与主体间的关系

注：SSO（Support Social Organization）：支持型社会组织的简称。

（三）政府直接培育模式下的公益创投运行机制、特点与成效

一般而言，在政府直接培育模式下，由政府发起的公益创投项目以政府购买服务的方式，交由具有政府背景的官办支持型社会组织，即通常所称的"枢纽型"社会组织来具体运营，比如各行政区划内的社会组织服务中心、促进会、联合会或社会工作协会等。

在这些公益创投项目的运行中，政府是公益创投资金的出资方，对公益创投项目的执行方案和资助议题具有最终决定权，其资助议题大多以综合性议题为主。在公益创投的方案设计方面，由支持型社会组织（Support Social Organization, SSO）所设计的创投方案必须经过政府的审核审批后方可执行，SSO 仅为执行者，有建议权，但没有决策权。在本书的公益创投案例中，根据政府购买服务的要求，政府和 SSO 就某一年度的公益创投项目签订了专门的合作协议，该协议具体约定了双方的权利、义务和责任，包括约定对公益创投项目的执行、监督、评估要求，以及款项如何支付和使用等内容，但这种合作协议的条款内容往往比较抽象，仅作了原则性的约定，而实际执行中具体的公益创投实施方案是通过合同之外的、由 SSO 向政府相关负责人的每一次工作汇报以及经政府方的评审会议商定后确定的。在本案例中，该 SSO 的负责人需要拟定非常详尽的项目实施方案和经费预算表，向政府的有关负责人做专门汇报，经审批同意后的方案须严格执行。此外，由于创投资金属于政府财政资金，有对应的支出和审计要求，方案中甚至具体到每一笔的餐费支出都必须按照经费预算表来执行，若有调整则须按照审批流程层层上报。

在资助的议题方面，政府所资助的议题通常以综合性议题为主，如该区某次公益创投确定的资助议题为志愿服务类项目和社会工作类项目，以期惠及更多类型的社会组织。而在资源配置的机制上，即如何确定哪些创投项目会获得资助的问题上，虽然创投项目也根据项目的可操作性、实效性、专业性和可推广性等维度由专家进行了评审，但评审的最终结果是政府根据自身的考量和偏好、在专家意见的基础上重新调整形成的。政府方的考量和偏好包括但不限于以下几点：第一，根据区域的平衡性，综合考虑每个街道获得的资助是否相对平衡，并据此部分地调整资助项目；第二，可能更为关注项目申报组织的性质，而不仅是项目本

身的质量，例如在同等条件下，不太倾向于更多地资助一些以企业为申报主体的项目等。

从结果来看，政府直接培育模式下的公益创投取得了一定的成效。一个典型的例子是该区政府的公益创投在筛选潜力股时发现某一大学生发起的公益创投项目不但聚焦政府和社会都比较关切的养老问题，而且设计精妙、具有较大的发展潜力，于是成了该公益项目的第一位"天使投资人"，并非常有魄力地突破了当时政府对单一公益创投项目资助额不超过 4 万元的规定，破例给予了 11 万元的资助，当然这也使得政府方的相关负责人承担了一定的额外风险。而这个公益项目也正因为有政府这次启动资金的资助，开始成长为一家真正的社会组织。在政府方后续密切的关注下，该社会组织在拓展社区服务项目上也获得了政府和 SSO 方的推荐。经过 7 年多的发展，该社会组织发展成了具有全国影响力的青年志愿者服务公益组织，获得了诸多荣誉，被各级主流媒体报道，成为 Z 区公益创投的金名片，而其负责人后来也通过社会组织界别代表的方式，成了 Z 区政协委员和 B 市的人大代表。

政府直接培育模式下的公益创投虽然也能取得不错的成效，但像这样的成功案例则是凤毛麟角。该区自 2010 年开始启动公益创投至今，能取得较大影响力的公益创投项目数量仅为个位数，而绝大多数的项目反响平平，总的影响力比较有限，这与政府主导的公益创投本身所存在的局限性有关。

首先，该模式下的资助力度有限。政府直接培育模式下的公益创投以财政资金作为主要的资金来源，由于每年的财政预算资金相对固定，而且资助时需要顾及覆盖面等问题，政府能够给予社会组织的支持力度面临"僧多粥少"的窘境，尤其是区县甚至街道级的公益创投，由于预算资金的限制，单个项目的单次资助金额常常较少，调研中有社会组织称之为"撒毛毛雨"。按照社会组织运营一个项目的人力、物力成本来计算，社会组织所获得的政府公益创投的资金相当有限。除此以外，由于财政资金审计要求，以及观念有待转变，公益创投资金的使用也面临各种不便，如使用和调整的审批流程过长、管理费用比例过低等。

其次，对社会组织参与公益创投机会的开放性不足，存在行政区划的限制。每一级的政府在运行公益创投时大多侧重于扶持本行政区划内的社会组织。例如，市一级的公益创投更关注的是市级层面的社会组织项目，而向该市下辖的区一级及以下的社会组织，尤其是一些草根社会组织开放的渠道和平台非常有限。这使得一些社会组织负责人不得不在市、区两个层面分别注册成立社会组织，用"两条腿走路"的方式适应这种外部环境。政府资助的这种参与机会的开放性不足也引起了一些学者的关注（敬乂嘉，2011；黄晓春、周黎安，2017；李友梅，2016；黄晓春、嵇欣，2014）。

最后，资源配置机制的行政化问题明显，政府的偏好和考量成为决定公益创投项目能否获得资助的重要因素。正如上文所述，政府对公益创投获选项目具有调整和最终决定的权力，而政府的偏好和所看重的因素并不完全与公益创投所强调的创新性、专业性等维度相一致，从而影响了公益创投运行机制本身应具备的包容性、开放性和探索性，使得其他潜在的优质项目由于各种原因远离了政府公益创投的资助范围，而这种行政化的资源配置机制也会使参选社会组织有意迎合政府偏好，其着力点放在了创投项目本身之外的其他一些因素上。

这些局限性的共同作用是，使政府直接培育模式下的公益创投虽然能取得一定成效，但在政府投入了大量财政资金的情况下，最后反响平平的项目占比多、优秀案例较少，总体上的影响比较有限。在政府的直接支持模式下，政府、支持型社会组织以及公益创投机制的运行被限制在各种条条框框中，政府和支持型社会组织各自的角色偏位，合作机制不够顺畅，并没有充分发挥出它们各自在培育扶持潜在公益创投项目中的优势和作用。

（四）政府间接培育模式下的公益创投运行机制、特点与成效

近年来，随着政府培育发展社会组织理念的转变，以及层出不穷的各种社会创新和实践在不同地区间得到传播和扩散，公益创投作为政府扶持培育社会组织的重要政策工具，在具体实践中迭代更新，形成了有别于以往的、在政府间接培育模式下运行的新机制。与政府直接培育模式下的公益创投不同，在间接培育模式下，政府不再是直接的出资者和最终决策者，而是作为参与者和支持者在其中发挥搭建平台、提供公信力和扩大影响面的作用，而支持型社会组织（SSO）作为整合政府、市场和社会资源，沟通协调不同参与主体间关系的关键行动者，在其中发挥主导作用。在本书的另一个案例中，2024 年组织的新模式下的公益创投同样也是由 Z 区民政系统的官办基金会来运行，但其运作

方式体现出了如下几个新特征。

首先，以设立专项基金的方式撬动更多的市场、社会的资源来参与和支持公益创投。政府作为官办基金会的发起者，仅为该基金会的注册和运行提供了最初的启动资金。在新的公益创投运行机制中，政府为官办基金会主导公益创投提供了平台，而公益创投所需投入的资金则完全由该官办基金会撬动的市场和社会上的资金来提供，以设立社区慈善创投系列项目的方式实施。在本案例中，该官办基金会负责人通过资源对接，与关注未成年人心理成长的企业家开展合作，由企业家出资在该基金会下设立了专项基金，以此作为资金池，共同主办了以如何更好地为未成年人心理成长提供支持为主题的专项公益创投活动。这种公益创投合作方式具有以下几个优点。

第一，合作方式可复制性强，能通过多个类似的专项性公益创投活动，形成公益创投"项目群"，吸引各类社会、市场主体广泛参与，产生以点带面的集成效应，从而在整体上提高社会问题解决的有效性、专业性且有助于扩大公益事业的总体规模。本案例所形成的这种公益创投合作模式具有很强的可复制性，作为公益创投的主导方，该基金会可以就不同的创投议题，吸引关注点不同的企业、社会资源在基金会处设立各自单独的专项基金，然后就不同的社会议题，组织更有针对性的公益创投活动。多个不同议题的公益创投活动在基金会的组织策划下，能够形成系列性的创投项目，从而构建公益创投的"项目群"，产生以点带面的集成效应和更好的社会效益。

第二，能够打消市场、社会各资助方与政府直接合作的顾虑，保证资金的公益属性，从而更加充分地撬动社会资金开展公益创投。在合作治理理论所提倡的跨部门合作中，不同合作主体通过合作，能够充分发挥各自差异化的跨部门优势，实现合作项目的效益最大化。然而，由于不同合作主体在话语体系和管理方式上存在的差异、建立相互信任的关系需要较长的时间、合作中的信息不对称，以及政府通常在合作关系中所体现的强势主导地位等原因（毛彩菊、王君虹，2024），市场和社会的各个合作主体在与政府的直接合作中会有多重顾虑，从而阻碍了潜在合作关系建立的可能性。而在本案例中，SSO作为政府与市场、社会合作的中介，能够降低跨部门合作的交易成本，促成更多的跨部门合作。一方面，SSO长期与政府合作，熟悉政府的组织特性与行事风格，双方具有较高水平的互信关系；另一方面，SSO 在与市场、社会主体的沟通中又体现出其社会属性，合作各方的地位更加平等，专项基金的设立也打消了市场、社会主体对投入资金能否保持公益属性的顾虑。因此，本案例的这种合作模式能够吸引那些不熟悉政府或没有更多精力来处理与政府关系、又欲借助政府平台扩大公益创投影响力的各类市场、社会主体共同参与公益创投，从而撬动更多的社会资源投入公益事业的发展中。

第三，能够降低企业、社会等主体投入公益创投的门槛，使公益创投的参与主体更加开放。作为培育发展社会组织的有效工具，公益创投的成效已获得了政府和社会各界的广泛认同，但成功组织一次富有成效的公益创投所需门槛不低。这个过程不但需要主办方具有强有力的组织力、足够的人力与物力，而且需要联系和邀请特定专业领域内的专家参与评审，联络线上线下各类媒体宣传以扩大知名度，从而吸引更多更好的公益项目参与创投。因此，其组织是一个需要持续投入时间、精力和资源，且具有相当程度的专业性的过程。而在这种新的合作模式下，公益创投活动由政府提供了公信力和平台，由官办 SSO 提供了更为专业的组织资源、人力资源和专业资源来实施，极大地降低了市场和社会上的各类组织和个人组织公益创投的门槛。任何有意愿且具有共同价值观的第三方合作主体，都可以借由该平台实现组织自身所关切的领域内的公益创投活动，而它们在过程中则可以根据自身需要，选择参与到哪种程度，因此更加便捷、灵活和具有可行性。

其次，在间接培育模式下，政府实现了自身在运用公益创投培育社会组织过程中的角色转型。在新的公益创投模式中，政府依然是非常重要的参与者，但不再是直接的出资者或大小事务的最终决策者，而是在公益创投合作机制的设计和组织治理的层次上发挥更为重要的功能：第一，作为官办基金会的发起者和主管部门，以理事会的成员身份参与基金会的治理，为公益创投项目的设计和运行把关护航；第二，作为公益创投的现场评审专家，表达政府自身的立场和意见；第三，为公益创投搭建更具公信力和影响力的平台。在本案例中，由官办基金会与企业家联合组织的公益创投活动邀请了与未成年人心理健康相关的市、区两级多条线职能部门的负责人共同参与，为社会各方参与公益创投项目评选提供了公信力支持，也为后续项目的落地实施提供了良好的政策环境。同时，由于政府方代表的参与和重视，公益创投活动获得了市、区两级多家官方媒体的报道和宣传，无形中扩大了公益创投活动的影响力，这种影响力不但能引起更多的社会力量关注未成年人心理健康问题，而且也能产生示范效应，带动、吸引更多的社会力量参与、支持到各种不同的社会问题的解决中，从而构建更加友好的社会环境，实现公益创投从资助到实施的相互促进与良性循环。

最后，政府间接支持下的公益创投更能体现其在培育发展社会组织中的独特优势，其中最突出的优势是能够就资助方最为关切的议题，组织单个更具针对性的专项公益创投活动，提高公益创投的专业性、针对性和公益项目的精细化、精准化。在本案例中，单次的公益创投活动以未成年人心理成长为主题，吸引了50多家提供心理援助的社会组织、心理咨询专业机构，甚至是三甲医院由心理医生组成的志愿者团队，大大提高了公益创投项目的质量。而评审的专家包括了多位在党政部门、事业单位和各个与心理健康相关的学会、协会任职的国家二级心理咨询师、资深心理医生、省级优秀教育工作者、教育专家以及家庭教育指导专家等。由于议题聚焦且与评审专家擅长的领域相匹配，参选的公益创投项目在评审阶段能够获得更为专业和深刻的建议，并且在后续的培育中也能获得更具针对性的指导，这使得公益创投项目在立项的开始阶段就能站在更高的平台上，为这些项目取得良好的社会效益打下了坚实的基础，也为后续获选项目的成功运行提供了更多的专业性保障。

总而言之，相较于政府直接培育模式下的公益创投运行特点，在间接培育模式下，政府与支持型社会组织的合作机制、各自的角色以及公益创投项目的运行机制具有显著差异。在政府间接培育模式下，公益创投更能发挥其在培育发展社会组织中的独特优势。新模式下的公益创投不但能实现政府的角色转型，由直接推动者转变为参与者和支持者，而且可以更好地发挥公益创投的独特优势，同时不断扩大公益创投的资金池和社会支持面，让更多的社会组织、更丰富的议题和更多的市场、社会力量参与公益创投活动。

二、共同组建机构：政府培育扶持公益性机构的路径选择

正如上文所述，在同样的政策工具下，政府采取的培育模式不同，政策工具

的运行机制与成效也有较大差异。本书已论述了在不同培育模式下，政府如何以建立孵化基地、组织公益创投和购买社会组织服务等方式为社会组织的发展提供支持，并比较了不同培育模式下政府组织公益创投的运行特征。除此之外，较为常见的政府支持社会组织的方式也包括组建社会组织及其他类型的公益性机构①，即政府以出资、人员调派等方式，单独成立社会组织，或与市场、社会等培育主体共同组建社会组织或其他类型的公益性机构，以此助力社会组织的发展。政府单独成立社会组织已在前文的直接培育模式中有所论及，本节主要探讨后者，即政府与市场、社会等培育主体共同组建公益性机构来促进社会组织发展的培育扶持方式。本书接下来将探讨在不同的政府培育模式下，政府与市场、社会等跨部门主体合作创办公益性机构的不同运作方式、行为特征及成效。

（一）方法与数据

A省B市是全国较早探索以购买社会组织服务的方式促进社会组织发展的地区之一，其社会组织发展起步早、发展快，具有多家全国先进社会组织和省级品牌社会组织，社会组织发展形态在全国具有较强的代表性。该市社会组织的快速发展离不开当地政府的长期重视。该市早在十几年前便将建立现代社会组织体制作为社会管理改革创新的重点项目，积极鼓励下辖各个区县探索具有创新性的社会组织培育扶持方式和政社合作模式，这为本书探讨政社共建公益性机构提供了丰富的案例素材。其中，该市Z区是全国首批"社会组织创新示范区"之一，其社会组织发展在全国具有较强的引领性。笔者长期跟踪该区的社会组织发展，获得了较为丰富的一手资料。本书根据案例的代表性、资料的可及性以及对案例的熟悉程度，选取了A省B市Z区的两家机构来阐释不同政府培育模式下政府跨部门共建公益性机构的运行特点。

机构之一为该区政府与当地基金会共同创建的公益转贷中心（以下简称"机

---

① 如未注册、备案的社区社会组织，以企业等工商注册方式成立的社会组织、社会企业等。

构 G"），另一家机构为该区某街道与区社区发展基金会共同创建的社区社会企业（以下简称"机构 S"）。两家机构的共同之处在于，它们都是由不同的党政部门与各自所合作的支持型社会组织（以下简称"SSO"）发起、吸引市场资本共同创建的公益性机构，均尝试借助市场化的商业手段达成公益性目标，前者拟为中小企业所面临的短期转贷问题提供更便捷和低成本的公益性转贷资金支持，而后者欲借助社会企业的商业化运营优势，盘活现有社区闲置资源，以提高社区公共服务的供给质量和规模。其中，两家机构各自的发起方，即政府与所合作的 SSO 也具有类似之处，如相互间都比较熟悉，互信程度高，两家 SSO 的负责人同为人大代表，其本身与政府的政治关联水平较高、工作能力突出，具有较强的合作意愿，这些条件为政社双方共同创建公益性机构奠定了良好的合作基础。而它们创建的这两家机构在各自领域中都具有较强的开创性，在该区没有先例，因此更能展现出机构组建合作中各方的博弈过程与行为特性，这为本书观察政府不同的培育支持模式下的政府跨部门共建公益性机构的运行特点提供了较为理想的实践案例。

案例的分析数据主要来源于访谈与参与式观察。机构 G 的数据资料主要来源于笔者在 2019 年 5—8 月对该机构主要相关方的半结构性访谈，以及在 2019—2022 年所搜集的内部工作报告、相关政策文件以及对该公益性机构的各类新闻报道。机构 S 的数据资料主要来源于笔者在 2024 年 6 月—2025 年 3 月对该机构创办方、运营方的半结构性访谈，以及搜集的政府内部政策文件等各类资料，笔者作为该机构的咨询专家也多次参与了机构 S 的理事会会议，从而能更为深入地观察合作各方的行为模式特征。

（二）分析框架

根据上文所提出的不同政府培育模式的分析框架，本书从跨部门主体间关系、政府治理侧重点以及治理结构特征等维度，分析和比较不同政府培育模式下政府跨部门共建公益性机构的运行特点，如表 2-3 所示。本节接下来将具体展开论述在每一种政府培育模式下政府如何与不同的跨部门合作主体共同创建公益性机构，双方合作的运行机制具有哪些特征，各自所取得的成效以及存在的局限性。

表 2-3　　　不同政府培育模式下政府跨部门共建公益性机构的运行特点

政府培育发展模式	政府直接培育模式	政府间接培育模式
合作协议的约束力	对政府约束力弱	对各方的约束力相对平等
跨部门主体间关系	层级控制关系	基于契约的合作关系
政府治理侧重点	合规性控制	合作机制设计
治理结构特征	行政主导逻辑（行政驱动）	市场主导逻辑（利益驱动）
政府的作用	大小事务的最终决策者	参与者、支持者：协助沟通相关部门关系、以理事会成员身份参与新机构治理
SSO 的作用	主要执行者、合作推动者：参与合作方案设计，新机构理事会成员	主导者：合作方案设计主导者，以理事会成员身份参与新机构治理

（三）政府直接培育模式下政府跨部门共建公益性机构的运行机制、特点与成效

在政府直接培育模式下，政府与市场主体、社会主体共同组建公益性机构的最显著的特征就是行政化，即政府将自己的一套层级化的控制逻辑移植到了跨部门合作中，使各方合作出现了以下特征。

首先，政府通常以行政指派的方式确定自己在跨部门合作中的代理人，而这个代理人往往面临多重身份冲突、权限不够、内驱力和精力不足等各种困境，增加了跨部门合作的难度。其次，政府与其他合作方的关系更多体现的是层级控制关系，而非基于契约的合作关系，其采取的管理手段更多的是行政手段，而非真正遵从市场逻辑或社会逻辑行事，这使得政府在合作中占据了绝对领导地位，成为各项大小事务的最终决策者，从而难以保持合作各方的利益平衡以实现合作共赢，极易导致跨部门合作治理失效。在这个过程中，SSO 虽然也是合作方案的主

要设计者和推动者，但其作用更多的是执行者，SSO 的意见最终能否落地仍取决于政府方的态度和最终决策。最后，行政主导逻辑也导致跨部门合作能否取得新进展主要取决于政府方的态度和意愿，而合作各方最初达成的合作协议对政府自身往往缺乏真正的约束力。这意味着，当政府方决策者出现频繁的人事变更等情况时，政府对合作的态度、支持力度和授权程度都可能会发生较大变化，某种程度上会使政府对跨部门合作的主要目标由最初的创新探索转变为合规性控制，即保证各个环节不出错，从而在总体上呈现出更加保守的特征，为跨部门合作带来了许多不必要的限制与结果的高度不确定性。

在本案例中，Z 区社区发展基金会（以下简称"社区基金会 A"）与 Z 区 D 街道共同发起成立了社区社会企业机构 S，初衷是欲借助社会企业的商业化手段盘活社区集体经济下的闲置资源，实现强社惠民的公益性目标。该机构成立之前，A 市并没有类似性质的公益性组织，在适用的政策支持上存在空白。得益于当地政府对培育扶持社会组织以及新型混合制公益性机构的积极态度，机构 S 在创办时获得了区党政部门的大力支持。在机构注册时，作为发起方之一的社区基金会 A 在其中起到了重要的协调作用。社区基金会 A 的主管领导出面牵头协调了市场监督管理局、财政局等相关部门，在 3 个月内克服种种困难，理顺了相关各方的流程，使机构 S 以工商企业的形式注册成立，成为 A 市第一家社区社会组织。在区这一层级的政策打通后，机构 S 具体的运行便落在了街道层面。Z 区随即在总结机构 S 培育扶持经验的基础上专门出台了培育扶持社区社会企业的专项支持政策。由此可见，至少在政策空间上，机构 S 的发展前景是非常广阔的。Z 区政府对于推动社区社会企业的发展持非常积极的态度，期望以机构 S 为样板，推动以"公益+商业"和"普惠+低偿"为发展路径来解决社区问题和提升社区服务质量的这类社区社会企业迅速发展。

在 Z 区政府、社区基金会 A 和基层社区的共同推动下，政府跨部门共建的公益性机构 S 迅速成长，成了 A 市首家落地的社区社会企业。作为探索社区基层治理新模式的典型案例，机构 S 不但获得了全国多家主流媒体的报道，其运作理念也得到了广泛推广。自机构 S 成立后，A 市及各个区县先后成立了 20 多家类似机构，从而使培育扶持社区社会企业成了 A 市实现强社惠民的重要创新举措之一，取得了良好的成效。

然而，由于培育扶持方式自身的局限性，该机构在后续发展中也遇到了各种困境和挑战。

首先，政府以行政指派方式产生的政府方代理人面临多重身份冲突、权限不够、内驱力不足等问题，增加了跨部门合作的难度。正如上文所述，在政府直接培育模式下，政府在跨部门合作中依然采用的是层级化控制逻辑，这种逻辑最直接的体现是如何确认共建机构的政府方代理人，以及由谁来担任共建机构运行的主导者。在本案例中，机构 S 所属的街道以行政指派的方式，确定机构 S 所在社区的党组织书记作为自己在跨部门合作中的代理人，并任命由该社区书记担任机构 S 的法人代表与董事长，主导该机构的运营。总经理则由参股的市场主体负责人担任，发起方之一的基金会 A 负责人以董事会成员的方式参与机构治理。看似合理的任命方式却在实践中遇到了一系列问题，严重限制了机构 S 的发展，具体表现在以下几点。

第一，政府方代理人面临多重身份带来的角色冲突和身份转换困难。在案例中，政府方代理人同时担任社区书记、居委会主任与社会企业董事长，而这三种身份所代表的利益并不相同。正如访谈中受访者所述，在社区社会企业组织的一场活动中，作为社区书记和居委会主任，首先要考虑的是社区安全问题与责任问题，其次是该活动提供的产品和服务有没有潜在的风险和质量问题，其立场是站在社区治理角度和居民利益这一方的；而作为社会企业的负责人，考虑更多的可能就是如何提高社会企业服务品牌的知名度和影响力，以及如何让居民喜欢而且愿意为服务买单。在实际的机构运行中，多重身份使得政府方代理人在面对社区居民的时候经常面临管理和服务等多重角色的冲突，无法实现角色的顺畅切换。除此以外，多重身份还使得政府方代理人在机构 S 的运行中投入精力不足，影响了组织的长远发展。

第二，政府方代理人作为政府行政体系中的被指派者，由于权限低，无法代表政府在机构运行中自行作出决策，使得机构 S 的决策效率低下，影响了治理结构的完整性。社区书记是政府的行政层级管控权力在社区的延伸，他所拥有的权限主要来源于政府的授权。在本案例中，政府方要求社区书记担任机构 S 主导的运营者，但由于跨部门合作关系中的权、责、利三者关系并未理顺，社区书记作为政府在机构 S 中的代理人并不能真正代表政府作出决策。正如受访者所言，

"只有街道的态度，没有相应的权限"。在机构 S 的运营中，几乎所有需要作出的决策都要由担任董事长的社区书记向街道有关领导多次请示、多人审核，极大地影响了机构 S 自身治理结构的完整性，使机构 S 的运行被行政化，无法发挥社会企业本身的组织优势。

此外，由于是被指派的而非自愿的，跨部门合作中的政府方代理人往往存在内驱力不足等问题，外加并不熟悉社会企业的价值追求与运行逻辑，这与许多其他类型的社会企业负责人追求创新、勇于突破的企业家精神形成鲜明对比，事实上也对社区社会企业本身的发展潜力产生了影响。

由以上分析可见，由于培育扶持方式的行政化，以行政指派方式指定共建机构政府方代理人并使其主导共建机构运营的方式，会极大地阻碍共建机构的发展，限制该公益机构长期发展的潜力。

其次，政府更多地通过层级控制和行政化手段处理跨部门合作关系，而不是遵循契约的市场逻辑，或是基于信任和共同价值追求的社会逻辑，这种政府在合作中占据绝对主导地位并作为所有事务最终决策者的合作方式，极易导致合作治理的失效。在本案例中，机构 S 的合作治理结构背后的设计逻辑是行政主导逻辑（即以行政驱动的方式来管理新机构），而非市场化逻辑（即借助利益驱动机制实现管理目标），或是社会逻辑（即通过凝聚价值观共识、建立互信伙伴关系从而达成目标）。一个典型的表现是分析案例中合作各方如何设计运行机制以有效保障混合制下机构 S 的公益属性。

根据调研所搜集的信息，Z 区 D 街道和社区基金会 A 试图借助多种方式以确保机构 S 的公益属性，但始终未在保持机构的公益性与提升机构的运行效率上达成均衡。一方面，Z 区 D 街道主要通过其代理人，即兼任董事长的社区书记，来主导机构的运行，以此确保机构 S 的运行不会损害公共利益。而正如上文所述，其代理人并没有充分的决策权，政府也不放心充分授权，因而机构 S 运行中的各种大小事务均需通过 Z 区 D 街道相关负责人审核审批后方可执行。这种合作方式不但破坏了董事会作为机构 S 治理结构的功能完整性，导致其他跨部门合作主体，尤其是其中的市场主体丧失了对机构 S 能够持续运营从而实现自身造血营利的信心，而且使机构 S 的决策效率极其低下，对机构 S 把握机遇实现迅速发展带来了不小的阻碍。另一方面，Z 区社区基金会 A 和 D 街道都将控股权作为把控机构公益性方向的重要举措。例如，Z 区社区基金会试图用"同股不同权"的方式将股权与机构的表决权分离，即不管后续其他合作方注入资金有无变化，始终保证社区基金会作为影响力投资所注入的资金具有相对固定比重的表决权，以保障该机构的公益属性。与此类似的是，D 街道也通过按出资占比获得控股权的方式，来保证机构 S 的公益属性。

然而，以行政权力或其他方式迫使合作方作出达成公益性的承诺并不能驱使合作方真正在实践层面上达成，反而有可能造成公共利益的损失（滕红燕、朱心怡，2023）。街道和社区基金会所设计的公益性保障机制带有明显的行政性和强制性，没有从市场逻辑、社会逻辑出发设计出能够调动各方的积极性，从而自发地保持机构公益属性的合作逻辑。因此，这种机制很难保持对市场资金的持续吸引力，导致后续合作乏力。以市场逻辑保障公益性的一个设计原则是，在市场逻辑下，行为主体追求的是自身利益最大化，但通过合理的机制设计，能够使行为主体在追求利益最大化的这个过程中同时达成公益性目标，典型的做法如用低价产生的品牌效应和规模效益在保持公益性的同时提高收益。以社会逻辑保障公益性的方式之一是合作各方在价值层面上具有较高水平的一致性。就市场主体而言，即便其组织逻辑是追求利益最大化，但其愿意与政府和 SSO 合作的一个主要驱动力是真正认同新创建机构的公益价值，而不是纯粹因为政府与 SSO 给它们提供了新的商机而借此盈利。因此，在跨部门合作中，合作主导者需要将唤醒各方的社会责任感和公益性动机作为建立合作机制的重要工作内容之一，从而在价值观层面上实现合作，而非将不同组织的价值追求简单地拼凑在一起。正因为不同性质的组织具有差异化的组织逻辑，在本案例中，这种强行规定公益属性的行为方式极易造成跨部门合作的机制不畅，导致市场主体退出合作，从而使合作治理失效。

最后，行政主导逻辑使得政府方的态度和意愿成为跨部门合作能否取得新进展的关键性因素，这意味着初始合作协议对政府自身缺乏真正的约束力，当政府方决策者出现频繁的人事变更等情况时，政府对合作的态度、支持力度和授权程度都可能会发生很大的变化，这使得跨部门合作的结果有很大的不确定性。由于合作项目并非政府方继任决策者所真正关注和认同的，政府方的态度很可能会从最初的支持创新探索转变为合规性控制，即保证在各个环节不出错就好，从而使跨部门合作在总体上呈现出更加保守的特征。在本案例中，机构 S 的成立得益于时任街道书记自身对探索借助"商业+公益"盘活社区闲置资源的浓厚兴趣，随后与 Z 区社区基金会达成了合作协议，并引入市场资本共同组建了该机构。然而，自机构 S 成立两年多以来，D 街道的分管领导和科长已经换了 3 批，在笔者调研时已为第四任领导。频繁的人事变更产生的一个结果是，对于 D 街道的继任决策者而言，在机构 S 已经成为政府样板仍需要继续支持的情况下，首先要考虑的是保证合作项目在自己的任期内不出错，因此财务审计合规便成为政府关注机构 S 运行的主要手段，而很少将寻求建立一个更为顺畅合理的跨部门合作机制作为自己任期内工作的重点。同时，由于上述政府的行政主导和层级控制特征，机构 S 在运行中几乎事事都需要街道来最终拍板，使得机构自身的持续发展遇到了许多无形的阻碍。同时，政府方决策反复的情况也时有发生，严重限制了合作进度的推进。在访谈中，有受访者表示：

　　社区社会企业的工作需要不断向领导报告，每一任领导都需要与他论证一遍。它一直陷在一个圈里：想要推动一件事情，首先要说服领导相信我们，领导问你社企是什么，接下来要做什么，为什么要这么做。每任领导都需要先过一遍这件事情……①

　　因此，行政主导逻辑会造成跨部门合作的结果在很大程度上取决于政府方的态度和意愿，使政府跨部门合作共建的机构在未来发展中面临许多不必要的限制与高度的不确定性。

　　由以上分析可知，在政府直接培育模式下，政府以层级控制和行政化手段管理跨部门共建的机构，将注意力过多地放在了合规性控制上，而不是合作机制的制度性设计上。这使得政府为了不出错，过多地介入基层社区治理的执行环节，极大地限制了共建机构的发展。当出现政府方决策者频繁的人事变更等情况时，会使原来本就禁锢的运行机制更加受限。在本案例中，政府对于推动以跨部门合作方式共建公益性机构的合作总体上持非常积极的态度，在各方的共同努力下，机构 S 也取得了突出成效，具有较强的创新性、探索性和引领性，却因与后续政

---

　　①　参见访谈资料：YZSQJJH20241212。

府采用的培育扶持模式不匹配而限制了发展进度。

因此，同样是借助跨部门合作方式共建公益性机构，若政府采取其他更恰当而有效的支持方式，能够为那些在一线摸索创新的各类组织松绑助力，将极大地提高政府培育扶持社会组织的政策成效。

（四）政府间接培育模式下政府跨部门共建公益性机构的运行机制、特点与成效

在政府同样支持与市场主体、社会主体共同创建公益性机构的情况下，政府采取的培育模式不同，跨部门共建公益性机构的合作方式、运行机制与成效也会产生显著差异。相较于政府直接培育模式，政府间接培育模式下跨部门共建公益性机构具有以下几个特点。

首先，政府不再以层级控制和行政主导的方式干涉新建机构的具体运营，而是更关注跨部门合作治理机制的顶层设计层面。例如，政府将在合作中更为关注以下问题的解决：如何借助市场逻辑与社会逻辑，设计出更为顺畅合理的合作机制，事半功倍地达成合作目标；如何设计更为恰当的风险管控机制与公益性保障机制，从而达成政府更好地实现公共利益的政策目标；如何在确保公益性和风险可控的情况下放心授权，从而在减轻政府事务性负担的同时，促进新建机构的高效运转，等等。因此，在这种支持模式下，政府的角色更多的是新机构运行过程中的参与者和支持者。其作用更多地体现在协助沟通相关部门关系、以理事会成员身份参与新机构治理等方面，而不是直接作为各项大小事务的最终决策者。在间接培育模式下，政府依然需要把控新建机构的关键节点与发展方向，但与直接支持模式不同的是，政府对新机构运营的关键节点把控主要是通过新机构的理事会/董事会的内部治理结构来达成的。

其次，政府将会更加注重发挥 SSO 在政府跨部门共建机构中的关键作用。与直接培育模式不同，在政府间接培育模式下，政府不再事无巨细地管控合作项目的每一方面，而是在互信基础上向 SSO 适度赋权，注重发挥 SSO 本身的专业性在治理结构层面的作用，以及在资源链接中的桥梁纽带作用，使 SSO 在设计跨部门合作方案、推进合作进度、识别各方需求、链接多方资源与管控潜在风险等方面扮演更为重要的主导者角色。

最后，政府与市场主体、社会主体的关系和相互间的行事逻辑不同。在间接培育模式下，政府与其他合作主体的关系就不再是简单的层级控制关系，而是将合作者放在一个相对平等的地位上，即按市场逻辑或社会逻辑行事，遵守各方达成的合作契约，尊重合作者合理的利益诉求，寻求与合作者的互益共赢。因而政府与合作各方的关系更多的是基于契约的合作关系，这意味着合作协议对各方具有相对平等的约束力，无论是协议的履行、变更还是终止，均不是由某一方随意变更的，而是按照事先的约定来执行。

在本书的案例中，机构 G 同样是由政府与基金会以跨部门合作形式组建、引入市场化机制并吸纳个人资金进入、借助"商业+公益"模式实现公益性目标的组织。该机构是由当地一家全国知名的基金会（以下简称"基金会 B"）发起、由 Z 区政府与其共同出资成立的公益转贷服务平台，同样也是以企业形式注册，其成立的初衷是为了净化当地的金融环境，解决中小企业所面临的短期转贷难等问题。相较于上文所介绍的社区社会企业机构 S，机构 G 由于涉及企业金融转贷的问题，面临的经营风险更大，专业性要求更高。

然而，Z 区政府却并没有以预算审批、行政命令等方式事无巨细地直接介入该机构的具体运营中以控制潜在的可能风险或者保障其公益属性，而是采用一种间接支持的模式：政府将跨部门治理的重点放在了合作治理机制的顶层设计层面，在其中作为参与者和支持者发挥作用；通过发挥合作各方在顶层机制设计上的专业性与主动性，并有效利用市场机制与社会机制，政府与合作方共同创建了一套设计精密的机构运行机制，从而既有效地控制了其中可能存在的风险，也在确保机构的公益属性的同时促进了机构运作的有效性。总体来看，该模式下的跨部门合作呈现出以下两个方面的特征。

一方面，政府充分发挥了基金会 B 在合作机制设计中的主动性与专业性。基金会 B 的负责人具有丰富的金融行业从业背景，作为人大代表经常就如何改进社会治理向政府提出建议，与政府具有较为良好的前期合作基础。而与政府共建机构 G 以解决中小企业转贷问题的合作意向也是基于其自身对社会实践的观察所产生的。与机构 S 的创建过程类似的是，基金会 B 也是跨部门合作方案的设计者，两者的区别在于，在政府的充分赋权与信任下，基金会 B 在设计跨部门合作机制、推进合作进度的过程中发挥了更为主导的作用，以巧妙的合作机制设计实现了公益性与效率的平衡，并且借助自身在金融领域的资源网络优势搭建了横跨政府、银行、企业等各方的合作网络，组建了专业性强、经营经验丰富的专业金融团队，为机构 G 的顺利运营打下了良好的基础。政府以这种较为间接的支持模式与基金会共建机构，能够充分借助 SSO 的跨部门优势撬动社会资源，让专业的人做专业的事，从而达成事半功倍的效果。

另一方面，政府将设计更为合理的合作机制作为跨部门合作治理的侧重点，不再以层级控制或行政主导的方式干涉新建机构的具体运营。在大多数案例中，政府以行政手段过度介入合作项目的执行中，其中一个很重要的原因是想以此作为管控潜在风险、确保合作项目运行公益性的主要手段。其根本原因在于合作各方未能有效搭建出更为有效的机制，以解除政府自身对合作项目运行的各种顾虑与满足政府的监管需求。在本书的案例中，由于政府对基金会 B 的充分授权，基金会得以在合作机制的设计中发挥自身所长，通过整合政府、基金会、机构 G 的执行团队等多方需求，主导了合作机制的设计。其中，基金会基于政府的核心关切点，如需要保障政府投入资金的安全、需要确保共建机构 G 能够真正以公益性为主要目标、需要使机构 G 具备自我造血能力和持续发展能力等，根据自身的专业所长与资源网络优势，设计了一系列环环相扣的巧妙机制来满足政府的主要关切点。主要的做法包括以下几种：建立了以项目执行团队投入的资金作为劣后资金来优先承担经营风险的问责机制，用"谁决策、谁负责"的方式落实了项目执行团队的经营责任；建立了由风险准备金、引入专业化执行团队以及与银行共建合作网络等举措所构成的风险防范机制，以抵御可能出现的潜在运营风险；引入了市场化的股权激励机制并将其限制在转贷服务提供的执行和操作层面上，在充分激励执行团队提高运营效率从而提高机构的可持续发展能力与自我造血能力的同时，有效避免了执行团队潜在的营利动机影响合作项目的公益属性；除此以外，基金会 B 与 Z 区政府也通过双方共同绝对控股的方式保证机构在重大决策上符合公共利益。①

---

① 合作机制的详细介绍请参见：滕红燕，朱心怡. 公共服务合作供给中的公共性与效率平衡机制——以 N 市 Y 区公益转贷中心为研究对象 [J]. 治理研究，2023，39（04）：108-124，160.

具体而言，在问责机制上，由于机构 G 是否为中小企业提供低息短期周转资金的每一个经营决策都涉及了大额资金，因此项目执行团队基于其专业判断的审慎决策对机构 G 的稳定运营尤为重要。故基金会 B 与 Z 区政府依据"谁决策、谁负责"的权责相等原则设计了机构运行的权限与责任。在权限上，理事会赋予了项目执行团队充分的权限，由其根据实际情况独立作出决策，政府和基金会作为机构 G 的股东均不介入日常决策中。由于其决策权限充分、决策流程简短、责任界定明确，无须事事向政府请示，因而保持了远高于同类政府参股机构的运行效率。在责任承担上，则首先由项目执行团队承担决策风险。机构 G 采用股权激励的方式使项目执行团队以独立合伙人的形式入股，但其投入的资金属于劣后资金，即当机构的经营出现亏损时，首先由项目团队的资金来承担亏损；当亏损达到一定比例后必须由项目团队先补足资金，再继续经营。这种问责机制既能使政府和基金会的资金处于相对安全的位置，也能使项目执行团队在机构运营中具有充分的自主权，用心负责地做好每一项工作。

在风险防范机制上，尽管该组织设计了较为完备的问责机制，但经营难免会出现风险，而一旦风险发生的概率超过一定水平，将会威胁到机构的可持续发展。因此，基金会 B 与 Z 区政府共同设计了相应的风险防范机制，主要由三部分内容构成。第一是设置风险准备金，每年预留 60% 的利润专门用来抵御可能出现的风险，一旦发生坏账等问题不至于动摇机构运营的根本；第二是引入专业团队且实施一票否决制，执行团队的每一个成员均为经验丰富的专业从业人员，当判断存在潜在的转贷风险时能用一票否决制的方式规避风险；第三是搭建跨部门合作网络，通过与银行、金融办等机构建立实时且密切的合作网络，能极大程度地降低风险。

在激励机制与公益性保障机制上，一方面，机构 G 通过借助市场化的股权激励机制，使执行团队投入个人资金参股并享有分红权利，该机制与上述的问责机制相结合，保持了责、权、利三者的平衡，使机构具备了实现健康可持续发展的内生动力。另一方面，这种市场化的股权激励机制被严格限定在一定范围内，由于基金会与政府在公益性价值追求上高度一致，机构 G 的公益性能够得到有效保障。其原因在于，执行团队虽然以合伙人的方式持股，但所占股比非常低，难以对理事会的核心决策层产生影响；而基金会 B 与 Z 区政府均主要以借助"商业 +

公益"的跨部门合作方式解决中小微企业的转贷难问题为主要目标，在机构 G 的重大经营决策上能够就机构的公益属性保持高度一致，如双方均将自己在机构 G 的投资所得继续投入公益事业，以追求社会效益的最大化。

正因为良好顺畅的合作机制的建立，政府不再需要通过行政审批、行政命令等方式介入机构 G 的实际运营中来实现责任管理、风险防范等目标，只需要参与理事会的治理，以确保重要决策符合公益性目标即可，极大地节约了政府在跨部门合作中的治理成本。而政府的赋权与有限介入也为机构的高效运行提供了良好的支持条件，在问责机制、风险防范机制与激励机制的共同作用下，机构 G 的具体运营决策由执行团队按照理事会确认的规章制度独立作出，无需再事事向政府请示或向基金会反馈；而由于治理结构清晰、责任落实明确、机构自身造血能力和可持续运营能力强，政府方的人事变更也不会对机构的运营产生较大的影响，如该机构从成立至今已有十多年的历史，目前仍保持了高效运营，每年都获得了政府主流媒体的报道，成了 A 市公益事业的金名片。在这个过程中，政府始终尊重共建机构的内部治理结构，尊重合作各方利益，按市场逻辑和社会逻辑而不是用行政强制手段行事，最终取得了突出的跨部门合作成效。

综上所述，本节分别就政府培育发展社会组织时经常使用的两种政策工具，即公益创投与政社共建公益性机构，采用了比较案例的方法展现了它们在不同的政府培育发展社会组织模式下的运作方式、机制特征及成效。分析结果表明，在政府采用不同的培育模式下，同一种培育发展社会组织的政策工具会在实际运行的过程中表现出迥异的机制特征，其实施效果也有显著的差异性。因此，为了更好地提高政府培育发展社会组织的政策综合效益，政府需要在运用各种政策工具的同时，关注自身选取了何种培育发展模式，以更好地达成培育发展社会组织的政策目标。

第三章　政府促进支持型社会组织发展的路径选择

在上一章的论述中，本书主要聚焦一些相对弱小、在资源和能力上需要外部培育主体予以支持的普通社会组织，探讨了政府应该采取怎样的培育模式和政策工具来促进其发展。本书认为，为了提升政府培育社会组织的有效性，较理想的路径是采用"以社养社"的间接培育模式，即通过赋权支持型社会组织，借助其力量以间接的方式促进社会组织的高质量发展。因此，一个相对成熟、专业能力强、功能结构相对完整、能够有效承接政府培育发展社会组织项目的支持型社会组织体系，是实现政府间接培育模式的前提条件。

支持型社会组织作为一种新兴的社会组织形态，是实现"以社养社"的关键主体，是政府培育发展社会组织的重要合作伙伴。作为社会组织网络的关键节点，支持型社会组织能有效弥补单个社会组织在发挥作用时的缺陷，对于形成"结构合理、功能完善、竞争有序、诚信自律、充满活力的社会组织发展格局"具有不可或缺的重要作用。

然而，在探讨政府如何更为有效地培育社会组织时，上述提出的政府间接培育模式仍面临一个亟待解决且无法回避的关键问题：当作为培育主体的支持型社会组织自身仍处于较弱发展水平的时候，政府又应如何促进其发展？即"社会培育主体如何培育"的问题。

与普通的社会组织相比，支持型社会组织的发展具有一定的特殊性，这种特殊性与其在社会组织生态系统中的定位有关。在一个相对成熟的社会组织系统中，支持型社会组织能为社会组织行业的整体发展提供公共基础设施，是社会组织生态系统健康成长的支柱，具有很强的专业性、社会资源和网络的链接能力，以及自我知识迭代更新的能力。因此，政府通常用于培育发展中小社会组织的政策工具和培育模式并不太适用于促进这类组织的高质量发展。

在国外一些发达国家，支持型社会组织是随着社会组织系统朝专业化和精细化发展后自然形成的结构性分工的结果，是形成一个完整的社会组织生态系统的重要构成部分。但在一些社会组织发展的后发国家，社会组织自下而上的自我成长速度相对比较缓慢。因此这些国家的支持型社会组织往往是随着政府对社会组织自上而下的支持与培育而同步发展的。作为政府培育社会组织的重要"抓手"以及社会组织系统自我发展的关键支柱，支持型社会组织的角色至关重要，然而，在这些国家，支持型社会组织自身也处在发展的初级阶段，同样面临诸多发展困境。此外，支持型社会组织本身也是政府培育的对象之一，在政府的直接培育过程中，也不可避免地会受到政府行政化培育带来的影响，出现一系列问题。在我国，当前政府对支持型社会组织的培育更多地体现为自上而下的行政化直接培育模式，以及自下而上发展中的政府角色缺位，这导致我国支持型社会组织在发展过程中出现了高度行政化、功能结构不完整、区域发展不平衡等现象。

基于此，本章将围绕"政府应如何促进支持型社会组织的发展"这一问题展开论述，从我国支持型社会组织的发展现状和存在的问题入手，通过运用第二章提出的政府间接培育模式的基本逻辑，探讨政府应如何构建促进支持型社会组织发展的政策支持体系。接下来，本章将从以下几个方面展开：首先，介绍什么是支持型社会组织，它有哪些组织特性和功能；其次，聚焦我国实践，剖析支持型社会组织的发展现状与面临的问题；再次，基于政府间接培育社会组织的逻辑，从组织生态理论的角度分析支持型社会组织的独特发展逻辑，讨论发达国家可供借鉴的部分发展经验；最后，在以上分析的基础上探讨政府在培育支持型社会组织中的角色和定位，并提出政府构建政策支持体系的具体路径。

第一节　支持型社会组织的概念、组织特性和功能

一、支持型社会组织的概念

支持型社会组织又称伞状组织、慈善中介组织，主要指为各类中小型和草根社会组织提供资源、信息、能力建设等支持与服务，或者履行评估、行业认证、监管等职能的专业性或联合性社会组织（郁建兴、滕红燕，2018；祝建兵，2016；Brown & Kalegaonkar，2002）。支持型社会组织以其他社会组织为主要服务对象，是社会组织网络链接的重要节点，也是实现社会组织自主培育和自我监管的关键主体，更是形成结构合理、功能完善的社会组织体系的重要标志（Prentice & Brudney，2018；徐宇珊，2010；安建增，2017）。

支持型社会组织是一类复杂的社会组织，功能形态各异。按照不同的标准，可将支持型社会组织划分为不同的类型。如根据支持型社会组织提供的核心服务，可将其划分为资源供给型、专业服务型、行业发展型和综合管理型；根据政

府和社会在支持型社会组织发展中的角色，可将其划分为政府主导、政社合作以及社会主导等类型（祝建兵，2016；栾晓峰，2017）。

在相关政策文件、学术研究和各地实践中，还有一类组织与支持型社会组织的概念比较类似，经常出现混用，即通常所称的枢纽型社会组织。那么，这两个概念之间有什么关系呢？这两个概念各有侧重，相对而言，支持型社会组织的概念内涵更广。有研究认为，支持型社会组织与枢纽型社会组织是包含关系，支持型社会组织是对枢纽型社会组织的发展和丰富，枢纽型社会组织是支持型社会组织中的一种类型，即以政府力量为主导的类型，而除此以外，支持型社会组织还包括社会力量主导型、基金会力量主导型等（丁惠平，2017）。

在概念的使用上，枢纽型社会组织更加强调政府主导，行政色彩浓烈，格外强调其政治上的引领、监管上的助手角色。相关研究指出了很多枢纽型社会组织在发展中存在的问题，比如在制度上更依附行政力量，职能上更体现制度化的行政特征，对政府的制度性依赖较为突出（葛亮、朱力，2012）。此外，一般称为枢纽型组织的这类支持型社会组织均被政府赋予了一定的管理其他社会组织的权限，相互间具有隐性的上下级层级关系，存在成为"二政府"的风险（沈荣华、鹿斌，2014；余永龙、刘耀东，2014）。在功能上，枢纽型社会组织这个概念也更加强调其承担的对社会组织的管理职能，以及对其他社会组织的政策传递功能。相对而言，支持型社会组织的概念更为中性，包含了枢纽型社会组织、其他由政府主导成立的支持型社会组织，以及由社会和市场力量主导成立的支持型社会组织等。

故本书所指的"支持型社会组织"包含了包括枢纽型社会组织在内的各类为中小型和草根型社会组织提供发展支持服务，以及为社会组织提供行业性的评估、认证、监管等服务的专业性或联合性社会组织。

二、支持型社会组织的组织特性

首先，支持型社会组织服务于一般的社会组织，更关注社会组织整体部门的发展。支持型社会组织是社会组织发展到一定阶段后专业化分工的产物，是为了满足社会组织之间互助互益的需求（Brown & Kalegaonkar，2002；安建增，2017）。支持型社会组织向其他社会组织提供各类服务和资源，以提升它们实现组织使命和目标的能力。与普通社会组织只聚焦于自身关注的议题不同，支持型社会组织相对而言更为关注社会组织整体部门的发展，并在其中扮演了重要的专业支持者角色，也是社会组织实现自我治理的重要行为主体。

其次，支持型社会组织通常处于某一领域的网络核心位置，资源整合能力更强。支持型社会组织具有发达的社会关系网络、较高的组织能力和公信力，是政府、企业和其他社会组织经常寻求合作的对象。支持型社会组织通常具有和政府合作的经验，容易获得政府支持；同时，支持型社会组织还与其他社会组织有较多的交流和合作。支持型社会组织能够链接政府和社会组织的需求，引导企业和社会组织之间的交流和对接，聚集了各种跨部门的公益资源，进而影响这些资源的配置和整合。正因为支持型社会组织在跨部门链接和资源整合中的重要角色，它又被称为桥梁组织或者非营利中介组织。

再次，支持型社会组织的专业性水平更高。支持型社会组织具有发展专业性的内生潜力（Brown & Kalegaonkar，2002）。支持型社会组织在其服务的领域为多个社会组织提供服务。由于它处于资源中心和问题中心，具有更丰富的经验和资源，支持型社会组织能够站在相对全面的视角，借助组织的内外部利益相关者、专家和组织间形成的网络和平台资源，在解决实践问题的过程中获得自身的专业性发展。相对而言，支持型社会组织治理结构更完整，发展更成熟，能够为其他社会组织提供专业性支持。

最后，支持型社会组织比较容易出现一定的规制风险。支持型社会组织通常在其领域内具有一定程度的垄断性。一方面，凭借其自身的优势，支持型社会组织更容易获得政府、企业等资源，但也有可能出现"集体利己主义"的倾向，影响其公共性；另一方面，凭借其代表性和集体行动的影响力，支持型社会组织也有可能给政府带来一定的政策倡导压力（安建增，2017）。

三、支持型社会组织的主要功能

支持型社会组织在提升社会组织能力、促进社会组织发展专业化、改善社会组织外部生态环境、增进跨部门合作等方面扮演着重要角色（Brown & Kalegaonkar，2002；Shea，2011；萨拉蒙，2007；王名等，2009）。具体而言，其功能包括能力培育、资源动员、提供信息和专业知识服务、建立相互支持的联盟、建立跨部门合作的桥梁等功能（Brown & Kalegaonkar, 2002; 安建增, 2017）。在我国，支持型社会组织除上述功能外，还包括促进社会组织党建、通过政府购买服务等方式承接政府职能转移、发挥政治引领和参与社会治理等方面的功能。因此，本书将支持型社会组织的功能归纳为以下四种。

首先，为社会组织提供发展所需的各类资源。这些资源的支持方式主要包括提供资金资助以及提供办公场地、设施设备等，其中比较有代表性的是两类支持型社会组织。一类是专门为各类中小型社会组织提供资金支持的资助型基金会。这类基金会通过向社会和企业募集资金，然后以项目资助或非限定性资助等方式，向符合其培育扶持标准的社会组织提供资金支持。一般来讲，这类资助型基金会往往有非常明确的资助对象和资助领域，具体包括按议题资助以及按区域资助两种方式。另一类是具有综合性质的支持型社会组织，它们通过运营孵化基地、打包承接政府购买服务等方式，为初创期和成长期的各类社会组织提供办公场地以及其他发展所需的资源。

资源供给类的支持型社会组织在社会组织的培育发展中发挥了重要的作用。它们能够帮助发展初期的社会组织克服资源困境，获得发展机会。同时，资源供给类的支持型社会组织能够有效促进社会组织之间的竞争，从而筛选出更具发展潜力的社会组织。

其次，为社会组织提供发展所需的能力建设和专业化发展支持。这类支持包括能力培训、管理咨询、传递与共享最新专业知识和行业政策信息等。为社会组织提供能力建设和专业化发展服务的支持型社会组织涉及的种类较多。一些支持型社会组织专注于社会组织的能力建设；另一些支持型社会组织从提供能力建设服务开始，逐步扩展到相关的其他专业领域，提供诸如管理公益资金、具有创新性的社会问题解决方案等服务。

需要说明的是，很多其他类型的支持型社会组织也在不同程度上为社会组织提供能力建设和专业化发展服务，如资助型基金会。虽然它们以提供资金资助为主，但是在实际执行中，一些组织为了更好地解决它们所关注的社会问题，更愿意和资助对象开展长期合作，以"带圈"式的陪伴成长为受资助的社会组织提供了包括能力建设、社会网络链接、业务发展和组织管理优化等全方位的专业性服务，从而全面提升了资助对象的公共服务供给能力。这种支持方式往往更具针对性，支持的效果也非常显著。

再次，专注于社会组织的行业发展和外部生态环境改善。不同的社会组织在发展中会面临一些共性问题，这些问题背后反映的可能是整个社会组织行业的系统性问题，与社会组织的外部生态环境有关。有一些支持型社会组织专门致力于为社会组织提供整个行业发展所需的公共物品或者准公共物品，例如搭建各类社会组织交流协作平台，提供面向同类社会组织的专业知识公共学习资源，提供共性社会问题的规模化公益解决方案，以及通过政策倡导改善社会组织的外部政策环境等。能够提供这类服务的支持型社会组织相对较少，大多是具有会员制的支持型社会组织，或者是综合实力较强、社会影响力较大、在行业中处于领先地位的支持型社会组织。这类组织能够有效推动行业内系统性生态链的形成，并加速社会组织生态系统的完善与发展，因此也有学者称这类组织为平台型社会组织（黄晓勇等，2017）。

最后，承接部分政府管理社会组织方面的职能，为社会组织发展提供综合性服务。这些服务包括促进社会组织党建、传递政府政策要求、协调指导社会组织发展以及向政府部门反馈社会组织的需求和建议等。提供这类服务的有两类支持型社会组织：一类是具有官方背景的支持型社会组织，例如各类社会组织服务中心、社会组织联合会等。这些组织大多由政府直接组建，行使一部分党政部门授权或委托的职能，具有较强的权威性，即上文所称的枢纽型社会组织。另一类是通过政府购买服务等方式承接综合管理职能的支持型社会组织，如承接政府建立的各类社会组织公共空间运营，承接各类政府设立的社会组织服务机构的运营，等等。

第二节　我国支持型社会组织的发展现状

我国支持型社会组织的发展起步于社会组织对专业化服务的需求。随着政府对社会组织培育力度的不断加大，支持型社会组织迎来了重要的发展机遇，主要体现在以下几个方面：首先，在数量上，支持型社会组织实现了快速增长；其次，在结构上，资源供给类、能力建设类、行业发展类以及综合管理类的支持型社会组织呈现出多元化发展格局；再次，在功能上，支持型社会组织间的协同化程度逐步提高；最后，在跨部门合作上，支持型社会组织的跨界合作不断加强。接下来，本章将聚焦我国实践，剖析支持型社会组织的发展现状与面临的问题。

一、研究样本与数据来源

本章所使用的数据和资料主要来源于三种途径。

第一，本书在分析全国社会组织基本信息的基础上整理了全国支持型社会组织名录，以此作为分析宏观层面支持型社会组织发展状况的主要样本。由于现有的社会组织注册类别并未单列出支持型社会组织这一类别，本研究获取了截至2020年12月的全国社会组织基本信息，通过对社会组织登记注册名称和业务范围的文本分析①，初步筛选出主要为社会组织提供服务的支持型社会组织名录；在此基础上，结合已有文献提供的部分支持型社会组织名单，作了进一步的核对和增补。②

第二，本研究通过北大法宝等数据库系统，搜集了截至2020年12月全国各级政府出台的涉及支持型社会组织的170余份政策文件，作为分析当前政府对支持型社会组织发展政策的主要材料。

第三，笔者在2018年至2020年调研了北京、上海、天津、南京、武汉、杭州、宁波、温州、广州、深圳、成都等地具有代表性的支持型社会组织及部分地区的政府部门人员，获得了各地关于支持型社会组织发展情况的各种案例素材，为本书从微观层面分析不同类型支持型社会组织的发展规律提供了较丰富的研究材料。

在数据和资料分析的基础上，接下来本书将首先从总体上论述我国支持型社会组织的发展现状。

---

① 本书采用的判断标准：根据社会组织登记注册的名称和业务范围是否为社会组织服务来筛选，如社会组织名称中含有"促进会""联合会""慈善会"或"社会组织"等，或在社会组织的业务范围介绍中含有"社会组织""培育""孵化""资助""评估""研究"等关键词。

② 国内一些基金会和研究机构曾对支持型社会组织作过阶段性的统计，具有代表性的是爱德基金会在《支持型社会组织概览》中整理的国内外支持型社会组织名录，该基金会整理了当时国内770家支持型社会组织的名单。

二、我国支持型社会组织的发展特征

（一）数量加速增长，集中分布于东部沿海地区

截至 2020 年 12 月，我国支持型社会组织总数为 35363 家①，包括 6897 家社会团体，22350 家民办非企业单位，以及 6205 家基金会。在 2011 年之前，支持型社会组织占所有社会组织的比重一直在 1%以下。自 2011 年起，我国支持型社会组织呈加速增长状态（见图 3-1），近 10 年平均增长率更是达到 30%，尤其是在 2019 年，新成立的支持型社会组织达 1.4 万家，占总数近 40%（见图 3-2）。随着支持型社会组织数量的快速增长，其占所有社会组织的比重也迅速上升，2020 年达到 3.99%。

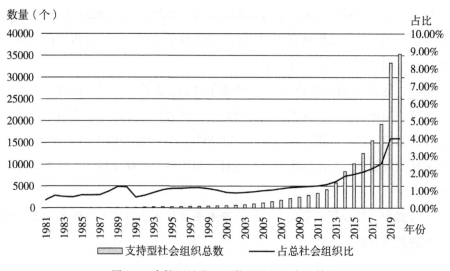

图 3-1　支持型社会组织数量增长和占比情况

从注册层级来看，区县级的支持型社会组织占了较大比重，达到 80%，其中以民办非企业为主要类型（见图 3-3）。在地域分布上，支持型社会组织呈现出显著差异（见图 3-4）。从数量来看，主要集中于东部沿海地区和四川省，其中

_____

①　作者根据全国社会组织基本信息的分析统计所得。

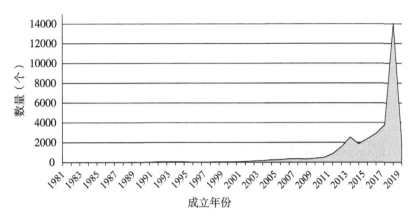

图 3-2 历年支持型社会组织的成立情况

仅浙江、江苏、广东三省的支持型社会组织数量就占全国总数的 67%。从支持型社会组织占所有社会组织的比例来看,占比居前三的是浙江、北京和上海。这些地区的支持型社会组织建设相对完备,对社会组织的服务供给也较为充分。但其他地区则供给相对不足,如有 24 个省份占比在全国平均值以下,部分地区的支持型社会组织发展仍处在初级阶段。

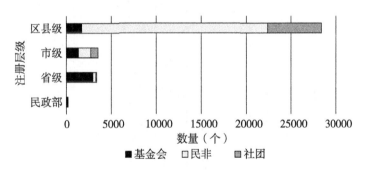

图 3-3 支持型社会组织注册层级和构成分布

(二) 发展数量与地方政府的推动密切相关

从支持型社会组织的数量分布和各地出台的政策来看,我国支持型社会组织

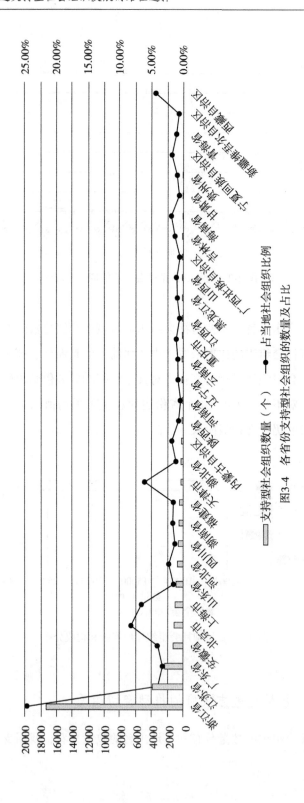

图3-4 各省份支持型社会组织的数量及占比

的发展与各级政府的重视程度密切相关。自北京市社工委在 2009 年出台文件开始推动官办支持型社会组织发展以来，支持型社会组织的发展逐步得到了各级政府的政策支持。2017 年，民政部出台了《关于大力培育发展社区社会组织的意见》，进一步鼓励在街道（乡镇）成立各类基层支持型社会组织。随后，地方政府陆续出台了多项政策推动街道社区层面的支持型社会组织的发展，其政策效果明显。如 2019 年全国支持型社会组织增长达到新高，共计 1.4 万家，其中有 9046 家为村社级的社会组织服务中心、社会组织联合会和促进会，占比达 65%。①

本研究对北大法宝等数据库的统计显示，截至 2020 年 12 月，全国各级政府出台的涉及支持型社会组织的政策文件在 170 份左右，涉及 22 个省（市、自治区），其中以广东、北京、上海、浙江、安徽、江苏和山东等地区的支持性政策较为密集。这 7 个省份同样也是支持型社会组织数量最多的省份（见图 3-5）。这些政策文件和工作计划都不同程度地提到要重点促进支持型社会组织的发展，支持其在社会组织培育及其相关职能中发挥作用。

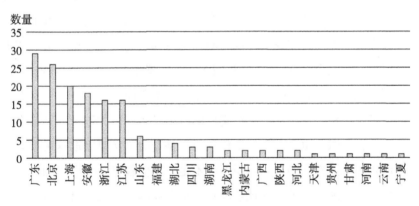

图 3-5　各省（市、自治区）涉及支持型社会组织的政策文件出台情况②

在政府具体的推动方式上，部分地方省市的政策文件已经将支持型社会组织

---

① 根据社会组织基础信息筛选统计获得。
② 笔者根据北大法宝数据库筛选统计所得。

的建设列入政府绩效考核，明确提出了政府发展支持型社会组织的指标要求；也有地方政府出台了促进支持型社会组织发展的配套财政支持政策，对其成立和运营提供不同程度的财政补贴，或者通过购买服务等方式转移政府职能，推动支持型社会组织发挥作用。

（三）行业结构初显，专业化和精细化趋势增强

从支持型社会组织各类别的发展来看，当前我国支持型社会组织的发展呈现以下几点特征。

首先，资源供给类支持型社会组织发展多样，助力社会组织突破资源困境。目前，为社会组织提供各类发展资源的支持型社会组织主要包括资助型基金会和各类孵化基地。这些组织的发起方涵盖了政府、社会和企业等多元主体，有效整合了跨部门资源来共同推动支持型社会组织的发展，尤其是各级政府通过资源供给类的支持型社会组织向社会组织提供的资源总量呈现出了快速增长的态势。

一般来讲，基金会作为社会组织生态链的上游，其发展壮大对改善社会组织生存状况、撬动市场和社会资源具有重要意义。我国成立较早的资助型基金会包括南都公益基金会、深圳壹基金公益基金会、上海联劝公益基金会和北京市企业家环保基金会等。然而，在我国，现有明确定位为资助类支持型社会组织的机构还较少。根据爱德基金会2017年对我国770家支持型社会组织的调查研究显示，全国仅有9%的支持型社会组织属于资金资助类（邱仲辉，2019）。由调研可知，资金资助类基金会占比较少的一个很重要的原因是，我国大部分的基金会选择既资助其他的社会组织，也自己直接运作项目。基金会之所以采取这种模式，主要是因为当前我国专业性高的社会组织发展不足，它们较难找到理想的社会组织作为合作伙伴来共同解决所关注的社会问题。随着我国基金会数量和资产规模的快速增长，以及各层级政府投入资源的加大，中小型社会组织面临的资源不足问题将得到一定程度的缓解。

其次，专业服务类的支持型社会组织成长迅速，标志着我国支持型社会组织的发展正逐步走向专业化和精细化。由于我国政府是培育社会组织的重要主体，对专业的能力建设需求迫切，专业服务类支持型社会组织凭借其业务优势，大多与政府保持了良好的合作关系，并与社会组织有着广泛的合作。目前，我国专业

服务类支持型社会组织数量增长较快，服务涵盖范围广。这类组织的发展壮大，显示我国支持型社会组织专业分工的程度正在加深。

当前我国专业服务类支持型社会组织主要包括以下四类。

第一类是能力建设和管理咨询类的支持型社会组织。这类组织以上海映绿公益事业发展中心和上海恩派社会创新发展中心为代表。当前，我国能力建设和管理咨询类的支持型社会组织发展程度较高，业务板块拓展能力强，逐步出现了集群式的发展趋势，如恩派公益在全国近50个城市设立了办事处及项目点，正式注册的具有独立法人的机构有19家。①

第二类是认证和评估类支持型社会组织。这类组织致力于制定并推广社会组织的行业评估标准，培养评估专业人才，对于促进社会组织行业的标准化、规范化，以及提升社会组织的服务专业性具有重要意义。当前，我国涌现了不少专业性较强的评估机构，如明德公益研究中心、上海映绿公益事业发展中心等。值得注意的是，在2018年出现了由多家专业评估机构、国际认证机构和基金会联合发起成立的公益行业评估支持平台，这种多方参与、跨界合作的模式有力地促进了我国社会组织的标准化和专业化。此外，我国也出现了一些新兴的评估机构，如对社会企业提供认证、评估和金融支持等专门服务的支持型社会组织，这类组织比较有代表性的有深圳市社创星社会企业发展促进中心、中国慈展会发展中心和成都共益社会企业认证中心等。这些机构联合高校的研究机构与基金会，共同成立了中国社会企业服务平台，不仅为新兴社会企业提供了评估服务，而且能通过以评促建的方式快速推动我国社会企业的发展壮大。

第三类专业服务类的支持型社会组织是数据库机构。这些组织以提供行业信息为主要业务，一方面推进了我国社会组织行业的透明度和公信力，另一方面也为社会组织的研究机构提供了数据支持。典型的如基金会中心网及其运营的慈善中国等机构，它们主要致力于提升行业的透明度，另外由北京沃启公益基金会发起的益库汇集了国内外社会组织的相关研究和各种资料，致力于建立知识共享和交流平台。

---

① 恩派机构简介，https：//www.npi.org.cn/about/synopsis；中国社会组织公共服务平台，http：//www.chinanpo.gov.cn/search/orgindex.html，2020年12月4日访问。

第四类是独立注册的社会组织研究机构。这类机构包括从高校发展出的独立研究机构、由民间社会组织成立的各类社会创新学院，以及由政府和企业支持设立的各类社会组织研究院等。这类支持型社会组织更加注重理论与实务的结合，为社会组织发展提供系统性的专业知识和支持，帮助解决社会组织面临的各类发展问题，引导社会组织发展走向专业性。

再次，行业发展类的支持型社会组织影响力不断扩大，积极改善其所在领域内社会组织的生态环境。行业发展类的支持型社会组织的发展门槛相对较高。这类组织通常需要有能力较强的理事会和执行团队、非常明确的目标定位，以及较强的资源和网络链接能力。由于在能力、资源、专业性和视野等各方面的高要求，当前我国致力于行业发展的支持型社会组织数量相对还比较少。

但是，我国已有的一些行业发展类的支持型社会组织已经能产生较大的社会影响力，成为支持型社会组织中的领军者。这类组织一般分为自上而下与自下而上两种类型。自上而下建立的行业发展类支持型社会组织以中国慈善联合会为代表，该组织将促进行业自律、推动行业发展作为宗旨，在慈善行业研究、发布行业数据、建设行业标准和推动行业自律等各方面推进明显，并且联合了多家不同背景的基金会和研究机构共同开展合作，以行业发展类支持型社会组织之间协同的方式推动了社会组织的生态环境建设。自下而上发展起来的行业发展类的支持型社会组织以南都公益基金会为代表，其致力于"支持民间公益"，将60%左右的资金聚焦于行业发展，以解决社会组织所面对的共同困境、痛点和难点。[①] 该基金会通过资金支持、联合发起、策划协调、网络搭建、知识生产等方式，孵化、催化和支持了10多家社会组织行业重要的平台和专业服务类支持型社会组织，如中国基金会发展论坛、上海联劝基金会、上海恩派社会创新发展中心等。它们的这些行动在很大程度上促进了社会组织行业内部的交流和协作，有力推动了外部政策环境的改善与公众意识的提升。此外，还有其他各种行业发展类的支持型社会组织致力于改善自身所处议题、所处地域内社会组织细分领域的发展。

---

① 《南都公益基金会10年间慈善活动总支出近2.3亿元 超6成资金投向行业基础设施》，载新华网，http://www.xinhuanet.com/gongyi/2017-05/22/c_129612558.htm，2020年12月4日访问。

最后，综合管理类的支持型社会组织数量增长较快，部分地区发展结构较为完备。当前我国大多数综合管理类的支持型社会组织是由政府自上而下推动建立的，这些组织具有官方认可的枢纽性地位，与其他社会组织存在隐性的纵向层级关系，且大多承接了上级主管部门关于社会组织管理和社会组织党建等内容的职能转移。除民政系统部门外，各类群团组织也参与共建了这类支持型社会组织。

得益于政府的大力推动，我国各级社会组织服务中心和服务站达到了近14000 家，各类社会组织联合会和促进会 3000 余家，主要集中于浙江、安徽、江苏、上海和广东等东部地区省份，是目前支持型社会组织中发展最充分、结构最完整的类别。① 但这些组织地域发展差异大，在东北地区和中西部地区仍相对薄弱。同时，这些组织在功能定位、实际发挥的作用和组织自主性上存在较大的差异，它们与上级主管单位、区域内的各类社会组织关系也呈现出了截然不同的特征。

（四）协同化程度加深，展现出较强的自主培育潜力

支持型社会组织致力于促进社会组织的成长、推动社会组织行业的可持续发展，因此，组织间的协同和互助对实现目标来说尤为重要。基于不同议题和领域搭建的协同平台，能够整体提升社会组织解决社会问题的能力，并通过行业交流来促进行业共识的达成。

在组织协同方面，我国已出现较成熟的支持型社会组织协同平台。一些具有代表性的协同平台涉及了许多议题和领域，已产生了较大的影响力。其中最具代表性的支持型社会组织协同平台是中国基金会发展论坛。该组织关注中国基金会行业的生态系统建设，会聚了大量的社会组织、跨行业专家学者和政府代表，就社会组织发展中的热点、焦点和痛点进行对话和交流，对改善社会组织生态环境产生了持续的影响力。

另一个具有代表性的协同平台是中国好公益平台，它由南都公益基金会、中国扶贫基金会和深圳壹基金公益基金会等 17 家机构联合组建。该平台以大规模高效解决社会问题为目标，将优质公益产品推广复制到全国各地，在 2020 年已

---

① 数据来源：笔者根据社会组织基础信息筛选统计所得。

覆盖全国 31 个省级行政区的 1600 个区县，累计直接受益人数达到 6546 万人次，协同了 8607 家机构共同参与项目实施。①

此外，我国也出现了一些诸如资助者圆桌论坛、评估支持平台等各类专业性协同平台。这些协同平台虽然并未以组织形式单独注册，但得益于互联网和成员机构的跨界支持，它们有力地促进了支持型社会组织之间的协同互助，并且在系统性地解决社会问题、提升社会组织的专业性，以及推动行业整体发展等方面产生了显著的成效。

除了组织协同以外，我国的支持型社会组织也已展现出较高的自主培育与发展潜力。支持型社会组织本身要处于相对较高的专业性水平，这样才能为其他的社会组织提供专业服务。为了持续提升自身的专业性，支持型社会组织需要不断加强相互交流与学习，这一过程会产生对更加专业细致的分工的需求，进而内生地催化产生出新类型的支持型社会组织，从而实现以内生性需求推动专业化分工的自主培育和发展。在支持型社会组织的这种自主的专业化分工发展路径上，当前我国已经出现了多个类似的案例，这些新的专业性支持型社会组织均是由几家支持型社会组织基于对专业性分工的需求共同创建和培育出来的。较典型的是2010 年成立的基金会中心网，其最初是由 26 家在中国影响力较大的基金会出于对中国基金会信息披露和行业自律的需求而共同发起组建的。经过十多年的发展，基金会中心网已经成为我国社会组织信息数据库领域的核心支持型社会组织。另一个案例是上海浦东非营利组织发展中心发起的上海联劝公益基金会，它已成为我国首家为民间社会组织提供资金支持的资助型公募基金会。除了组建专业性机构外，支持型社会组织还通过相互交流学习来总结提炼本土经验、不断提升其专业性，以更好地促进社会组织的发展。但由于发展时间较短、专业性水平要求高，在行业支持、基金会资助等专业领域，支持型社会组织的自主培育路径尚处于探索阶段。

（五）跨界合作深化，社会各界的支持力度增强

我国支持型社会组织的发展呈现出政府、高校、企业和媒体等机构跨界合作

---

① 中国好公益平台，https：//www.haogongyi.org.cn/home/about/index/filter_id/5.html，2020 年 12 月 4 日访问。

的特征，主要表现在以下两个方面。

一方面，我国出现了一批由高校、政府和企业单独设立或合作组建的社会组织研究中心，这些机构或依托于原组织，或逐步发展成为独立的研究类的支持型社会组织。有研究者调查了我国 72 家主要为社会组织提供智力支持的各种性质研究机构，数据显示，其中 60% 由高等院校成立，18% 由政府和企业支持设立（邱仲辉，2019）。这些机构与其他支持型社会组织开展了广泛的合作，共同研究和发布与社会组织研究相关的行业发展报告，促进了支持型社会组织向专业化发展。如中国社科院研究生院社会组织与公共治理研究中心联合政府部门、社会组织连续 10 年发布《中国社会组织报告》；基金会中心网分别与清华大学公益慈善研究院、浙江大学社会治理研究院等高校社会组织研究机构合作发布《中国基金会发展独立研究报告》；清华大学社会组织与社会治理研究所和中国残疾人福利基金会共同发起成立专注于项目评估、管理咨询和行业研究的明德公益研究中心等。此外，一些专门研究社会组织的高校学者还通过参与支持型社会组织理事会治理等方式为支持型社会组织提供智力支持。

另一方面，我国出现了各类媒体与支持型社会组织共同开展合作的现象。部分地方媒体通过专门开辟公益板块培养了一批公益媒体人，他们与各类支持型社会组织保持了良好合作，积极传递最新的行业热点。同时，部分媒体成了专家学者和支持型社会组织相互合作的平台，一些刊物和网站甚至发展为传播专业知识、链接理论与实务的支持型社会组织。如创办于 1996 年的发展简报，为公益慈善行业提供了相对专业的信息交流和资源对接，现已成为全国性的社会组织人才招聘和社会组织信息发布平台。类似的还有公益慈善学园，其宗旨是让有公益情怀的学者之间加强联系，聚议时事、互通信息，通过跨学科对话展开学术交流，以促进公益慈善研究发展。此外，《都市快报》的"快公益"作为全国最大传媒类公益项目，以传播公益理念为目的，以资助帮扶为途径，旨在推动"媒体做公益""公益新闻专业化"的实践，在唤醒读者内心的公益理想时，也通过发起一个个有效的、具体的公益项目，不断提升公益的专业化程度。

三、我国支持型社会组织发展存在的问题

（一）不同类型的支持型社会组织面临差异化的制度约束

支持型社会组织是社会组织中的重要组成部分，其价值建立在普通社会组织对其专业性服务的需求之上。基于此，社会组织所处的外部制度环境变化同样会对支持型社会组织的发展产生重要影响。同时，不同类型的支持型社会组织由于其成立背景和主要功能的差异，在发展中面临的制度约束也会有所不同。基于对北京、上海、成都、杭州等多个城市中具有代表性的支持型社会组织的调研，本书整理了不同类型的支持型社会组织在实践中所面临的制度环境约束，如表 3-1所示。接下来，本书将具体论述每一类支持型社会组织在发展中遇到的问题。

表 3-1　　　　　**不同类型的支持型组织面临的制度环境约束分析**

类型	主要的制度环境约束	制度和政策关注点
资源供给类	注册登记收紧造成发展内卷化 税收政策不利于扩大资助规模	社会组织登记注册制度 税收制度
专业服务类	收入有限，税收压力大 购买服务管理费用比例限制大	税收制度 购买服务政策
行业发展类	缺少行业治理的合法性 缺少与政府的定期交流机制	社会组织登记注册制度 制度化的沟通交流机制
综合管理类	上级政府行政干预大 专业性不足	政社分开、去行政化

首先，资源供给类支持型社会组织的发展和运作受到社会组织登记注册和税收制度的约束较大。以资助型基金会为代表的资源供给类的支持型社会组织处于社会组织发展的上游，对促进社会组织专业化分工、改善社会组织发展生态具有举足轻重的作用。在当前的政策环境下，这类支持型社会组织的发展主要受到了两方面的约束。一方面，社会组织注册登记的政策收紧造成该类组织发展的内卷化。由于政策收紧减少了社会组织发展的生态体量，一些资源供给类组织为了维

持生存也参与直接供给公共服务，与专业服务类支持型社会组织甚至一线的社会组织展开竞争，这使得该类组织的发展并没有继续走向更专业、分工更清晰的资源供给类组织，反而倒退成混合型的社会组织。另一方面，当前的税收政策不利于资源供给类支持型社会组织持续扩大资助规模。以资助型基金会为代表的这类组织通常会通过资产的保值增值来扩大资金池。但当前对于基金会的税收政策并未按基金会的公益性高低采取分级税收制，而是按"一刀切"的方式来征收。以资助型基金会为代表的这类组织为避免资产贬值而进行的单纯财产管理行为所获得的收益，即便仍继续用于支持公益项目，仍需缴纳较高的税额（金锦萍，2019），这使得该类组织的发展受到了一定的限制。

其次，专业服务类支持型社会组织受到财税制度和购买服务政策的影响相对较大，不利于组织发展。专业服务类组织的收入一般有三个来源：通过向各类社会组织提供服务获得收入，通过购买服务获得政府财政收入以及获得资助型基金会的支持。由于当前我国资助型基金会的体量较小，社会组织购买其服务的能力和意愿不足，这使得这类组织难以通过前两项收入来满足机构的发展需求，从而对政府购买服务的依赖更大。然而，由于政府购买服务总量有限，部分地区招投标的透明度和开放程度仍不足，使得专业服务类支持型社会组织的财务状况总体上比较困难。同时，当前社会组织的税收优惠政策还未完全落地，这类组织较难申请到免税资格，即便获得免税资格，根据现有税收制度，这类组织仍需要缴纳包括所得税、增值税等各类税收，加剧了这类组织的财务压力（金锦萍，2019）。除此以外，相较于其他类型的支持型社会组织，专业服务类组织较多属于人力成本较高的组织类型，而一些地方政府购买服务对管理费用比例的规定也限制了这类组织进一步的专业化发展。

再次，部分行业发展类支持型社会组织缺少参与行业治理的合法性，缺少与政府的定期交流机制。当前我国社会组织领域的行业协会以自上而下成立的支持型社会组织为主，同时也形成了一些自下而上发展起来的、具有行业治理功能的支持型社会组织及其协同平台，如上文提及的一些致力于行业发展的基金会、关注不同议题的各类论坛和网络平台。这些自下而上发展起来的机构在实际中扮演了行业治理和自律规范的角色，但是并没有获得行业治理的合法性。例如，这些组织目前很难以社会团体的形式注册。这一方面限制了它们在治理中达成的行业共识的效力，其合法性更多的是基于社会性的而不是准行业性的规则，另一方面不能以向会员提供专业服务获得会费收入的方式运营。同时，这类组织缺少与政府的定期交流机制。相对稳定的交流机制能够使这类支持型社会组织及时向政府传达社会组织发展的最新动向，同时也可使它们向社会组织积极解读政府的各类制度政策。但自下而上的这类组织仍缺少与政府的这种沟通交流机制，不利于及时向政府传达社会组织发展的最新动向以及积极传递和解读政府的各类制度政策。

最后，综合管理类支持型社会组织的专业能力不足，行政化倾向严重。为了加快社会组织培育，提高社会组织管理效率，政府直接扶持和培育了一批官办的支持型社会组织。政府直接培育的支持型社会组织在纵向政府层级上布局较完备，如果这类组织能够有效支持当地社会组织的发展，将会缓解社会组织面临的各种困境，改善社会组织的生态环境。但是当前各个地区的这种综合管理类支持型社会组织发挥的功能和作用存在很大的差异，这种差异一方面是因为其能力和专业性的欠缺。"一套班子、几块牌子"的现象在某些组织中比较突出，其现有的人力资源和专业性水平不足以支撑起政府预设的职能和角色。另一方面，它们功能和作用的差异源自上级主管部门对其赋予的自主性空间。一些官办的支持型社会组织具有较高的专业性水平和组织能力，但这类组织在人员招聘、项目运营上受到上级主管部门的行政干预较大，难以真正发挥其专业性。同时，这些组织往往承担了相当比例的政府事务，成为政府组织的一种延伸，而不是专业的社会组织支持机构。对于自上而下的支持型社会组织，当前亟须在存量基础上提升其发展质量，充分发挥这类组织的作用。

（二）政府支持政策碎片化，缺少对支持型社会组织发展结构的关注

尽管从中央到地方的各层级政府所出台的社会组织政策大多提及了要培育发展支持型社会组织，但是这些政策总体呈现出碎片化特征，缺少统一的顶层政策设计，各地方政府的制度建设远远落后于实践中支持型社会组织的发展，而且这些政策所采取的政策工具也存在一定缺陷。

首先，当前对支持型社会组织的发展缺少统一的政策设计，制度建设远远落

后于实际发展进度。虽然支持型社会组织在实践中已经发挥了重要作用，但截至2025年，我国几乎没有出台过专门针对支持型社会组织发展的政策。支持型社会组织在社会组织分类上并没有被列为单独的类别，其种类、功能和作用也未在相关政策中充分体现，也未涉及如何更好地监管和规范支持型社会组织的发展。截至2020年12月，仅有黑龙江省在民政部《关于大力培育发展社区社会组织的意见》出台后制定了专门的培育发展社区枢纽型社会组织的政策，而其他地区涉及支持型社会组织的政策大多仅是作为社会组织培育政策和发展规划中的一个组成部分，或者是跟随民政部政策而出台的配套政策。而且这些政策较多聚焦于街道和社区层面的支持型社会组织，鲜有涉及其他层级和功能的支持型社会组织。同时，在一些支持型社会组织的先发地区和发达地区，也仍未出台专门针对支持型社会组织培育和规范发展的政策文件，没有从政策维度上总结和提炼其先进做法和经验，以持续引领和规范当地支持型社会组织的发展。除此以外，当前也缺少对支持型社会组织的监管类政策。虽然支持型社会组织具有较强的资源动员能力和社会网络优势，但同时也可能存在一定的信息不对称和监管困难。但当前的政策并没有明确政府应如何采取恰当的方式引导其规范和良性发展，如何培育出政治可靠、社会信任的支持型社会组织。

其次，政府促进支持型社会组织发展的政策只注重支持型社会组织数量，几乎没有关注到支持型社会组织的结构性发展。从政策设计上来看，深圳市早在2010年便在其出台的社会组织发展实施方案中提出应建立支持型社会组织体系，促进服务支持型、资金支持型、智力支持型社会组织的发展。除此以外，各个地方政府的相关政策很少涉及支持型社会组织的分类培育和发展。这种政策很容易忽略引导支持型社会组织内部结构优化的重要性，不利于支持型社会组织间的生态链体系建设。

再次，已有政策过于偏重政府以直接培育方式组建支持型社会组织，极容易造成支持型社会组织的行政化和单一化。我国支持型社会组织的发展与各级政府的重视和推动密切相关，有相当数量的支持型社会组织源自政府的直接推动。尤其是在2017年，随着民政部《关于大力培育发展社区社会组织的意见》的出台，各个地方政府出台了多项配套政策推动街道社区层面的支持型社会组织发展。这些政策较多规定了覆盖率的指标，但是各级政府达成该目标的方式较多以行政方式直接培育。在 2019 年全国新增的支持型社会组织中，有 9046 家为村、社级的社会组织服务中心、社会组织联合会和促进会，占到当年新增数量的 65%。这种政府直接推动的培育方式极有可能加重支持型社会组织的行政化程度，挤占当地支持型社会组织发展的空间，反而不利于当地良性的社会组织生态的形成。

最后，已有政策过于强调补贴和购买服务等财政性支持政策，没有根据不同类型的支持型社会组织的差异化需求按照分类管理的原则出台针对性强的培育发展政策。例如，虽然财政性的支持政策具有较强的普适性，但并不是所有支持型社会组织的核心关注点，例如这类政策对资助类支持型社会组织的培育扶持效果就比较有限。

（三）功能结构不完整，政府引导和规划性角色缺失

从结构上讲，我国支持型社会组织在各个类型上均获得了一定程度的发展，无论在数量上还是质量上都取得了显著进步，但也存在明显的发展短板。支持型社会组织发展缺少统一规划，生态链结构不完整，难以充分发挥支持型社会组织整体的协同效能。

首先，政府对自下而上形成的支持型社会组织缺少引导和规划。我国民间性质的支持型社会组织发展的主要动力源自社会组织发展中自发产生的对专业分工的需求，同时也受益于发达国家已有支持型社会组织发展的经验和启示。由于这类组织根植于社会组织发展的实际需求，组织结构灵活，服务供给者之间存在竞争和筛选，因而整体上的组织活力强、专业性突出，为社会组织的发展提供了有力支持。

但是，政府在这个发展过程中总体上是缺位的。虽然近年来，政府出台了许多培育和发展社会组织政策，改善了支持型社会组织的制度环境，而且组建了数量众多的支持型社会组织，或者将孵化培育的业务以购买服务的形式委托给部分民间支持型社会组织，但由于政府培育工具存在的缺陷，政府并没有有效引导和规划民间支持型社会组织的发展。在实践中，政府直接资助的支持型社会组织和自下而上发展的支持型社会组织甚至在组织形态和特征上存在明显的分野。政府角色的缺失一方面使得一些基础性的、需要长期投入且回报周期长的支持型社会组织发展不足，影响了社会组织的长远发展；另一方面，难以改变支持型社会组

织发展的地域不平衡格局。自发形成的支持型社会组织大量集中在经济发达地区，甚至出现过度供给和资源浪费的情况，而在其他地区的社会组织很难获得有效的支持。

其次，政府缺少对特定类型社会组织的重点扶持，支持型社会组织存在明显的结构性短板。我国支持型社会组织虽然已经发展出各种需要的类型，正在逐步走向专业化和精细化，但是其中活力较强、专业性高的支持型社会组织数量仍非常少，较多的支持型社会组织还是集中在进入门槛低、易复制的领域，这使得支持型社会组织内部存在服务标准化缺失、服务内容重复和恶性竞价等问题（邱仲辉，2019）。与此相反的是，一些稀缺的支持型社会组织类型只是初显头角，远未形成所需的规模。而这些类型的支持型社会组织对于形成完整的生态链、促进社会组织的自律和规范具有重要意义。这些组织主要包括以下几类。

第一类是评估类支持型社会组织，其数量缺乏、质量有待提升。评估机构一方面能够对社会组织进行评级，为政府购买服务提供资质认证，实现以评估促规范；另一方面可以通过评估扫描社会组织的内部治理问题，提升社会组织的能力和专业性，实现以评估促成长。虽然当前我国已经出现几家专业性强的评估机构，并且形成了评估机构间的协作平台，但是面对我国规模庞大、结构复杂的90万家社会组织的需求，这些优质的评估机构只能是杯水车薪，而且这些评估机构往往服务于较高层面的社会组织，分布在几个核心城市。较为基层的、遍布全国的社会组织很难获得专业性评估，这有可能扭曲社会组织发展的专业引导信号，削弱社会组织服务项目的反馈机制。

第二类较为短缺的是提供数据和信息服务的支持型社会组织。这类组织的发展能够提升社会组织行业的透明度和公信力，增进社会组织的自律性和规范性，同时也能为一些关注社会组织发展的研究机构提供数据支持，如基金会中心网发布的中基透明指数FTI就对基金会的透明度和公信力起到了较好的引导作用。但是当前我国这类支持型社会组织的数量屈指可数，尤其是其中致力于实现知识共享和传播的机构，由于建立的技术要求高，打通各类研究机构建立共享平台的难度大，这类机构不但数量稀少，而且发展也非常初步。

第三类是独立的研究类支持型社会组织，尤其是能够链接理论与实务、普及专业知识的中介性质的研究机构，以及能够整合各研究机构研究成果的权威性发布平台。当前我国虽然有一些研究类的支持型社会组织，但是这些机构之间的协作仍未打通，研究与实践结合不够紧密，研究成果的解读和传播还不够普及。而这类组织的发展能够大幅度加快我国社会组织走向专业性的速度。

（四）外部支持力量薄弱，对支持型社会组织的专业性支持不足

首先，支持型社会组织能够获得的外部专业性支持不足。支持型社会组织需要持续提升自身的专业知识和能力水平，才能为社会组织提供高质量服务。然而，当前我国支持型社会组织的发展面临着专业性支持不足的问题。第一，我国大部分支持型社会组织尚不能凭借自身资源发展出足够的专业性。支持型社会组织具有内生的专业性发展潜力。由于支持型社会组织处于资源中心和问题中心，能够站在相对全面的视角，借助组织的内外部的利益相关者、专家和组织间形成的网络和平台资源，在解决实践问题的过程中获得专业性发展。但是在我国，当前能够达成这种状态的组织非常少。大部分的支持型社会组织关注的地域和业务领域狭窄，外部利益相关方比较单一，能够调动内外部资源解决所遇问题的能力有限。第二，已有社会组织研究机构不能满足支持型社会组织对高质量专业知识产品的需求。当前专门为社会组织提供智力支持的研究机构存在数量较少、研究者规模小、研究的理论和实践结合不够紧密、研究成果缺少整合性和系统性的传播等问题。这使得支持型社会组织无法获得高质量的知识产品和智力支持。在这种情况下，一些组织只能靠实践摸索或者获得零星的专家咨询，另一些实力较强的支持型社会组织组建了内部的研发团队，但是研发成果的传播和共享不顺畅，产生的正外部性很有限。第三，支持型社会组织与专业管理咨询机构合作较少，无法借助跨部门专业化力量提升自身专业性。一些管理咨询公司具有非常丰富的组织管理知识，能够为支持型社会组织的发展提供不同的视角，为组织的风险防控、项目评估和其他内部管理提供专业咨询。但当前多数的支持型社会组织并未通过这种方式开展深度合作以提升自身的专业能力。

其次，支持型社会组织面临专业人才短缺的问题。这主要表现在以下两点：第一，优秀人才待遇偏低，易流失，难引进。支持型社会组织需要大量的专业人才向各类组织提供专业性服务。但当前，支持型社会组织面临不同程度的人才困境。一方面，由于社会组织经费状况和管理费用等限制，对于一般的支持型社会

组织而言，可用于薪酬福利的资金池偏小，员工薪酬水平与社会同类岗位相比偏低，很难稳定和留住人才；另一方面，由于对公益人才最高薪酬的限制，支持型社会组织难以从社会其他行业引入一些高水平高层次人才。第二，专业人才缺少职业认证，缺少人才引进政策的激励。支持型社会组织已经形成了相对成熟的专业岗位，如评估、筹资、资助等各个职能岗位，但当前缺少对这些岗位类型的职业资格认证和发展通道。此外，已有的专项人才激励政策也较少将支持型社会组织的各类人才单独纳入政策范围。

第三节　政府促进支持型社会组织发展的路径选择

由以上分析可知，当前我国支持型社会组织的发展出现了三个方面的问题。第一，支持型社会组织的发展在分布上存在显著的区域不平衡，在结构上存在明显的发展短板，面临外部环境的专业性支持不足等问题。第二，在制度政策环境方面，不同类型的支持型社会组织面临差异化的制度约束和支持政策的碎片化，缺少政府的有效引导和规划。第三，在政府具体的支持方式上，政府对支持型社会组织的培育存在重数量、轻结构的现象，对自上而下发展起来的支持型社会组织在培育方式上过于偏重直接培育模式，对自下而上发展起来的支持型社会组织扶持力度不足、关注度不够，且过于强调简单化的财政性政策工具。

当前政府在培育发展支持型社会组织上所出现上述的这些问题，与政府在培育过程中的角色错位有关，究其原因，主要在于政府没有充分意识到支持型社会组织发展的特殊性，将其作为一般的社会组织来对待，其采用的培育模式并不符合支持型社会组织的发展规律。那么，政府应该采取怎样的培育方式来促进支持型社会组织的有效发展呢？本书认为，应该在分析支持型社会组织发展规律的基础上明晰政府在其中应起到的作用，才能准确定位政府的角色，从而培育和发展出有活力、功能结构完整、能真正成为政府培育发展社会组织合作伙伴的支持型社会组织。接下来，本书将首先分析支持型社会组织发展的独特逻辑，同时结合政府间接培育模式的作用机制，以及国外支持型社会组织发展的重要经验，探讨政府在培育支持型社会组织中的角色和定位，并在此基础上提出优化政府培育发展支持型社会组织的具体政策路径。

一、支持型社会组织的发展逻辑

支持型社会组织既是社会组织的培育主体之一，同时也是政府的培育对象。除了社会组织的一般特征之外，还具备独特的发展特征。

首先，支持型社会组织具有较强的自主培育潜能，能够内在地生发出新形态、新功能的支持型社会组织，从而不断完善社会组织发展的服务支持系统。这种能力与支持型社会组织的功能特性相关。一方面，支持型社会组织对专业化分工的实际需求更为敏感。支持型社会组织是社会组织发展到一定阶段后专业化分工的产物，是为了满足社会组织之间互助互益的需求而产生的（Brown & Kalegaonkar, 2002；安建增，2017）。因此，与普通社会组织只聚焦于自身关注的议题不同，支持型社会组织相对而言更关注第三部门的整体发展，因而对社会组织的新需求和行业发展的新动向更为敏感，能够快速地识别行业对新的专业机构的需求，以及识别行业在功能结构上的欠缺之处。另一方面，支持型社会组织自身也对高度的专业化分工具有内在的需求。支持型社会组织本身要处于专业性相对较高的水平，才能为其他的社会组织提供专业性支持。为了持续提升自身的专业性，始终发挥行业引领者的作用，支持型社会组织需要不断地加强相互间的交流与学习；当现有专业化分工满足不了其需求时，便有可能共同着手组建更为专业性的新机构。再者，由于培育社会组织与推动行业发展并非单个支持型社会组织所能够胜任的，支持型社会组织之间往往会形成相对紧密的合作网络，这为共建新的机构奠定了良好的合作基础。

以上这些因素促使支持型社会组织能够自发地通过相互的联合、共建等方式，内生地产生符合其实际发展需要的新型组织，从而持续完善支持一般社会组织发展的服务支持系统，推动行业向更高专业化分工方向发展。支持型社会组织的这种自主培育潜能已经在实践中有所体现。正如上文所述，在政府直接培育影响较少的支持型社会组织自发成长的路径中，我国已经出现了多个由支持型社会组织创建和培育的专业性支持型社会组织案例，典型的如基金会中心网、上海联劝公益基金会等。由于契合社会组织行业发展的实际需求，这些组织自创办至今仍充满活力，并且在社会组织行业的发展中发挥着越来越重要的作用。

其次，支持型社会组织具有提升自身专业性的内生潜力。作为向社会组织发展提供专业服务的支持型社会组织，其自身的知识和能力能否获得提升关系到支持型社会组织的服务质量和组织的可持续发展。支持型社会组织在其服务的领域为多个社会组织提供服务，能够自发地发展出更强的专业性（Brown & Kalegaonkar, 2002）。这是由于它处于资源中心和问题中心，具有更为丰富的经验和更广阔的资源，能够站在相对全面的视角，借助组织的内外部利益相关者、专家和组织间形成的网络和平台资源，在解决实践问题的过程中获得自身的专业性发展。在这方面的典型代表是恩派公益。得益于其多年累积的孵化培育经验、内部共享平台以及引入外部研究和咨询机构，恩派在为一线社会组织提供服务的时候，"总能发现最迫切的问题，总能找到最能解决这个问题的组织与人"，以此来不断提升自身的专业性。①

再次，支持型社会组织形态易变，发展方向可逆，其持续的高质量发展需要生态环境中多元主体提供强有力的支持。一方面，支持型社会组织的发展程度与外部环境的波动幅度有关。正如上文所述，支持型社会组织主要为普通的社会组织提供专业性和行业性服务。与一线的社会组织不同的是，外部环境对支持型社会组织的需求并非刚性的。支持型社会组织的专业化分工程度既依托整个社会组织的发展水平和实际需要，也受到外部生态系统能够提供的体量大小的影响。当外部环境发生剧烈变化时，高度分工的支持型社会组织可能发生退化，使支持型社会组织构成的生态链出现倒退和削弱。同时，支持型社会组织的退化程度也因其具体的类型而异。一个典型的例子是在经济下行期间，一部分的支持型社会组织为了生存，不再以普通社会组织为服务对象，而是转变为它们的一分子，与它们共同竞争稀缺资源，而这种情况对于资助型基金会等类型的影响会更小。另一方面，支持型社会组织的创建和发展特征也决定了其外部支持主体的多元性。无论是为社会组织的发展提供资源和专业服务，还是致力于社会组织的行业发展和综合管理，支持型社会组织只有在资金、专业性、网络和治理能力上具有明显优势时，才能承担起相应的角色和功能，获得利益相关方的认可。因此，组建和发展支持型社会组织所需要的条件和要求更高。即便支持型社会组织具有较强的内生自主发展潜力，当其处于初创期和成长期时，仍需要包括政府、市场、社会在

---

① 参见访谈记录：SHEP20201201。

内的多个支持主体提供政策、资金、网络、专业知识等全方位和强有力的支持，而并非仅靠政府单方面的扶持。

最后，支持型社会组织的发展更易受到政策环境的影响。支持型社会组织发展目标一方面是为了更好地为社会组织提供发展所需的资源和能力建设等各类支持，另一方面则是通过行业自我的评估、认证和监管等方式实现良性的行业自我治理。为了达成组织发展目标，支持型社会组织更需要获得政府的授权和认可，从而具备向社会组织提供各类服务的资质，并取得实施行业管理和监督的治理权。因而，政府对支持型社会组织的功能定位决定了支持型社会组织能够在多大程度上发挥作用；政府对其的职能转移和扶持力度也决定了支持型社会组织进一步的发展空间；同时，政府设定的竞争和筛选机制也会强烈影响到支持型社会组织发展的整体形态和质量。所以，政府所提供的发展空间和政策环境会对支持型社会组织的功能结构以及发展质量产生显著的影响。

综上所述，支持型社会组织具有与一般社会组织不同的发展逻辑，因此，政府需要通过构建有利的政策环境，以恰当的方式投入资源，积极引导市场和社会主体为其发展提供所需的支持，以及促进和激发支持型社会组织内生的自主培育潜力，才能够以最有效的方式实现培育发展支持型社会组织的目标。在这方面，一些发达国家已有的支持型社会组织发展经验也能为探索政府促进支持型社会组织发展的路径提供一些启示。

二、发达国家支持型社会组织发展的重要经验

支持型社会组织为社会组织提升服务能力、完善组织结构、提高治理绩效提供了强大支持，以美、英等国家为代表的支持型社会组织类型广泛，治理结构完善，支持功能强大，很好地满足了运作型社会组织在发展中对资金、信息、能力等各方面的多种需求（祝建兵，2015）。国外已有的社会组织发展路径研究表明，支持型社会组织作为一类为社会组织服务的社会组织，在很多国家的第三部门发展中扮演了专业化的角色，为社会行动者提供服务和支持，其作用包括：增强个人与组织能力，调配物质资源，提供信息和智库资源，为相互支持建立联盟，为不同部门间的差异建立桥梁等（Sanyal，2006）。结构完整的社会组织支持体系是发达国家成熟的社会组织系统的重要标志，是社会组织持续发展的重要推动

力。当前，一部分发达国家支持型社会组织已经发展成熟、功能完备，在社会组织发展中扮演了重要角色。这一方面源于相对宽松的制度环境和政府对支持型社会组织的合作需求，另一方面也是社会组织之间互助互益和专业化分工的结果。这些国家已有的发展样态能够为我国支持型社会组织发展带来重要的经验和启示。

（一）结构完整，专业化程度高

以美国、英国等为代表的发达国家的社会组织经历了较长时期的发展，其支持型社会组织内部结构完整，专业化分工程度较高。以美国为例，有学者按支持型社会组织的服务对象将美国的支持型社会组织分为三大类，每一类都包含了大量组织，这些组织发展成熟，门类齐全。

首先是服务于整个社会组织的行业发展类支持型社会组织，主要包括政策倡导类组织和伞状会员制协会，如美国独立部门（Independent Sector）、美国基金会协会（Council on Foundations）、美国社会组织协会（National Council of Nonprofit）等，这些组织拥有众多会员，能够代表社会组织在税收和捐赠政策等方面发声，改善社会组织的外部环境。美国支持型社会组织在专业化和精细化发展上也达到了较高水平。按业务种类特性，服务于整个社会组织行业发展的支持型社会组织也可分为综合性组织和专门性组织，其中，专门性支持型社会组织包括以监督和评估为主的社会组织、以搜集和发布数据和信息为主的数据库机构等（祝建兵，2016）。美国的专门性组织在提升透明度和引导公众捐赠等方面发挥了重要作用，如美国最大的搜集、分析和披露基金会信息的 Foundation Center，分析社会组织各类信息、根据社会组织信息透明度和绩效而专门对社会组织评级的 GuideStar 等机构。

其次是为单个社会组织及其员工提供服务的支持型社会组织，如能力建设类、资金资助类以及专业化发展类支持型社会组织。其中，美国在第三部门能力建设上更多体现出了支持型社会组织与市场机制的共同作用，采取了分散的、自下而上的、以工商业技术为主导并有一定伙伴关系和社区基础的实施途径；全国没有统一规划的非营利组织能力建设活动，各类基金会、伞形组织和管理支持组织在筹资、技术服务、培训、研究等领域分工协作，使能力建设已经成为一个相当活跃的产业（邓宁华，2011）。

最后是服务于基层治理和社群发展的支持型社会组织。这类支持型社会组织通过培育社会资本和组建跨部门协作网络，成为政府政策执行中的重要行动者，为基层社会组织链接政府资源，提供专业的能力建设和技术支持服务，促进了社会组织的成长并强化了社区发展（Prentice & Brudney，2018）。美国成熟和结构完整的支持型社会组织互助互益，相互帮扶，为自身的成长和发展提供了有力的网络支持（安建增，2017）。

（二）政府将支持型社会组织作为社会治理的重要合作方

以美国、英国等为代表的发达国家支持型社会组织发展较为成熟，其发展一方面是因为社会组织发展到一定阶段后对专业分工的需求以及支持型社会组织的互助帮扶，另一方面得益于政府将支持型社会组织作为社会治理的重要合作方。

首先，政府将支持型社会组织纳入政府政策执行网络中，尤其是社会服务和福利政策的执行中。支持型社会组织借助培育基层治理中的社会资本和组建跨部门协作网络，能够改进政策执行。将支持型社会组织纳入政府的政策执行网络，能够形成基于网络的相对平等的跨部门协作网络，更有利于达成政策执行的目标（Shea，2011；Mosley，2014；Smith，2008）。

其次，政府将支持型社会组织列为其培育发展社会组织的重要合作伙伴。政府越来越依赖与支持型社会组织形成的合作网络，以间接支持的模式实施社会组织支持政策。如在美国，由于支持型社会组织能更好地识别和支持地方社会组织，联邦政府经常通过支持型社会组织来赋权社会，促进第三部门的发展，间接、以第三部门为主导的合作治理成为一种主要趋势。典型的是美国儿童和家庭管理局（Administration for Children and Families，ACF）在 2002 年设立了 CCF（Compassion Capital Fund）项目，共提供了 112 笔资金给支持型社会组织，这些组织向地方社会组织提供了资金、能力建设、培训、技术等支持，服务了 4100 家草根组织，涵盖 47 个州（White House，2008）。此外，美国司法部、劳工部以及住房与城市发展部等部门也设立了各类项目资助支持型社会组织，以间接方式支持社会组织发展。在澳大利亚的社会组织培育和能力建设方面，伞状组织在培训和咨询方面做了很多工作，它们鼓励慈善机构采用现代的管理方法，提高实践的有效性和标准，一些全国范围内的伞状组织已经成为相对于政府的慈善团体利益的代表者，促进了慈善团体的治理模式和适当的法律结构的形成（王浦劬、萨拉蒙，2010）。此外，在一些发展中国家，支持型社会组织也有效促进了第三部门的发展和演进，如印度的 PRIA 能力建设项目建立了支持型社会组织网络，甚至形成了促进能力建设的地区和国际网络体系（Brown & Kalegaonkar, 2002；Sanyal, 2006）。

最后，政府给予了支持型社会组织畅通的政策倡导途径，有利于改进第三部门政策环境。支持型社会组织为第三部门的发展创造了良好的政策环境，其政策倡导的影响力日益扩大（Mosley, 2014）。一个较典型的案例是英国全国志愿组织联合会（National Council for Voluntary Organisations, NCVO）在推动英国政府和志愿及社区部门共同签署 COMPACT 协议（The Compact on Relations between Government and the Voluntary and Community Sector）中发挥主导作用。

COMPACT 协议全称为《政府与志愿及社区部门关系协定》，其主要内容包括一系列政府和第三部门需共同遵守的原则和承诺，如政府承诺提供稳定的资金支持，尊重第三部门的独立性，在政策制定过程中咨询第三部门的意见；而第三部门则承诺按照透明和负责的方式使用资金，确保服务质量；同时，该协议也包括了双方解决分歧的机制，鼓励通过对话和协商来解决合作过程中可能出现的问题。① COMPACT 协议将政府与社会组织的伙伴关系作为国家政策提出，旨在促进政府与第三部门之间的合作，提升公共服务的质量和效率，增进社会融合，促进社区和谐发展，在改善政府和社会组织合作关系、推动英国志愿部门参与实践等方面产生了巨大的影响。而 COMPACT 协议的原型就是 NCVO 组织起草的一份调查报告（p121），该组织在 1996 年建立了迪肯委员会（Deakin Commission），就志愿和社区部门的未来提出了一系列建设性意见，后续得到了议会认可并得以实施，推动了志愿部门和社区部门的环境改善；1998 年，英国政府正式签署了 COMPACT 协议，而 NCVO 也随后成了 COMPACT 工作小组的基础（Plowden, 2003）。作为英国最具有代表性的支持型社会组织，NCVO 的核心作用包括：第一，代表会员组织在议会和其他政策制定部门进行游说，改善志愿和社区部门的

---

① 该协议的详细内容见 https：//assets. publishing. service. gov. uk/media/5a79eacced915d6b1deb449c/The_20Compact. pdf，2024 年 10 月 5 日访问。

发展环境；第二，通过政策研究，推动志愿和社区部门在主要政策问题上的行动参与和意见表达；第三，开展活动，增进志愿和社区部门之间的交流、沟通与协作，增进志愿组织与政府、企业之间的合作，形成良好的治理网络；第四，通过会议、培训等活动，提升志愿和社区部门领导者的领导能力，这些活动对英国志愿部门的参与实践产生了巨大影响（王名、李勇、黄浩明，2009）。

（三）各类研究机构为支持型社会组织发展提供专业性支持

支持型社会组织面临如何持续提升自身专业性的问题。在美国，各高校和智库背景的社会组织研究机构为支持型社会组织发展提供了强有力的专业性支持。首先，一些具有影响力的全国性社会组织研究学会尤为注重实务需求。这些组织不但在其学术年会中设置了多个学界和实务界交流研讨的分论坛，而且在其下属的学术期刊中专门开辟了理论研究对实践启示的要点提示，如美国最有影响力的美国非营利组织与志愿行动研究协会（Association for Research on Nonprofit Organizations and Voluntary Action，ARNOVA）的年度会议成了具有代表性的链接实务界发展需求和学界研究能力的交流平台。

其次，一些具有影响力的支持型社会组织与美国各大高校具有长期的深度合作。如美国的"独立部门"（Independent Sector）与印第安纳大学礼来家族慈善学院合作，持续研究美国的税收政策。在美国，明尼苏达州社会组织协会（Minnesota Council of Nonprofits，MCN）与明尼苏达大学公共事务学院具有长期的合作关系，明尼苏达大学的教授长期参与该组织的内部治理。该组织拥有2000多名会员，其年会由学界和实务界共同组织，就该州社会组织发展的核心议题展开讨论和交流。

最后，一些支持型社会组织建立了专门的知识共享和传播平台。较典型的是创立于2005年的美国IssueLab，该平台致力于为公益慈善领域打造一个开放、跨领域的知识集合和共享平台，以畅通知识的获取和传播，目前在该平台可查询到7000多家机构共同分享的近3万份报告。①

————————

① 张帆：《中国公益慈善基础设施扫描报告》，由资助者圆桌论坛、南都公益基金会和浙江敦和慈善基金会资助，2020年11月。

三、政府在培育支持型社会组织中的角色和定位

综上分析可知，支持型社会组织具有独特的发展逻辑，这也意味着政府的直接培育模式并不适合支持型社会组织的发展。因此，政府对于支持型社会组织的培育应采取更为间接的方式，政府在支持型社会组织发展中的角色应当是站在战略性的高度上做好总体布局和规划，其政策工具应该更加体现出政策的引导性，其资源配置方式应更多地运用市场化和社会化机制，其着力点应落在构建有利的政策环境上，通过恰当的政策设计激发支持型社会组织的自身活力从而促进其发展，而非以直接培育的方式过度介入支持型社会组织的发展中。

具体而言，政府在培育支持型社会组织中的角色和定位主要包括以下几方面。

首先，政府应将培育发展支持型社会组织的重点放在构建有利的政策环境上，赋予支持型社会组织更多发挥作用的空间，并针对支持型社会组织的不同类型，提供分类指导的差异化支持型政策。

其次，政府应激发支持型社会组织自主培育与专业化发展的潜力，引导和鼓励相对成熟的支持型社会组织自主地培育发展出社会组织行业所需要的新形态、新功能的支持型社会组织，从而形成结构和功能更加合理、能更有效地为社会组织的发展提供全方位服务支持的支持型社会组织生态链。

最后，政府应充分借助市场机制与社会机制配置资源，通过引导多元主体共同参与的方式为支持型社会组织的发展提供支持。一方面，通过鼓励建立支持型社会组织之间的互助协同平台，鼓励同研究与咨询机构合作等方式提升支持型社会组织的专业性。另一方面，引导市场和社会等多元主体为支持型社会组织的发展提供资源支持。

总而言之，通过构建有利的政策环境，以恰当的方式投入和配置资源，引导市场和社会主体为支持型社会组织提供所需的支持，激发其内生的自我培育和发展能力等各种间接培育方式，政府能够以最有效的路径促进支持型社会组织发展，从而以最少的投入培育发展出结构更为合理、更具活力的支持型社会组织，同时也能避免因政府直接介入支持型社会组织发展或过度干预社会组织运行所造成的各类问题。

四、促进政府有效培育支持型社会组织的政策建议

支持型社会组织是政府培育发展社会组织的重要合作伙伴，也是形成结构合理、功能完善的社会组织生态系统的重要标志，对于我国社会组织的高质量发展具有重要意义。当前我国支持型社会组织发展已经具备了良好基础：在数量上已经形成一定规模，内部结构和专业分工已经初步成形，跨部门协同的积极效应正逐步显现；各地在支持型社会组织发展的政策和实践中都具有了一定基础，一些先行地区积累了丰富的培育发展经验，具有引领和辐射带动的潜力。为了进一步促进支持型社会组织的系统发展，充分发挥支持型社会组织在社会组织培育和社会治理中的积极作用，政府应基于支持型社会组织自身的发展逻辑，进一步优化制度环境，加强政策顶层设计，发挥政府的规划和引导作用，有重点、有针对性地给予政策扶持，加快构建结构完备、充满活力、规范发展的支持型社会组织体系。

为此，政府可从以下几点着手来构建促进支持型社会组织发展的政策体系。

首先，营造相对宽松的制度环境，优化注册登记和税收政策。针对支持型社会组织面临的各种差异化制度约束，政府应优化现行的社会组织注册登记和税收政策。具体可包括以下措施：第一，放宽对支持型社会组织的注册登记限制，降低门槛，鼓励一些内部治理规范、能够有效推动社会组织行业发展的支持型社会组织发挥行业治理和会员服务作用。第二，推进社会组织的税收制度改革，适当扩大税收优惠范围，将一些有助于促进支持型社会组织发展规模、提高发展专业性的合理收入纳入免税范围，如为社会组织提供评估咨询、研究支持、信息共享等专业服务的收入所得，政府购买支持型社会组织服务所得等。

其次，加强政策的顶层设计，转变政府培育方式。在完善政策的顶层设计方面，建议在提炼先进地区发展经验的基础上，出台全国性的促进支持型社会组织发展的政策，明确政府培育发展支持型社会组织的基本原则，以指导各地政府完善现有的政策体系。建议政府转变行政化的培育方式，注重发展质量，优化存量，更多采用间接支持的方式，鼓励和引导社会和市场力量以跨部门协作的方式共同促进支持型社会组织的发展。

具体来讲，政府可以从以下几点着手。第一，鼓励搭建各类协同平台和互助

网络，增进支持型社会组织间的合作和交流，通过集中共性问题、学习业内典型标杆、建立共享的专家网络资源、发展研究类组织等形式，促进和激发支持型社会组织内生的自我培育和发展能力。第二，持续推进已有官办支持型社会组织的政社分开和去行政化改革，在政府职能转移中开放治理空间，动态赋权，鼓励竞争，强化退出机制，通过同类组织间的竞争激活存量组织的活力。第三，通过出台税收优惠政策、设立专项研究基金等方式，引导社会和市场力量加大对支持型社会组织专业性发展方面的支持力度。第四，通过建立职业认证通道、放松薪酬限制、促进人才政策落地等方式，增强社会组织行业对优秀人才的吸引力。

再次，应充分发挥政府的引导和规划角色，以完善支持型社会组织的发展结构，减缓区域发展的不平衡。一方面，针对支持型社会组织在结构上存在的发展短板，建议政府更加关注支持型社会组织发展的结构维度，鼓励开展支持型社会组织行业发展规划方面的研究，为研究成果的发布和传播搭建权威平台。在此基础上，建议进一步引导和促进基础性和紧缺型的支持型社会组织发展，如资助型基金会，评估咨询类、数据与信息服务类支持型社会组织等。另一方面，针对区域发展不平衡的问题，可根据当地社会组织发展阶段和实际需求，总体布局，有重点、分步骤地推进支持型社会组织建设。对于支持型社会组织数量相对较少、发展初级的地区，可根据实际情况，通过对接需求、引进品牌组织等方式，借助发达地区资源助力当地发展，加大政策支持力度，着重发展能力建设和资源供给类的支持型社会组织。对于相对发达地区，应着力构建完整的生态链，重点发展评估研究、数据与信息服务等较紧缺的支持型社会组织，以及打造区域性的品牌组织，带动和辐射周边地区社会组织发展，从而发挥引领作用。

最后，重视和发挥支持型社会组织在社会治理中的作用，发挥政社协同优势。一方面，建立政府与支持型社会组织的定期对话机制，鼓励支持型社会组织为社会治理建言献策。另一方面，鼓励支持型社会组织的社会治理创新，充分发挥支持型社会组织在解决社会问题中的创新和探索作用以及资源链接优势，积极肯定、推广、复制其成功模式，以政社协同方式实现同类社会问题的规模化解决。

第四章　政府培育发展社会组织的效应：
基于政社关系发展的考察

政府培育发展社会组织产生了全方位的效应，包括但不限于对社会组织发展数量和发展规模的影响，对政府自身机构改革和职能重构的效应，以及对政府与社会组织关系发展的影响等。其中，正确处理政府与社会组织的关系，既是政府培育发展社会组织的重要政策目标之一，也是充分发挥社会组织作用的必要条件，更与社会组织发展路径的选择息息相关。因此，本章将主要以政府与社会组织关系的发展走向为切入点，考察政府培育发展社会组织对政社关系发展所产生的效应，并进而分析其中的作用机制。本章将在已有研究的基础上，根据政府培育模式的核心维度与组织间权力理论，构建政府培育模式影响政社关系特征的综合分析框架，然后综合运用结构方程模型和多元层级回归分析等方法，分析与验证在政府培育发展社会组织过程中有哪些因素影响了政社关系发展的走向，其中的影响机制是什么等问题。

第一节　合作抑或控制：在争议中发展的政府与社会组织关系

一、研究背景

社会组织的发展对于提高政府的治理绩效至关重要（萨拉蒙，2008）。政府与社会组织合作，不但能够弥补在公共服务供给中的政府失灵问题（Weisbrod，1977），满足日益多元化的公共服务供给需求，而且可以克服政府和私营部门合作中可能存在的合同失灵问题（Hansmann，1980），提高公共服务的供给效益。同时，由于当今社会治理问题中日益增长的多样性、动态性和复杂性，以跨部门合作应对治理挑战成了各国政府寻求国家治理能力提升的理想途径（奥斯本，2017；Selsky & Parker，2005）。

为了有效发挥社会组织的作用，各国政府采取了一系列措施积极推动社会组织的发展，如提高社会组织的治理能力、促进社会组织参与的制度化等，以期通过与社会组织跨部门合作的方式解决复杂的社会治理问题（王名等，2009；Shea，2011；王浦劬、萨拉蒙，2010；王浦劬、郝秋笛，2016）。

中国的政府治理改革是全球公共管理改革浪潮中的重要组成部分（郁建兴

等，2019）。与以往的管控约束和双重管理等特征有所区别的是，近年来，我国政府先后出台了一系列的政策来引导、支持和规范社会组织的发展，政府将社会组织定位为重要的社会治理主体之一，培育和支持社会组织发展已成为政府的一项重要政策（俞可平，2006；马庆钰、廖鸿，2015；李培志，2017）。

2006 年，党的十六届六中全会提出，对社会组织要"坚持培育发展和管理监督并重，完善培育扶持和依法管理社会组织的政策，发挥各类社会组织提供服务、反映诉求、规范行为的作用"。2012 年，民政部和财政部出台《关于政府购买社会工作服务的指导意见》，正式以购买服务等方式支持社会组织发展；同年，"中央财政支持社会组织参与社会服务示范项目"正式启动，截至 2021 年 9 月，累计投入 15.8 亿元资金用于支持社会组织参与社会服务。① 2013 年，《国务院机构改革和职能转变方案》明确提出应重点培育、优先发展行业协会商会类、科技类、公益慈善类、城乡社区服务类社会组织。2020 年，民政部出台了《培育发展社区社会组织专项行动方案（2021—2023 年）》，大力促进社区社会组织发展，发挥其在加强和创新基层社会治理和建设社会治理共同体中的作用。

政府对社会组织的积极培育和扶持，意味着我国政府与社会组织关系的性质正在发生重大调整，而政府的培育行为也将进一步影响政府与社会组织关系（以下简称"政社关系"）的后续走向。正确处理政府与社会组织关系、促进双方关系的良性发展既是充分发挥社会组织作用的必要条件，也是政府培育发展社会组织的重要政策目标之一。

2013 年，党的十八届三中全会提出要"正确处理政府和社会关系，加快实施政社分开，推进社会组织明确权责、依法自治、发挥作用"。2016 年，中办、国办出台的《关于改革社会组织管理制度促进社会组织健康有序发展的意见》将建立政社分开、权责明确、依法自治的社会组织制度作为我国社会组织发展的总目标之一。2021 年，民政部在《"十四五"社会组织发展规划》中强调，当前我国社会组织已经进入新阶段，应推进社会组织高质量发展，推动其发挥积极作用，进一步完善政社分开、权责明确、依法自治的社会组织制度。

---

① 民政部：《"十四五"社会组织发展规划》，https：//xxgk.mca.gov.cn：8445/gdnps/pc/content.jsp? mtype=1&id=15126，2021 年 10 月 9 日访问。

我国政府正不断调适与社会组织的关系，从而达成转移政府职能、构建现代公共治理体系的政策目标（郁建兴、沈永东，2017）。从已出台的政府培育发展社会组织政策中可知，政府既希望有效促进社会组织发展，充分发挥其积极作用；又希望能够在这个过程中避免自身的过度介入以保持社会组织的活力，建立政社分开、健康发展的政社关系。

然而，在政府培育发展社会组织的过程中如何能够形成良性的政社关系，在理论和实践中遇到了诸多争议和挑战。

已有研究表明，政府培育发展社会组织可能对政社关系的发展存在两种效应。一方面，一些研究认为，政府的培育政策能够推动政府和社会组织之间形成更良性的合作治理关系。这些研究认为，政府和社会组织对于政社合作有现实需求，这种需求促使政府在"做事层面"尊重社会组织的运行逻辑，推动了政社之间的合作治理（Selsky & Parker，2005；Gazley & Brudney，2007；Andrews & Entwistle，2010；Verschuere & De Corte，2014；杨宝，2014）；同时，政府在培育发展社会组织的过程中主动形构或者间接促进了政社合作治理模式的形成，包括增强社会组织能力、让渡权力以扩大社会组织参与治理的空间、提升社会组织参与共同决策的机会等（Zhao et al.，2016；Froelich，1999；王名、王春婷，2014；敬义嘉，2014）。在政府培育发展政策的制度环境下，社会组织实际上处于一个日益开放的空间之中，通过参与公共治理取得了进一步的成长和发展（郁建兴等，2008）。

另一方面，也有相当一部分的研究认为，政府培育发展社会组织加强了政府对社会组织的管控。政府的积极干预确实会对社会组织发展带来显著作用（Lecy & Van Slyke，2013；Salamon & Sokolowski，2017；萨拉蒙，2007a；Minzner et al.，2014），但同时也可能会俘获社会组织、削弱社会组织内外部的自主性（Mosley，2012；Anheier，2005；Verschuere & De Corte，2014；Jung & Moon，2007；Nikolic & Koontz，2008；Mcloughlin，2011；Crepaz et al.，2019；Stone et al.，2001；王诗宗、宋程成，2013）。更有学者指出，政府催生社会组织的行为本质上是一种政府借此实现权力扩张、控制社会的手段（Hodgson，2004；Wolch，1990）。在我国，有学者指出，政府在培育社会组织的过程中始终根据社会组织的政治风险和提供的公共服务类别采取分类控制的策略，以培育具备高度专业竞争力同时政治上服从的社会组织；政府通过限制和功能替代等方式建立了行政吸纳社会的体制特征（康晓光、韩恒，2005；敬乂嘉，2016；康晓光、韩恒，2007）。同样地，也有学者认为，政府培育并没有对中国长期以来的政府控制社会组织的政社关系产生本质影响，政府培育是一种国家权力再生产的过程（吕纳、张佩国，2012；李景鹏，2011；黄晓春，2015）。

在中国语境下，探讨如何在政府培育中构建更为良性的政府与社会组织关系面临了新的挑战。在"强国家—弱社会"的场景下，当政府以行政动员的方式介入社会组织发展中时，政府与社会组织能否形成良性健康的合作关系便成了一个在理论上颇具争议和亟须探讨的问题。对该问题的研究，既是对国内外现有政府与社会组织关系理论的延续和再思考，更是对有别于西方发展经验、具有中国特色的社会组织发展路径的再考察，有助于推进更具中国适用性的国家社会关系理论的研究。基于此，本章接下来将聚焦政府培育对政社关系发展产生的效应，探讨应如何在政府培育发展社会组织的过程中构建出更为良性健康的政府与社会组织关系。

二、研究问题

政府培育发展社会组织指政府采取积极的措施促进社会组织的发展，包括改善政策环境，提供社会组织成长发展所需的资金和平台支持，以转移政府职能和购买服务等方式鼓励社会组织参与公共服务供给等。政府培育发展社会组织的模式，是指政府在采取措施扶持社会组织发展中的一系列政策和机制设计的总体特征。已有研究指出，在政府培育政策的影响下，政社之间有可能形成良性的政社关系，促进政社双方的合作治理；同时也可能强化政府对社会组织管控，弱化社会组织的身份特征，甚至将社会组织作为延伸政府组织机构和职能的工具。那么，在政府培育发展社会组织的过程中，有哪些与政府培育相关的因素影响了政府与社会组织关系发展的方向？其机制是什么？如何才能形成良性的政社关系？

政府培育发展社会组织无疑已对政社关系的发展产生了重要的影响，但对其影响效应的评估和作用机理的探讨仍然存在较大的空间。

首先，已有研究识别了政府培育的两种效应，但仍未进一步探讨政府培育促进政社关系良性发展的实现条件，以解释政府培育发展社会组织在什么情况下会促进双方的合作，而又在何种条件下会强化政府对社会组织的管控。

因此，本章采用政府培育模式的概念来概括政府培育政策和政府行为的总体特征，从政府培育模式的角度展开对该问题的研究。本章将首先探讨政府培育模式对政社关系发展的影响。具体来讲，本章将分析与政府培育模式相关的哪些方面影响了政社关系的发展；在政社互动的过程中，有哪些与社会组织相关的重要因素在解释政府与社会组织关系的发展特征时起到了重要作用。

其次，已有研究虽然已提出一些政府培育是影响政社关系发展的因素，但在机制的解释和论证上存在不足。以组织间关系为分析单位的一些实证研究较多的是基于案例的定性研究，定量检验不足；而少数的定量研究也通常只分析单一因素的影响，在解释现实环境中政社关系的复杂性上存在不足。

因而，本章将进一步讨论政府培育模式对政社关系发展的作用机制的影响。本章引入了组织间权力理论，构建政府培育模式对政社关系发展效应的概念模型和研究假设，并运用结构方程模型和多元层次回归等分析方法，检验政府培育模式对政社关系发展的效应和作用机制。本章将解释在政府培育模式的影响下，为什么有些地方政府部门能够与社会组织形成良性的政社关系，有效提升社会治理水平；而有些地方政府与社会组织的关系走向了控制与被控制，或处于合同结束即关系终止的状态，无法达成政府培育发展社会组织的政策目标。

三、研究的理论与现实意义

当前，探讨在政府培育发展社会组织的过程中如何形成良性的政社关系具有重要的理论意义。自 20 世纪 90 年代以来，国内外学术界对以社会组织为主体的公民社会在中国是否存在、如何发展、中国是否存在真正意义上独立自主的社会组织等问题存在诸多疑问和争论（邓正来、景跃进，1992；顾昕，1994；安戈、陈佩华，2001；康晓光、韩恒，2005）。一些学者基于现实关怀，试图超越公民社会发展的理论之争，致力于寻找基于中国特色和本土经验的社会组织发展路径。例如，有学者在总结已有争论的基础上提出，应突破现有理解，重新考量自主性是否为中国社会组织所追求的首要目标，当下的关键问题是如何促进公民社会的成长以及如何推动政府和社会组织之间的合作共治（郁建兴等，2008；王名，2013）。在此背景下，当政府以强行政权力、投入大量资源的行政动员方式介入社会组织发展时，政府能否培育出真正意义上的社会组织、政府和社会组织能否形成良性健康的合作关系，便成了一个在理论上颇具争议和亟须探讨的问题。对该问题的研究，既是对国内外现有政府与社会组织关系理论的延续和再思考，又是对中国特色的社会组织发展路径的再考察，有助于推进更具中国适用性的国家社会关系理论的相关研究。

除此之外，探讨政府培育中的政社关系发展问题，对于促进良性政社关系的形成、实现政府政策目标同样具有重要的现实意义。

已有实践表明，在政府培育政策的实际执行中，各级政府部门与社会组织的关系纷繁复杂。例如，同样是政府发起创建、重点支持和培育的支持型社会组织，一些社会组织与政府形成了可持续的合作伙伴关系，拥有制度化的参与治理机制，积极发挥其独特价值，共同解决了棘手的社会治理问题，这些组织相对独立自主；另一些支持型社会组织却成为一些地方政府部门的衍生机构，这些政府部门强势介入社会组织内部运行，借社会组织之名扩张权力，而社会组织也无力抗衡行政权力的介入，甚至有意迎合政府需求，失去了自身的组织身份（马庆钰、廖鸿，2015；郁建兴、滕红燕，2018；葛亮、朱力，2012）。再者，在一些同样是政府培育和支持的社会组织中，一些组织能借此快速发展，甚至与政府合办新机构，解决社会治理问题；但同样也有不少的社会组织总是游离于政社合作的边缘，偶尔、零星地参与社会治理，很容易被政府新培育的一些组织替换，这些社会组织与政府的关系处于合同结束即关系终止的状态。同时，也有不少的社会组织在与政府的合作过程中完全没有发言权，顺从政府的各种要求，甚至自愿成为政府的代办机构（王志华，2012；邓志锋，2018）。探讨在政府培育发展社会组织的过程中如何能够形成良性的政社关系，回应实践需求，有助于推动现实中的政社关系变革。

当前，我国政府采取积极行动培育和发展社会组织，已然对政社关系的演进产生了深刻的影响。然而，在政府培育发展社会组织的作用下，政社关系朝什么方向发展，受到哪些因素的作用，其发展机制是什么，如何在这个过程中构建良性的政社关系等问题仍有待进一步探索。探讨政府培育发展社会组织对政社关系发展的效应具有重要的理论意义和现实需要。本章将聚焦政府培育模式对政社关系发展所产生的效应，运用组织间权力理论讨论政府培育发展社会组织对政社关系发展的影响及其作用机制。

四、研究设计与研究方法

本章从政府培育模式的视角切入，聚焦于政府培育模式对政社关系发展产生的效应，探讨应如何在政府培育发展社会组织的过程中构建出更为良性健康的政府与社会组织关系，着重回答以下两个问题：在政府培育政策的影响下，有哪些与培育模式相关的因素影响了政社关系发展的方向，政府培育模式影响政社关系发展的作用机制是什么。本章将采用定性研究与定量研究相结合的方法对这两个问题展开研究。

在分析政府培育模式对政社关系特征的影响时，本章将首先采用定性研究的方式，综合运用文献分析法和案例分析法，在前述章节提炼的政府培育模式核心维度基础上，提出研究假设，构建政府培育模式影响政社关系特征的主效应分析框架；然后运用文献分析和案例分析的方式将概念操作化，设计测量量表，运用问卷调查法搜集研究数据，采用探索性因子分析检验量表的结构效度，运用验证性因子分析优化和修正测量模型，最后运用结构方程模型检验研究假设。

在分析政府培育模式影响政社关系发展的作用机制时，本章将运用文献分析法和案例分析法，引入组织间权力理论，从组织间权力来源的视角提出与政府培育模式影响政社关系发展作用机制相关的研究假设，然后运用多元层级回归分析等定量分析方法检验其中可能存在的调节效应。最后，本章归纳总结研究发现，探讨应如何在政府培育发展社会组织的过程中构建出更良性健康的政府与社会组织关系。

本章主要使用的数据收集方法和分析处理方法如下：

1. 文献分析法和访谈法

文献分析法主要用于国内外理论文献、国内外案例实践、国内政府相关政策文件和统计数据搜集等；访谈法主要用于前期的探索性案例研究。在构建分析框架和提出研究假设阶段，本研究将综合运用文献分析法和访谈法，搜集政府培育发展社会组织与政社关系发展中的相关研究和实证材料，分析其中可能的影响因素和作用机制，凝练本章的研究假设。

2. 问卷调查法

问卷调查法主要用于搜集检验研究假设所需的数据。在本研究中，该方法主要用于第四部分的数据采集。研究将通过量表设计，获得培育模式和政社关系特征的测量结果，同时在问卷中搜集组织间权力来源的相关因素、社会组织的基本信息以及其他控制变量等数据。

3. 探索性因子分析

探索性因子分析（EFA）是因子分析的一种方法，多用于量表的预测试，以建立量表的结构效度。该方法主要用于对培育模式和政社关系特征测量量表的结构效度分析。

4. 验证性因子分析

验证性因子分析（CFA）具有理论先验性，主要用于检验量表的因子结构模型是否与实际数据相契合，各测量指标是否能有效测量潜变量。该方法是进行整合性的结构方程分析的前置步骤。在本章的第五部分，研究使用验证性因子分析来优化和修正理论框架中培育模式和政社关系特征的测量模型。

5. 结构方程模型

结构方程模型（SEM）属于验证性的分析方法，可以检验理论模型是否适切。它整合了因子分析与路径分析两种方法，能够同时分析多个潜变量、显变量和误差项之间的关系，获得自变量对因变量影响的直接、间接和总效果，并估计理论模型与数据间的匹配程度。在本章中，该方法主要用于第五部分。研究将构建培育模式对政府与社会组织关系特征影响的结构方程模型，以检验政府培育模式对政社关系特征是否有影响以及影响的程度大小。

6. 多元层级回归分析

多元层级回归分析可用于检验当加入一个新自变量时，能否显著增加对因变量的解释力（杰卡德、图里西，2016）。该方法在分布分析中可用于检验调节效应的交互项是否显著，并可同时处理控制变量。在本章第六部分对培育模式作用机制的分析部分，研究主要运用该方法检验组织间权力来源的三个因素是否对培育模式影响政社关系特征产生调节效应。

第二节 政府培育影响政社关系的理论演进

一、理解政府与社会组织关系：研究视角、概念与测量

（一）政府与社会组织关系：研究视角和主要类型

政府与社会组织关系涉及经济学、政治学和管理学等多个学科的相关研究，它们关注的核心问题各有不同，对政社关系复杂性的解释力度也存在差异，这也为本研究选取恰当的切入视角提供了线索。大体来讲，经济学的研究视角更多关注政府和社会组织在公共服务供给中的角色，政治学的研究视角主要从国家和社会之间的权力关系看待政社关系，管理学的研究视角则把政社关系看作跨部门合作和组织间关系的其中一种类型，关注组织间合作和组织间关系的管理。不同学科核心关注点有所差异，故对政社关系的类型采取了不同的界定方法（见表4-1）。本章首先梳理已有研究对政社关系的几种主要的分类方式，然后给出本章对政社关系的概念界定以及所采用的研究视角。

从政府和社会组织在公共服务供给中的角色来看，比较有代表性的分类方式是将政社关系界定为三种类型：替代关系、相互依赖关系和对立关系，主要源自经济学视角的分析。自 20 世纪 70 年代以来，社会组织在公共服务供给中扮演了越来越重要的角色，一些学者借助理性选择理论、交易成本理论等相关分析工具，关注政府和社会组织在公共服务供给中的角色、作用和分工，基于政府、市场和社会三个部门失灵的讨论，认为政府和社会组织存在三种关系：替代关系、互补关系（或者相互依赖关系）以及对立关系（萨拉蒙，2008；Steinberg，2006；Young，2000；Weisbrod，1977；Coase，2012；Hansmann，1980；Gidron et al.，1992；Feiock & Andrew，2006）。在这种分类模式的基础上，一些研究进一步检验了这三种政社关系谁更具有解释力（Liu，2017；Abzug et al.，2016）。也有学者探讨了在中国场景下政府和社会组织如何在公共服务供给中建立良性合作关系（敬乂嘉，2009；汪锦军，2012）。

该研究脉络下的政社关系分类方式主要是从宏观视角来分析政府和社会组织

在公共服务供给中的角色。按照这种分类方式，在不同国家或者公共服务领域内，政社关系可能在相当一段时期内以某一种类型为主导，这种分类方式在解释政社关系的动态性、多样性和复杂性方面可能存在不足。

表 4-1 政社关系的主要研究视角和类型

研究视角	核心关注点	政社关系类型	代表性文献	存在的问题
经济学	政府和社会组织在公共服务供给中的角色和分工	替代关系、相互依赖关系和对立关系	Young, 2000; Steinberg, 2006; 萨拉蒙, 2008	在解释中微观层面政社关系的动态性、多样性和复杂性方面存在不足
政治学	国家和社会之间的权力关系、制度分析	政府对社会组织的压制和管控←→政府和社会组织合作治理	Coston, 1998; Mcloughlin, 2011; 康晓光、韩恒, 2005; 敬义嘉, 2016; 郁建兴、沈永东, 2017	更为关注制度环境和政府在决定政社关系中的作用；较少关注组织层面上一对一的政社关系中多变的权力结构和互动机制等问题
管理学	组织间合作和组织间关系管理：合作的相互性、组织身份、组织间权力结构	政府和社会组织的理想合作关系，其他类型关系（如合同关系、延伸关系和逐步吸纳关系）	Brinkerhoff, 2002a; Selsky & Parker, 2005; Huxham & Beech, 2008	没有进一步分析形成每一种关系模式的原因和影响因素

另一些研究采取政治学的研究视角，从国家社会关系出发来界定政社关系类型，主要聚焦于政府对社会组织设定的制度环境特征，以及政府和社会组织的相对权力地位。相对而言，该视角更为关注政府在决定政社关系中的作用。一类研究以构建政社关系类型学的整体分析框架为目的，将政府与社会组织关系划分为从政府对社会组织的压制、对抗和竞争关系，到政府和社会组织的合同、合作和合供等关系的连续光谱（Coston, 1998；Mcloughlin, 2011）。与这类研究不同，

政社关系的另一类研究着重于描述某一国家或地区在实践中的某一种主导类型的政社关系及其特征。由于中国正在经历巨大的经济社会转型，大量的国内外研究聚焦于中国的政府与社会组织关系研究，试图揭示政府与社会组织关系的性质及未来的基本走向（Teets，2013；Hsu & Hasmath，2012；康晓光、韩恒，2005；王名、孙伟林，2011；郁建兴等，2008；王诗宗等，2014；敬义嘉，2016；黄晓春，2015；唐文玉，2010；李友梅，2016；徐盈艳、黎熙元，2018）。这类研究强调的重点各有不同。其中一部分研究强调了中国的政社关系类型的政府管控特点，如政府对社会组织采取"分类控制"的策略，社会组织与政府是依附与被依附的关系（康晓光，2011；康晓光、韩恒，2005）。另一部分研究则强调政社关系类型的合作取向，认为政府与社会组织之间可能存在一定程度的"利益契合"，政府至少在一定程度上开始对社会组织采用合作互动逻辑，借助控制与赋权的双重策略培育具有高度专业竞争力同时政治上服从的社会组织，与社会组织形成了"调适性合作"等关系模式（郁建兴、沈永东，2017；敬义嘉，2016；王名、王春婷，2014；江华等，2011）。同时，也有一些学者指出，由于当前中国政府在政社关系相关的制度设计和执行中存在制度不足和制度多样性的情况，政社关系呈现出多元化的特征（周俊，2014）。

政治学的研究视角反映了政府和社会组织的两种最基本的关系类型：政府管控社会组织、政府和社会组织的合作。这类研究更为关注制度环境和政府在决定政社关系中的作用，在其中的大多数研究中，社会组织在决定政社关系中的角色仅作为分析的一种补充。另外，该研究视角在揭示政社关系的动态多样性和复杂性上存在一定的限度，较少关注组织层面上一对一的政社关系中多变的权力结构和互动机制等问题。

最后，一些研究采取管理学的视角，从组织间关系的角度来探讨政社关系的不同分类模型。这些研究主要从政社关系中双方合作目标和价值的一致性程度、组织身份的保持与认同、合作的互惠性以及组织间权力结构等方面界定政社关系类型，尤其关注政府和社会组织的合作关系与其他非合作关系的差异（Furneaux & Ryan，2014；Najam，2000；Selsky & Parker，2005；Brinkerhoff，2002a）。这些研究认为，理想状态下的合作关系应该是最大限度地实现组织间在决策和利益等方面的相互性，而且能够最大程度地保持组织自身的身份认同；合作关系应该建立在各自的比较优势之上，在协同和自主性之间达成平衡，能够相互尊重、共同决策和相互负责（Brinkerhoff, 2002a）。但在现实中，理想状态的政社合作关系往往较难达成（Hulme & Edwards, 1997；Najam, 2000；Mcloughlin, 2011）。Brinkerhoff（2002a）等学者根据相互性和组织身份认同两个维度，把政社关系划分为四种类型：合作关系、合同关系、延伸关系和逐步吸纳关系。相对于理想的合作关系，单纯的合同关系缺少互益性；在一些延伸关系中，社会组织本质上成了政府组织机构和职能的延伸；而在某些情况下，社会组织逐步被政府吸纳，失去对组织自身身份的认同（Brinkerhoff, 2002a；Selsky & Parker, 2005）。

对政社关系的这种分类方式指出了理想的政府和社会组织合作关系应该是怎样的，为探讨政府和社会组织的合作的特征和实现条件提供了分析线索；该分类方式强调合作中的相互性，关注组织身份认同，所界定的几种政社关系类型在分析当前中国政府与社会组织关系中具有较高的适用性，但该类研究并没有进一步分析形成每一种关系模式的原因和影响因素。

（二）政府与社会组织关系的发展特征：方向、视角、概念与维度

从上述政社关系的类型研究可知，政府与社会组织关系的研究视角和分类方式涵盖了从宏观到微观、从制度分析到组织间关系等各个层次的研究，为理解政社关系提供了丰富的研究成果。已有研究为本章分析政社关系的发展方向、选取恰当的研究视角以及界定政社关系发展程度的概念和衡量维度提供了线索。

1. 政府与社会组织关系发展的方向和趋势

从学术界对政社关系的研究脉络演变可以看出政社关系发展的整体趋势。20世纪80年代，萨拉蒙挑战了当时通行的政府和社会组织对立的关系模型，提出政府和社会组织相互依赖的伙伴关系模式；随后一批学者试图在跨国比较研究中勾勒政府与社会组织关系的整体性分析框架；而近年来，大量的研究主要聚焦于某一国家或某一领域内政府和社会组织如何实现合作治理、管理政社合作关系等问题。学术研究的发展脉络是现实中政社关系发展方向的反映。政府和社会组织的关系在现实中逐步转向了新公共治理，而在理论研究中则表现为政社的互补关系和合作关系出现在各种政社关系模型中，并逐渐成为主导模式，而非以往的对立和竞争关系（Furneaux & Ryan, 2014）。

由此可见，政社关系发展的总体趋势表现为从控制和对立逐步转变为如何借助两个部门的跨部门优势实现政社合作。

2. 研究视角的选取

从政社关系的类型研究可见，不同的研究视角对政社关系的复杂性的解释力度不同，这为本章选取恰当的切入视角提供了依据。

在已有的政社关系分类模式中，无论是经济学视角，还是国家社会关系和制度分析视角，在解释政社关系的互动逻辑上无疑有很强的解释力，但它们在解释微观层面政社关系的动态性、多样性和复杂性方面可能存在一定的局限性，且主要强调的是政府在形塑政社关系中的主导作用。与此不同的是，组织间关系的视角将政社关系纳入跨部门合作的领域内，将政社关系视作组织间关系中的一种类型。该视角将社会组织的角色作为组织间关系分析中不可缺失的一环，相较其他研究视角而言更能展现社会组织在形塑政社关系中的作用，也更为关注社会组织的组织目标和组织利益在与政府的合作中是否达成。同时，管理学中大量的关于企业间关系的已有研究成果也可带来诸多具有启发性的分析工具，能够增进在微观的组织间关系层次上对政社关系互动机制的理解（Huxham & Beech，2008；Das & Teng，1998）。

因此，为了展现微观组织间关系层次上政社关系的动态性、复杂性和多样性，进一步探讨社会组织在政社关系发展中的角色，本章将采用组织间关系的研究视角，引入组织间权力理论来分析政府培育发展社会组织对政社关系发展的影响。

3. 政府与社会组织关系发展特征的概念界定及其衡量维度

对政社关系类型的研究为我们提供了衡量政社关系发展特征的理论依据。本章将在此基础上，首先根据组织间关系的研究视角，界定本章所重点关注的两种政府与社会组织关系的基本类型，然后分别从政社关系发展的总体趋势、对政社关系发展演变的相关研究以及我国政府培育发展社会组织政策的核心目标入手，总结、提炼政社关系发展的两大主要特征，进而给出政府与社会组织关系发展特征的概念及衡量维度。

从已有研究来看，各个分析视角将政社关系划分为多种关系类型。本章主要采用组织间关系的研究视角，在该视角中，已有研究尤为关注政社的理想合作关系与其他类型关系的差异。由以上分析可知，该视角的相关研究在划分政社关系类型时，实则内含了两种最基本的关系类型：政府和社会组织的合作、政府对社会组织的管控。基于此，结合中国政社关系发展的实际情况，本章主要关注这两种基本类型的政府与社会组织关系，并将两种基本类型界定为政府管控社会组织以及政府和社会组织的合作。

政府管控社会组织是指，政府和社会组织建立关系的主要目的是控制社会组织的潜在风险和挑战，双方关系以满足政府单方面的需求为主。其主要特征是，社会组织在双方关系中缺少决策权，自主性较低，社会组织自我身份认同模糊。该模式下的政社关系本质上是政府向社会的延伸，社会组织逐步被政府吸纳。

另一方面，已有研究给出了政府和社会组织达成合作需要具备的几个基本元素：政府和社会组织具有相对平衡的组织间权力，各自具有一定的自主性，为解决共同事务交换和共享双方的治理性资源，共同决策（敬乂嘉，2009；敬乂嘉，2014；Coston，1998；McLoughlin，2011；Bryson et al.，2006；Gazley & Brudney，2007）。

在此基础上，本章将政府与社会组织的合作模式界定为：政府和社会组织借助双方各自的跨部门优势，共同治理社会问题。其主要特征是，政府和社会组织地位相对平等，在达成治理目标的过程中相互依赖，共享决策权，共享利益和共担风险。

然而，以上界定的两种政社关系属于理想类型。在实践中，政社关系很难完全归属于其中某一类。无论是完全的政府管控类型或者是完全的政社合作类型，都较为少见。相反，大多数的政社关系可能同时具备以上两种理想类型中的一部分特征（Hulme & Edwards，1997；Najam，2000；Mcloughlin，2011）。

那么，应如何考察政府培育发展社会组织政策影响下的政社关系发展程度呢？结合本章对两种基本类型的政社关系的界定，以及当前探讨政社关系发展演变过程的相关文献，本研究提出衡量政社关系发展程度的两大主要特征：合作特征与控制特征。在此基础上，给出政社关系发展特征的概念和细化的测量维度。

首先，上文在回顾学术研究脉络的发展方向时已经得出结论：政社关系发展的总体趋势表现为从控制和对立逐步转变为政社合作。

其次，当前一些探讨政社关系发展演变的文献也涵盖了控制特征或合作特征。有研究用"政府吸纳社会组织"和"政府'借道'社会组织"两种类型探讨基层政府在发展社会组织中的政社关系演变逻辑，前者的类型为政府更关注公共服务效能，社会组织在政社关系中具有一定的自主性和独立性，后者的类型为社会组织的行政化（黄晓春、周黎安，2017）。两种关系类型分别对应了本章的政社合作模式和政府管控模式。该研究着重从政府侧的视角来分析政社关系演变的机理，较少涉及社会组织在其中的能动性。

也有一些研究着重分析控制或合作中的一个维度。如有研究以文献回顾和案例分析的方式展现了我国政社关系的阶段性特征和演变过程，其分析着重关注了"控制程度"这个维度在政社关系发展中的变化（张圣、徐家良，2021）。同样地，有研究提出政府对社会组织在不同程度上的功能嵌入能够衡量社会组织偏向政府组织一极的程度（王志华，2012）。另一方面，在合作特征的维度，有研究用政社合作的范围和程度来测量政社关系的特征（De Corte & Verschuere，2014），也有研究用"调适性合作"描述了某一阶段的政社关系特征，在该阶段政府仍起主导作用，但正在实现自我的调适与角色转型；而社会组织也成了政社关系变化的积极行动者，但该研究没有进一步分析社会组织能够采取策略性行动影响政社关系的条件和影响因素（郁建兴、沈永东，2017）。

再次，控制与合作也是我国政府对社会组织政策的两大典型特征。一方面，我国政府培育发展社会组织的重要政策目标之一是建立良性健康的政社关系，其要义既包含政社分开，也更加强调如何推动社会组织发挥积极作用，从而使政府能有效借助社会组织的跨部门优势来提升社会治理绩效。① 另一方面，有效地控制社会组织可能带来的潜在政治风险和挑战一直是政府各项政策中首要且反复强调的目标。这意味着在政社合作之外，政府的政策目标同样包括在政社关系中，保留对社会组织必要的政治风险控制。我们从改革开放后社会组织所处的制度环境变迁中也可以看出，政府试图在处理政社关系时达成一种平衡，即既能发挥社

---

① 近几年出台的培育发展社会组织政策尤为重视如何发挥社会组织作用，如2021年，民政部在"十四五"社会组织发展规划中明确指出，当前政策已从先前促进数量增长逐步进入以推动社会组织高质量发展、充分发挥其积极作用为目标；在出台的《培育发展社区社会组织专项行动方案（2021—2023年）》中以充分发挥社区社会组织在创新基层社会治理中的积极作用为方案的政策目标。

会组织跨部门治理的优势，又能有效控制社会组织潜在的风险和挑战。政府处理政社关系的这种双重行为逻辑集中体现在政府培育和发展社会组织的政策上。政府的培育和发展政策以发挥社会组织的跨部门优势、增进政府和社会组织合作治理绩效为目标，同时也可能借助资源依赖、选择性培育、社会组织行政化等方式，在事实上强化对社会组织的管控。

基于此，本章总结出衡量政社关系发展程度的两大主要特征：合作特征与控制特征。同时，本章根据文献中总结的理想状态的合作关系（Brinkerhoff, 2002a; Selsky & Parker, 2005），以及本章对政社合作模式的界定，将其中的合作特征进一步区分为两个维度：合作的决策相互性与合作的互益性。

合作的决策相互性主要指合作双方在合作项目的目标设定和执行过程中的决策权共享程度。需要指出的是，本书界定的合作决策相互性特征与控制特征有一定的相关性，但又有所不同。两者都属于决策权如何分配的范畴，但合作的决策相互性特征关注的是合作项目的决策权，包括是否共同决定目标、确定项目的服务对象范围等。在一般的组织间关系中，合作的决策相互性是保证项目达成双方共同目标的必要手段和保证。

而政社关系中的控制特征是指政府对社会组织内部重大决策权的干预，包括对社会组织发展战略、人事任免、资金使用和日常活动的干预和控制（康晓光、韩恒，2005）。这种控制超出了两个相对独立的组织建立合作关系的必要范围，实则是政府为了满足自身单方面需求、控制潜在的政治风险和挑战，而对社会组织日常行为、内部运行以及发展方向的介入和吸纳。

合作特征的另一个维度是合作互益性，主要指社会组织在与政府的合作中是否实现了自身的价值使命并维护了组织自身的利益。合作互益性主要关注社会组织在多大程度上从合作关系中获益，包括在合作中所做的事在多大程度上与达成自身的价值使命有关，在合作中付出与收益的平衡性，以及是否共同承担责任等方面。

在以上分析的基础上，本章提出政府与社会组织关系发展特征的概念（以下简称"政社关系特征"）。政府与社会组织关系发展特征反映了政社关系的良性程度，是指在政府培育发展社会组织的过程中，两者关系中的合作特征持续增长，控制特征逐步减弱，双方在关系中提升了各自组织目标的达成程度，在应对治理挑战的过程中形成了良性关系。政府与社会组织关系发展特征可通过三个维度来衡量：控制特征、合作的决策相互性特征、合作的互益性特征。

二、政府与社会组织关系发展的影响因素

本章关注的核心问题是政府培育发展社会组织对政社关系特征产生了什么影响，其作用机制是什么，如何才能在培育社会组织的过程中促进政社关系的良性发展。在对研究问题展开讨论之前，应首先分析当前研究已经在多大程度上回答了本章所关注的问题，还存在哪些不足和有待探讨的空间。对已有研究的主要进展和核心贡献的总结，能够为本章的研究提供扎实的理论依据和分析线索。评述已有研究可能存在的不足，有助于凝聚本章的重点研究内容，进一步细化本章的研究问题。

已有研究探讨了多种影响政府与社会组织关系发展的因素，涵盖了从宏观到微观、从国家社会关系到政社互动机制的各个层次。这些研究为分析政府培育发展社会组织对政社关系发展的影响提供了不同的研究视角和理论基础。

从宏观层面探讨政府与社会组织关系的研究主要从国家社会关系出发。自20世纪90年代开始，学术界聚焦我国社会组织成长路径、社会组织成长发展与国家治理体系改革的关系等问题的研究，探讨法团主义、多元主义等概念在解释我国政府与社会组织关系上的适用性（Unger & Chan，1996；White，1993），但这些理论在解释中国政社关系的多元性上遇到了挑战（周俊，2014）。近年来，一些学者分别从制度环境、利益视角和资源依赖等更细致的角度分析影响政社关系发展的主要因素。

从制度分析视角出发的研究认为，制度环境是影响政社关系发展变迁的主要原因，制度不足、制度多样性、不同层级政府在政策执行中的"模糊发包"等制度环境的因素共同形构了现实中复杂的政社关系形态，因此，为了促进政府和社会组织的合作治理、扩大社会组织参与社会治理的范围，应主要从制度供给改革入手，加强政府与社会组织关系的制度化建设（王名、孙伟林，2011；周俊，2014；黄晓春，2015；陈天祥、郑佳斯，2016；黄晓春、周黎安，2017；徐盈艳、黎熙元，2018）。

另一些研究主要从利益视角解释政府与社会组织关系的变动。有学者认为，

政府与社会组织关系取决于双方的战略利益，而不限于制度环境等因素，双方在目标和手段上的差异形成了不同的政社关系类型（Najam，2000）。相对而言，在国内研究中，学者们更强调政府的利益和需求在政社关系中的主导性作用。政府对社会组织的发展策略取决于政府的需求，根据社会组织的政治风险和社会治理能力等方面的特性，政府对社会组织实施"分类控制"，灵活运用多种控制和赋权策略培育和扶持社会组织（康晓光、韩恒，2005；江华等，2011；敬乂嘉，2016；纪莺莺，2013）。同时，通过多种手段的嵌入式治理，政府将自身的价值和意志渗透到与社会组织合作的公共服务项目中（吴斌才，2016）。

制度分析和利益视角都强调了政府在影响政社关系性质中的主导性作用，与此不同的是，一些研究关注社会组织的能动性对政社关系的影响。有研究认为，政府出于应对治理挑战的需要，通过制度设计与社会组织建立合作，而社会组织则采取策略性的行动影响了与政府的关系，政府和社会组织的合作关系是双方相互调适的结果（郁建兴、沈永东，2017；朱光喜，2019）。也有学者从社会组织能力的视角看待政社关系，认为政府与社会组织关系是双方实力差异的体现，这种实力来源于各自的资源优势和互补性，同时也受到社会组织能力专业性的影响（王名、蔡志鸿，2019；Zhou，2013；Lu et al.，2018；徐宇珊，2008）。从这些研究可以看出，学者们越来越关注更加微观、更加动态的政社关系变动逻辑。

对于政社关系转型影响因素的研究为分析政府培育发展社会组织对政社关系发展的影响提供了分析路径。从后文的评述可以看出，现有文献对政府培育影响政社关系发展的研究大多沿着以上几个路径展开。同时，由于选用研究视角的约束，每一类研究在解释力度上也受到了不同程度的限制。

三、政府培育发展社会组织与政社关系发展：管控的视角

政府培育发展社会组织政策的出台和执行，对政社关系的环境产生了一系列的影响，可能对政社关系的发展存在多种效应，本章重点关注其中与研究问题相关的两种主要效应。一方面，政府的培育发展政策可能促进政府和社会组织的合作治理。政府的培育和发展政策能够提高社会组织能力和专业性；这些政策能够构建良好的外部政策环境，拓展社会组织在公共服务供给和政府职能转移中的作为空间；提供了大量资金使地方各级政府得以扩大政社合作的规模。另一方面，

政府培育发展社会组织可能也是政府加强对社会组织管控的一种方式。政府可能在这个过程中借助各种方式介入社会组织的运营，影响社会组织的发展方向；也可能通过选择性培育，扶持符合政府偏好的社会组织；或者将政府培育发展社会组织的政策作为延伸政府组织机构和职能的工具。

对于政府培育发展社会组织是促进合作治理还是加强政府管控的问题，有相当一部分研究认为，政府培育发展社会组织是政府加强对社会组织管控的方式。Hodgson（2004）认为，通过培育发展社会组织，政府正在构建一种建立在政府议程之上的特定类型的社会组织，与其说是政府通过发展社会组织重新分配权力和影响力，以实现从统治到治理的转型，不如说政府其实更多的是借助社会组织实现政府权力的扩张，政府催生社会组织的行为本质上是一种政府控制社会的手段（Hodgson，2004；Kooiman，2000；Rhodes，1997）。Wolch（1990）用"影子国家"来形容社会组织受政府资助、按政府的要求提供服务下的政社关系，社会组织只是名义上的第三部门，实际上受国家和资本经济的控制（Wolch，1990）。一些学者对政社合作关系质疑，认为在对比悬殊的权力关系中，社会组织很难和强有力的资助方之间形成真正的合作关系（Lister，2000）。

在国内研究中，学术界在很长一段时间内秉持政府控制社会组织的观点（康晓光、韩恒，2005；唐文玉，2010；康晓光，2011），政府培育发展社会组织是否对这种趋势带来了改变？一些研究分析了政府培育发展社会组织所使用的政策工具对政社关系的影响。在购买服务对政社关系的影响中，有学者认为，政府具有治理社会和延续权力的双重行动逻辑，购买服务对政社关系并没有产生本质性的影响，政府并没有撤回在社会领域中的权力，对社会组织的赋权或者授权只是一种策略性的选择，购买服务其实是加强了政府的控制而并非放松对社会的管控，是一种国家权力再生产的过程（吕纳、张佩国，2012）。"国家不断放松对社会的控制权而又以新的形式继续保持对社会的控制的过程。"（李景鹏，2011）也有研究分析了政府以孵化器培育社会组织的方式，认为政府通过申请和选择程序，审慎选择孵化对象，以有效控制政治风险（谭志福，2014）。政府的社会组织培育整体上呈现出政治嵌入的特征，以实现职能转型时期对社会组织培育的控制（付建军、高奇琦，2012）。有学者的分析表明，政府在购买服务的过程中会通过在关系、功能、结构和目标上的全方位嵌入，使社会组织的目标发生偏移，在承接购买服务项目时服务于政府的各种指令性任务，其实际上成了政府职能的执行机构，为了适应与政府的互动，在组织结构上与政府日益趋同，并且会逐渐丧失自身的独立性、志愿性和公共性等特征（王志华，2012）。

除此之外，一些学者从制度环境和政策执行的角度分析了政府培育发展社会组织过程中政社关系的调整和变动。有学者认为，培育和发展社会组织的政策执行本质上属于渐进性改革，内含了支持发展和引导管控的张力；纵向政府间以"模糊发包"的方式执行培育发展政策，地方政府面临制度生产风险和弱激励的双重影响，因而采取技术治理和打包激励的方式来管理基层政府的社会组织培育发展工作（黄晓春，2015）。该研究在某种程度上解释了为何基层政府有强烈的动机吸纳与职能重叠度较高的社会组织进入社区治理管控网络，将其行政化，使其成为政府职能延伸的一部分。在该分析逻辑的基础上，一些研究进一步分析了在多层级政府的治理结构中执行政府培育发展社会组织政策对政社关系的影响。这些研究认为，政府的转移职能和购买服务直接催生了大量的社会组织，政府同时会选择根据政策执行的不同周期和执行效果，在纵向政府间浮动分配控制权，以实现对社会组织的柔性与隐性的控制（徐盈艳、黎熙元，2018；陈天祥、郑佳斯，2016）。在这些研究中，不同层级政府的政策意图和政策偏好形塑了复杂的治理环境，社会组织的行为更多的是对多层级政府柔性和隐性控制的一种策略性应对，是被吸纳成为政府职能的延伸机构，还是维护专业性和独立性，取决于社会组织可以选择的意愿和能力。

总的来讲，认为政府培育发展社会组织是加强政府对社会组织管控的这些研究，较多从国家社会关系、制度分析和政策执行等视角切入，为理解政府培育发展社会组织对政社关系发展的影响提供了富有洞察力的研究，但这些研究仍无法完全解释在政府培育政策影响下中微观层面上所出现的政社关系的复杂性、动态性和多样性。例如，在案例观察中我们发现，同一个基层政府可能会与不同的社会组织建立迥然不同的政社关系。另一方面，这些研究虽然都在不同程度上是提及社会组织在政社关系形成中的策略性行为，但社会组织的作用只是作为一种补充性的论述。这些研究强调了政府在政社关系中的决定性地位，采取的研究路径也是以政府侧的分析视角为主。对于社会组织为什么会采取策略性的行动、如何调整政社关系等问题，都还未得到进一步的研究。

四、政府培育发展社会组织与政社关系发展：合作的视角

与政府管控社会组织的观点非常不同的是，已有研究中同样有大量的学者关注政府和社会组织的合作治理，研究的议题涉及政府和社会组织如何实现合作治理、合作治理对双方带来的优势和挑战、达成合作治理的条件、影响合作治理绩效的因素以及如何管理合作治理关系等（Gazley & Brudney，2007；Bryson et al.，2006；Babiak & Thibault，2009；Gazley，2008；Selsky & Parker，2005；Almog-Bar & Schmid，2018；Cheng，2019；敬乂嘉，2009）。在这类研究中，一些学者认为，政府培育发展社会组织能够促进合作治理。政府培育发展社会组织不但能够提升社会组织能力，而且能够开放社会组织参与社会治理的空间；出于提升治理社会的能力和跨部门合作的需求，政府会向社会组织赋权赋能，尊重社会组织的运行逻辑，与社会组织形成合作伙伴关系。

从跨部门合作的动机来看，政府和社会组织对于合作治理有现实需求。政府和社会组织合作的原因可能是出于资源的相互依赖，通过跨部门合作获取所需的资源和专业性；也可能是由于动态复杂的社会议题超出了单个组织能够解决的范围，因而需要政府和社会组织共同协作以解决治理挑战；另外，由于跨部门边界日益模糊，政府和社会组织需要通过跨部门合作转变传统部门解决问题的方式，学习或者借用其他跨部门组织来强化解决问题的能力（Selsky & Parker，2005；Gazley & Brudney，2007；Andrews & Entwistle，2010）。

一些研究佐证了这种需求对政社合作治理的推动作用。例如，有研究从国家能力的视角出发，认为政府会根据社会组织的服务特性有针对性地培育发展社会组织，通过构建与社会组织的合作关系增强基层政府的服务能力和回应能力，而在这个过程中，政府是否能在"做事层面"尊重社会组织的运行逻辑则是通过政社合作增强国家能力的关键（杨宝，2014）。该研究认为，基层政府与社会组织的合作是在"共容利益"基础上的一种可持续状态；基层政府存在的"责能困境"，其深层原因是国家能力不足，而社会结构转型使得政社之间形成了共容利益，政社合作成为增强国家的服务能力和回应能力的重要路径，也是基层政府社会管理创新的动力；政府不是干预控制而是规范引导社会组织，力图尊重社会组织的运行逻辑并吸纳其服务能力；基层政府会给予合法性、资源、空间等政策倾

斜，支持社会组织的发展（杨宝，2014）。正如有研究表明，社会组织在合作治理中具有明显优势，但这种优势的发挥在很大程度上是基于社会组织的灵活性和自主性，而不是作为政府的另一只手臂（Verschuere & De Corte，2014）。

另外一些研究认为，政府在培育发展社会组织的过程中主动或者间接促进了政社合作治理模式的形成。政府通过购买服务等形式资助社会组织，补充和扩大了社会组织的服务供给能力，同时也增强了社会组织的合法性和筹资能力（Zhao et al.，2016；Froelich，1999）。有学者基于温州社会治理创新的研究，认为随着政府治理理念的转变和民间力量的推动，政府正在建构与社会良性互动的关系（王名、王春婷，2014）。该研究认为，政府以"推位让治"的方式，逐渐削弱直接干预公共事务的权力，主动让渡权力和空间，搭建平台、模式和机制，创建了社会组织参与社会治理的有利环境；政府以转移职能和主动培育社会组织等方式，积极推动和引导社会组织参与社会治理（王名、王春婷，2014）。政府培育发展社会组织使社会组织具备了参与社会治理的能力，能够构建政社合作的良性互动关系。

也有学者基于政府购买服务中政社关系演变的分析，认为政府购买服务不但能够提升社会组织内在的能力和管理外部需求的治理能力，而且能够以自然的方式形成合作治理的新格局，社会组织将有更多的机会参与共同决策并体现社会组织作为利益代表的功能，合作治理能够在政府购买服务的过程中自然生发出来（敬乂嘉，2014）。与此类似的是，有研究采用了组织社会学的新制度主义视角，认为当前在政府购买服务的过程中社会组织所表现出的依附于政府而发展的行为，只是社会组织为了获得合法性的一种阶段性的生存策略（王才章，2016）。该研究通过总结政社关系变迁的环境因素和政社互动中的影响因素，认为随着外部环境的改变以及政府和社会组织之间互动的增加，政社关系将走向合作伙伴关系。

同样地，有学者用"调适性合作"描述了在政府积极培育发展社会组织的政策环境下，政府与社会组织关系的发展特征和互动机制（郁建兴、沈永东，2017）。该研究认为，政社关系的发展是两者共同作用的结果。政府在面临治理挑战时主动调整了自我角色，在微观的制度设计上构建出了有利于政社合作的制度安排；同时，社会组织也通过策略性行动推动双方关系的良性发展；在双方的共同作用下，以购买服务和职能转移为代表的合作互动逻辑取代了以往的单一控制逻辑，政府与社会组织合作成了政社关系发展的新趋势（郁建兴、沈永东，2017）。

总的来讲，认为政府培育发展社会组织是促进合作治理的这些研究，相对而言更加看重社会组织在形塑政社关系中的作用，为探讨政府培育如何促进政社关系的良性发展提供了富有洞察力的研究。但这些研究或者基于规范性的分析，或者基于实现良性治理的个案研究，缺少基于量化的实证检验，因而在研究结论的适用性上存在一定的限度。

另外，这些研究较少分析在培育政策的影响下，政府和社会组织在推动政社关系发展中的前提条件和影响因素。一方面，这些研究对于政府培育发展社会组织的动机、政府向社会组织赋权的意愿、双方达成合作治理的可行性等问题持积极乐观的态度。但正如管控视角所认为的那样，政府在培育社会组织的过程中同样有很强的动力介入并管控社会组织。政府从原有的管控模式转向与社会组织的合作治理并非一个自发的线性过程，其角色的转换需要一定的条件。但当前研究较少探讨这些问题，也并未回答什么条件下的政府培育政策会促使政社关系走向真正的合作关系。另一方面，在对社会组织行动策略的分析中，这些研究仍未进一步分析在面对强势政府时，社会组织何以能够采取策略性行动影响政社关系的发展，其前提条件和其中可能的影响因素还有待进一步研究。

最后，社会组织能够与政府达成合作治理的条件之一是社会组织自身需要具备跨部门优势，能够在公共服务的需求识别与供给方式设计中弥补政府在能力和经验上的不足。而政府培育的社会组织在什么条件下才能生长出这种形态的社会组织，仍然需要进一步探讨和验证。

五、对已有研究的总结和评价

（一）已有研究的主要贡献

已有研究从多个视角探讨了政府培育发展社会组织对政社关系发展所产生的影响，涵盖了从宏观到微观、从国家社会关系到政社互动机制的各个层次。总的来看，已有研究主要有以下两方面贡献。

一方面，明确了政府培育发展社会组织对政社关系发展所存在的两种效应，给出了政社关系发展演变的方向和趋势。已有研究从各自的路径出发，提出了政府培育发展社会组织的两种效应：促进政社合作或加强政府管控，并且分别就这两种效应从不同学科和视角展开了富有洞察力的规范性研究和实证分析，这为我们理解该问题提供了丰富的理论基础和分析路径。同时，现有文献探讨了政社关系演变的总体趋势和主要特征，这为本研究衡量政社关系的发展程度提供了依据。

另一方面，探讨了政府培育发展社会组织对政社关系发展的潜在影响因素和可能的作用机制，这为本研究在微观的组织间关系层面进一步探讨该问题带来了启示。这些研究提示我们应在研究中关注政府培育政策所带来的制度场域变化、政府层级和政府行为特征的影响、政社双方对合作的实际需求、政府对不同类型社会组织的态度、政府和社会组织之间的互动，以及社会组织的策略性行动等因素可能带来的影响。这为理解研究问题提供了较全面的分析视角，也为本研究选取恰当的控制变量提供了理论基础。

（二）已有研究存在的不足

由于受到研究视角和研究方法的限制，已有研究存在以下三点不足。

第一，已有研究在探讨政府培育影响政社关系发展方向的实现条件和作用机理上存在进一步拓展的空间，对于政府培育发展社会组织在什么情况下更有可能会促进双方的合作，而又在何种条件下会强化政府对社会组织的管控等问题缺少充分的解释。正如上文所述，对于政府培育如何影响政社关系发展的研究主要有两种观点，这些研究基于各自的分析逻辑和案例，都能反映出当前政社关系发展的一部分特征和逻辑，但这两种视角自成逻辑，各自只能解释政社关系发展演进中的一个面象。也有研究注意到，政府培育对政社关系发展的两种效应可能是同时存在的，但大多数的研究仍以描述性的分析为主，较少回答什么条件下的政府培育更能促进政社之间具有更多的合作特征，而又在什么情况下政府培育更多的是加强了政府的管控特征等问题。除此以外，两种分析视角对政府的角色和行为有不同的假定，但政府的这种双重行为逻辑在形构政社关系发展中的张力仍未在这些研究中得到充分的展现。合作视角对政府培育发展社会组织的动机、政府向社会组织赋权的意愿、政府的自我调适和转型持积极乐观的态度，而管控视角更为强调政府在培育过程中的控制和行政干预倾向。在两种分析视角下，政府的行为特征有很大的差异，而这种差异很有可能会使分析逻辑的前提条件发生改变。已有研究大多强调政府在培育社会组织和政社关系发展中的主导性地位，较少将政府的这种复杂多面的双重行为特征放入统一的分析框架中，政府的行为特征所带来的张力并未在其分析和结论中得到充分的体现。

第二，已有研究过于强调政府的主导性角色，对社会组织的行为和实现条件关注不足。一方面，在大多数研究中，社会组织的角色和作用仅作为分析视角的一种补充。一类研究采取的分析路径是以政府为核心，强调政府在形塑政社关系发展中的主导性作用。但政社关系的发展不仅取决于关系的结构方面，同样也可能取决于社会组织克服约束、创造机会以改进所处地位时所使用的战略，政府和社会组织之间的互动和相互影响是动态且多样的（Mcloughlin，2011）。正如一些学者所提出的，当前对政社关系影响因素的研究较多基于制度分析和理念论的视角；由于制度分析视角更强调制度的约束作用，忽视了社会组织的行动策略对形塑政社关系的重要性，而利益契合和信任等理念论的视角无法解释为什么处于同样场域中的政府和社会组织会形成不同的关系模式，已有研究在解释复杂的政社关系形成机制上存在不足（王名、蔡志鸿，2019）。另一类研究虽然在不同程度上认为应当重视社会组织在政社关系形成中的策略性行为，但仍未进一步分析在面对强势政府时，社会组织能够采取策略性行动影响政社关系的前提条件和其中可能的影响因素。

另一方面，已有研究未充分重视政府培育下的社会组织发展质量对政社关系演变的影响。在合作视角的相关研究中，政府培育能够促进政社合作的其中一个原因是政府的支持性政策能够提高社会组织能力和专业性，并拓展社会组织的作为空间。但是，同样有大量研究指出政府培育可能对社会组织发展带来的各种潜在负面影响。鉴于此，如何能够在政府培育政策的影响下生长出具备跨部门优势、能够在公共服务的需求识别与供给方式设计中弥补政府不足的社会组织，仍然是政社关系走向合作中的一个不可忽视的问题。然而，当前持合作观点的研究大多将此作为一个已解决的默认条件，缺少对政府培育模式和培育效果的必要关注。

第三，受限于选用的研究方法，已有研究虽然已提出一些政府培育影响政社关系发展的因素，但在微观的组织层面上对政府培育影响政社关系发展的形构过程和作用机制解释不足。一方面，在政府培育影响政社关系发展的研究中，大多数以规范性分析或案例研究为主；在定量研究方面，因为目前对政府培育模式或培育政策工具相关的量化研究相对较少，大多仍停留在描述性研究阶段，而且鲜有研究以定量方式测量政府培育的特征，所以仍未有研究以定量的方式在统计意义上检验政府培育对政社关系发展的影响。另一方面，在政府培育对政社关系发展的机制分析中，当前研究同样缺少量化的实证检验分析，以基于案例的定性研究为主。这些研究分析深刻、见解独到，为我们理解其中的作用机制提供了丰富的理论基础和实证案例，但由于选用的研究方法本身的限制，在研究结论的通用性方面可能存在一定的限度。少数以定量方法来分析政社关系多样性的研究能够为检验政府培育对政社关系发展的作用机制提供一些分析线索，但这些研究通常只分析单一因素对政社关系发展的影响。在现实环境中，影响政社关系的因素不但复杂多样，而且各个因素之间可能存在交互作用和组合效应，因而它们在解释政府培育对政社关系的作用机制时存在局限性，无法解释当单一因素受到控制时仍然出现的复杂多样的政社关系。

（三）研究推进

基于以上分析，本章以政府培育发展社会组织对政社关系特征的影响为研究主题，将分别在研究内容和研究方法上推进已有研究。

首先，在研究内容上，本章将采用包含社会组织的行动能力和发展质量在内的综合分析视角，进一步探讨政府培育影响政社关系发展方向的实现条件和作用机理。一方面，本章将明晰在政府培育发展社会组织的过程中有哪些因素影响了政社关系的发展方向。本章用政府培育模式的概念来概括政府培育政策和政府双重行为逻辑所体现的总体特征，在已有文献和案例研究的基础上，明确政府培育政策的哪些维度和因素对政社关系的发展产生影响，进而回答什么情况下的政府培育更有可能促进政社合作，而又在何种条件下会强化政府的管控等问题。另一方面，本章将采用组织间关系的分析视角，引入组织间权力理论，将社会组织作为分析政社关系发展中不可缺少的一环，关注社会组织的角色和社会组织自身发展质量在政社关系演变中的作用，弥补已有研究在分析视角上可能存在的不足，以增进对微观层面上政社关系互动机制的理解。

其次，在研究方法上，本章将以定量的方式检验政府培育模式对政社关系发展影响的方向、路径及其作用机制，有助于增强对现实中复杂多样的政社关系的解释力，为如何优化政府培育政策、促进政社关系良性发展提供基于统计数据检验的实证依据。一方面，本章将运用结构方程模型检验政府培育模式对政社关系是否存在影响，以及影响的方向、路径和强度。本章将分析层次落在一对一的组织间关系上，将政府培育模式、政社关系特征的概念操作化，开发对应的测量量表，构建政社关系发展特征和培育模式的测量模型，运用结构方程等研究方法，以定量的方式检验政府培育模式对政社关系特征的影响方向、路径及作用强度。另一方面，本章将运用多元层级回归分析，将政府培育模式和组织间权力来源相关的各个影响因素纳入调节效应的机制分析，以定量的方式检验政府培育模式影响政社关系特征的作用机制。

第三节　分析框架与研究假设

已有研究识别了政府培育模式的两种效应，但未作进一步解释，到底是政府培育的哪些因素对政社关系的发展特征产生了影响，这些因素如何发挥作用，以及在什么条件下其效应会发生改变。在接下来的论述中，本章将对政府培育模式影响下政社关系特征进行解释性研究，讨论政社关系特征的影响因素，揭示政府培育政策影响下的政社关系发展的可能逻辑。

本节将首先从理论上分析政府培育模式对政社关系特征的影响方向、路径和作用机制，然后提出本章的分析框架和核心假设，为后续的实证检验提供理论基础。本节将首先确定构成培育模式的两个核心维度，然后引入组织间权力理论来解释培育模式的作用机制，从而构建出培育模式影响政社关系特征的分析框架；在此基础上，提出研究的主要假设和概念模型。

在以上分析基础上，本章提出培育模式影响政社关系特征的主效应分析框架，如图 4-1 所示：

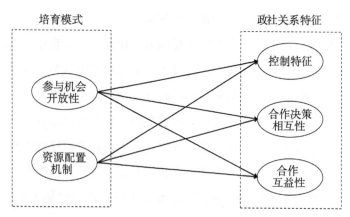

图 4-1 培育模式影响政社关系特征的主效应分析框架

一、政府培育对政社关系特征的影响：理论与假设

在以上分析的基础上，我们可以进一步提出培育模式影响政社关系特征的研究假设。

已有研究识别了政府培育发展社会组织对政社关系特征的两种效应，但并未给出政社关系发展方向的实现条件。本章认为，培育模式对政社关系发展的影响与培育模式的类型特征有关。

由于政府培育政策的出台和执行为各级地方政府带来了大量的权力和资源，地方政府在处理与社会组织关系时具有了改变社会组织之间的竞争逻辑和筛选机制的能力。在这种情况下，政府培育发展社会组织模式的直接化程度越高，意味着政府的这种能力在政社关系的建立和互动中的介入程度越深，反之亦然。根据组织生态学理论的进化论视角，组织间的竞争筛选机制和组织适应性的变化会改变组织形态的扩散和分布结构（斯科特、戴维斯，2011）；在政社关系中，政府对社会组织之间竞争逻辑和筛选机制的改变将极大地影响经筛选后与政府建立关系的那些社会组织的形态和行为模式。这种影响具体体现在以下几点。

首先，从关系的建立来看，培育模式的类型特征决定了政府能在多大程度上直接决定哪些社会组织与政府建立关系；在直接化程度高的培育模式中，培育模式的参与机会开放性程度较低，该模式下与政府建立关系的社会组织以政府发起的组织为主。培育模式的直接化程度越高，则政府越有能力通过其行政体系和附属的群团组织直接催生社会组织（齐海丽，2016）。在这种情形下，社会组织由谁来成立、谁来运行、向谁负责都是明确指定的。而这种类型的社会组织往往在其领域中具有垄断性，民间的社会组织一般很难再获得参与该领域的机会。在一些情况下，一些民间社会组织凭借自身的专业性会获得与政府的合作机会，但由于政府对社会组织之间竞争机制的干预，这些组织在互动过程中也很容易被政府背景的社会组织或基层政府的隶属组织替代（杨宝、杨晓云，2019）。本书在前期的探索性案例观察中发现，一些基层政府会在创新性项目常规化后用自己创办的社会组织替代原有的合作者。

因此，在直接化程度高的培育模式下，能够与政府建立关系的社会组织大多是与政府关系密切的组织。这些组织以政府发起的组织为主，而少有社会发起背景的社会组织。在这种情况下的政社关系大多带有行政指令性特征，政府总的控制水平高（吕纳，2013）。因此，在同样条件下，直接化程度高的培育模式所形成的政社关系控制特征更为明显，而合作特征更弱。

其次，培育模式的类型特征决定了政府和社会组织在关系建立后的互动逻辑。政府培育发展社会组织模式的直接化程度越高，越容易强化互动中的控制特征，削弱合作特征。

一方面，在直接化程度高的培育模式中，社会组织的行为逻辑以维护与政府的关系、满足政府偏好为核心。在直接培育模式中，政府更多以行政机制来配置资源。培育模式的直接化程度越高，则政府更可能会以自身偏好筛选培育对象或确定购买服务项目的承接对象。在这种情况下，社会组织获得资源的关键在于是否具有政府背景、与政府的关系是否密切，因而如何维护与政府的关系便成为社会组织行动策略的重心（李友梅，2016；王志华，2012；吕纳，2013；岳经纶、郭英慧，2013）。因此，当基层政府试图"借道"社会组织解决自身事多、人少和编制难的问题时，社会组织更容易向政府妥协，在实际上成了政府职能机构的延伸（Zhao et al.，2016；黄晓春、周黎安，2017；陈天祥、何红烨，2016）。

与此同时，在这种模式下，政府干预社会组织生态构成的能力大大增强，可能会对社会组织发展的多元性和专业性造成冲击，政府培育更难产生具有跨部门优势的社会组织（郁建兴、滕红燕，2018；管兵，2015），进而影响达成政社合作治理的实现条件。

另一方面，在直接化程度高的培育模式中，不服从政府管控的社会组织会在关系互动的过程中被排除出局。根据组织生态学理论，组织间竞争通常取决于组织所处的生态位（斯科特、戴维斯，2011）。在公共服务的供给中，尤其是在政府购买服务所涉及的相关领域内，由政府出资扶持的社会组织，与其他类型的社会组织在区域和业务领域等维度上的生态位高度重合，这使得这些组织成了彼此潜在的竞争对手。在直接化程度高的培育模式中，政府主导了参与合作的机会，因而政府在处理与社会组织的合作冲突时，相较于协商和妥协，更可能会以成立或引入新的社会组织的方式，排除掉那些不服从政府管控的社会组织，从而改变了社会组织间的竞争和筛选机制，强化了政府对社会组织的管控（陈天祥、郑佳斯，2016）。

基于以上分析，本书给出第一个研究假设：

H1：培育模式对政社关系特征的影响与培育模式的类型特征有关。

具体而言，培育模式的直接性程度越高，政社关系的控制特征越强，合作的决策相互性和互益性特征越弱；培育模式的间接性程度越高，政社关系的控制特征越弱，合作的决策相互性和互益性特征越强。

将培育模式的两个维度以及政社关系特征的三个方面展开，可进一步得出以下分假设：

H1-1：资源配置机制的行政化程度越高，则政社关系的控制特征越强，反之则越弱；

H1-2：资源配置机制的行政化程度越高，则合作的决策相互性特征越弱，反之则越强；

H1-3：资源配置机制的行政化程度越高，则合作的互益性特征越弱，反之则越强；

H1-4：参与机会开放性的程度越低，则政社关系的控制特征越强，反之则越弱；

H1-5：参与机会开放性的程度越低，则合作的决策相互性特征越弱，反之则越强；

H1-6：参与机会开放性的程度越低，则合作的互益性特征越弱，反之则

越强。

二、政府培育影响政社关系特征的作用机制：组织间权力来源视角

在给出培育模式影响政社关系特征的主效应分析框架后，本部分将引入组织间权力的相关研究，从组织间权力来源的角度解释培育模式对政社关系特征影响的作用机制。

（一）组织间权力理论的引入

在国家与社会关系的研究中，国家和社会间的权力关系既是重要的研究对象，也是探讨两者关系变迁的重要分析视角。一方面，一些研究用国家和社会间权力关系的调整和重构来解释改革开放后中国社会组织的兴起和发展。在"全能主义政治"时期，国家实现了对社会的全面控制，政治权力可以无限制地渗入社会的每一个领域，民间的社会组织几乎消失（邹谠，1986）；改革开放以后，随着国家权力的逐步退出，大量的社会组织填补了国家和社会之间的权力真空地带，重构了公共利益空间，但政府仍在国家社会权力分配格局中占据主导地位，并以此对社会组织实施分类控制（康晓光、韩恒，2005；王名，2013）；而我国社会组织在发展历程中所表现出的限制发展和扩张规模的周期性特征，也主要归结于由政府主导的政治制度环境的改变（王名，2013；Howell，2011；Gleiss & Sæther，2017；Ma，2002）。另一方面，在描述和解释我国国家社会关系的理论中，权力关系也是已有的各种理论模型的核心关注点之一。如采用国家社会二分和零和博弈视角的公民社会理论更为关注社会组织相对政府权力的独立性和自主性，而法团主义与多元主义理论的差异也源于国家与社会团体之间权力格局的差异等（郁建兴、沈永东，2017；吴建平，2012）。

政府与社会组织关系是国家社会关系在组织层面的体现，其发展实质上是国家社会间权力关系的调整在组织层面上的延续和展现。在已有研究中，政社之间的权力结构是解释培育模式对政社关系影响方向的重要分析视角。正如前文所指出的，一些研究认为，政府培育发展社会组织本质上是借助社会组织实现政府权力的扩张，是国家权力的再生产（Hodgson，2004；吕纳、张佩国，2012；李景

鹏，2011）；也有研究认为，政府和社会组织走向合作治理的核心特征是权力分享，而我国政府在购买服务的过程中主动或被动地和社会组织共享了部分权力（Kooiman，2000；王名、王春婷，2014；敬义嘉，2015；张圣、徐家良，2021）。而在组织层面上，每一对政社关系面对的微观生态错综复杂，在互动和博弈中，双方采用各种策略试图在关系中居于更有利的位置，这些策略最后集中体现于双方相对权力的变化（朱健刚、陈安娜，2013；徐盈艳、黎熙元，2018；陈天祥、郑佳斯，2016）。

因此，本研究引入组织间权力理论，以此来解释在培育模式影响下组织层面上的政社关系发展机制。

在管理学对组织间关系的相关研究中，如何运用组织间的权力是其中的核心研究议题之一，对组织间权力的研究最早始于资源依赖理论，在后续的研究中，已有文献以单个组织之间、集团之间或组织网络之间的权力关系为分析对象，主要关注其中的组织间权力的运行机制、权力的性质和使用目的、如何获得组织间权力等问题（Huxham & Beech，2008）。组织间权力是指影响、控制和抵抗关系中另一方行为的能力；组织间权力是组织间实现控制的手段，以使关系中另一方的行为和结果符合自身的意图，也是达成组织合作目标的重要工具（Huxham & Beech，2008）。在组织层面上的政府与社会组织关系中，政府对社会组织的控制需要通过运用组织间权力来达成；同样地，实现理想的合作关系也需要相对平衡的组织间权力结构（Lister，2000）。

与国家社会间权力分析的宏观视角不同的是，在微观的组织间关系层面，政府和社会组织的权力结构可能更为动态和复杂，其中一个重要的原因在于组织间权力来源的多样化。组织间权力的相关研究认为，权力隐含于依赖，可通过调整组织间相互依赖的程度而重新设定；也可由权力拥有方通过赋权的方式使相对弱势方在不平等的权力结构中获得一定的主动权；组织间权力有多种来源，主要包括资源、合作的相对重要性以及组织在网络中的结构因素等（Emerson，1962；Huxham & Beech，2008）。

组织间权力来源的分析视角为本书探讨政府培育模式对政社关系特征的影响机制带来了新的分析路径。以往大多数的政社关系研究文献隐含了一个分析前提，即政府在政社关系中总是处于主导地位。而当采用组织间权力来源的视角分析政社关系时，我们可以发现，在微观的组织间层次上，由于组织间权力有多种来源，政府在政社关系中不一定总是权力优势方。随着政府培育政策的实施和社会组织自身的成长发展，社会组织同样也可凭借不同的组织间权力来源在两者的合作中具有相对优势的地位，从而影响政府与社会组织关系的发展特征。具体而言，在每一对政社关系中，拥有更多组织间权力来源的一方将在双方关系中拥有更多的组织间权力，从而处于相对优势方；同时，相对弱势方也可通过改变组织间权力来源来调整与权力强势方的关系，从而在双方的互动中获得更多的主动权。

因而，在研究政府培育模式影响政社关系特征的作用机制时，本书将组织间权力来源纳入分析框架。本书将考察当社会组织拥有不同水平的组织间权力来源时，培育模式对政社关系特征的影响程度是否会发生改变，从而探究其中是否存在调节效应。接下来，本书将进一步探讨在政府与社会组织的关系中存在哪几种组织间权力来源，然后提出本书从组织间权力来源的视角解释政府培育模式影响政社关系特征的作用机制的各个假设。

（二）组织间权力的主要来源

Huxham 和 Beech（2008）归纳了已有文献所提出的三种组织间权力来源：资源、合作的相对重要性以及组织在网络中的结构因素。具体来讲，组织间的权力可能源自对对方所拥有的资源的不均衡需求，例如资金、专业性或信息等；也可能源自这种关系对各自而言的相对重要程度的差异：如果这种关系对某一方的发展没那么重要，则该组织会处在关系中较强的位置；同时，组织在网络结构中的相对位置也是组织间权力的一种来源，如某一方拥有正式权威，处于环境中组织网络的核心位置，或通过与其他组织建立联盟的方式调整组织间权力[1]（Huxham & Beech，2008；Pfeffer & Salancik，2003；Emerson，1962；Domberger，1998；Casciaro & Piskorski，2005）。基于组织间权力来源的已有研究，结合政府与社会组织关系的具体情境和相关研究文献，本书将政府与社会组织关系中的组

---

[1] 本书主要关注社会组织一侧的组织间权力来源，后文中将政府对社会组织可能拥有的正式权威作为控制变量。

织间权力来源归纳为以下三个相对应的因素：资源依赖、合作专有性与政治关联。

首先是资源依赖。资源依赖是已有研究所识别的最主要的组织间权力来源（Pfeffer & Salancik，2003；Huxham & Beech，2008）。在本书的研究中，资源依赖指社会组织与政府在多大程度上依赖对方所拥有的资源。资源依赖对政府和社会组织之间权力结构的影响是指由于社会组织与政府对彼此所拥有资源的不均衡需求而产生的组织间权力。现有研究在讨论政府和社会组织间的资源依赖时，通常采用狭义上的概念，指双方在资金上的依赖关系，大多用政府收入占社会组织收入的程度来衡量社会组织对政府的资源依赖水平（De Corte & Verschuere，2014；Dong & Lu，2021）。

已有研究表明，资源依赖会产生外部约束，组织间权力产生于一个组织对其他组织不均衡的资源依赖，从而使该组织的行为受到约束；在政府与社会组织的关系中，如果社会组织对政府的资源依赖水平越高，则社会组织拥有的组织间权力便会越小。根据资源依赖理论，这种情况下的社会组织会更容易受到政府的控制（Pfeffer & Salancik，2003；Verschuere & De Corte，2014）。资源依赖会使社会组织在收入、政策倡导、理事会成员的选举和服务对象的选择等方面受到政府的约束和干预（Verschuere & De Corte，2014；Jung & Moon，2007；Mosley，2012；Guo，2007）。因此，当社会组织所处的资源依赖水平不同时，培育模式对政社关系的影响程度将会发生变化。

其次是合作专有性。组织间权力的相关研究表明，合作关系对合作各方而言的相对重要性差异是组织间权力的另一个重要来源。借鉴经济学中对资产专有性的定义，本书将此归纳为合作专有性，用来衡量政社之间建立的合作关系对双方的重要性程度差异（Tadelis & Williamson，2012）。在政社关系的情境中，合作专有性指社会组织专门为某一特定的政府部门服务的程度。合作专有性程度越高，意味着该合作关系对社会组织越重要，则社会组织越不可能找到其他可替代的合作伙伴。如果合作关系对某一方而言并没有像对另一方那样重要，或者该组织拥有其他可替代的合作对象，则双方在对合作关系的需求上存在不对称性的依赖，那么该组织将在双方关系中拥有更多的组织间权力（Yan & Gray，1994；Huxham & Beech，2008；Casciaro & Piskorski，2005）。合作专有性衡量的是政府和社会组织对双方关系需求的不对称性程度，反映了该关系在双方达成自身组织战略目标重要性上的差异。

合作专有性在实践中对政社关系特征有重要的影响。本研究在案例观察中发现，在一些由社会力量发起的社会组织与政府建立的项目合作关系中，由于该合作对社会组织实现组织使命很重要，或者为社会组织提供了进一步拓展发展空间的机会，即便政府提供的资金很少、要求很多，社会组织也特别看重该合作，愿意在合作中对政府的各种要求妥协。该合作关系对社会组织来讲是特定的、不可替代的。① 相反，这个合作对政府则没那么重要，政府随时可以找到其他的合作对象替代该社会组织。同样地，对于一些具有政府背景的社会组织，也在与政府合作的过程中受到合作专有性的影响。本研究在案例访谈中发现，这些组织特定地服务于某一政府部门，即便该组织通过社会筹资的方式在资金上不再以该政府部门为核心，但该部门的业务仍然对社会组织具有举足轻重的作用。②

最后是政治关联。上述组织间权力的相关研究已表明，组织间权力的第三大来源是组织在网络结构中的相对位置，包括正式权威、组织在网络中的位置或与其他组织建立联盟等方式。本书关注的主要是社会组织这一侧所拥有的组织间权力来源，对于实践中的社会组织而言，与政府部门建立关系是其调整与政府权力结构的重要方式。因而本书将网络中的其他因素作为控制变量，重点关注社会组织与政府部门所建立的关系对调整其与政府权力结构的影响，已有研究也将此称为政治关联。政治关联是指社会组织与政府具有正式或非正式关系，包括社会组织的核心成员曾任或现任某些参政议政职位，具有以往政府工作经历，或与某些政府部门间有非常稳固的非正式关系（Faccio，2006；宋程成等，2013；陈文津，2021）。当社会组织的理事会成员与政府官员有或者曾有过较强的非正式关系时，社会组织将在与某一政府部门的关系中具有显著不同的组织间权力地位。在某种程度上，政治关联水平代表了该社会组织能够抵抗来自某一政府部门约束的政治资本。

政治关联可能在培育模式影响政社关系的过程中有重要作用。一方面，政治

---

① 参见访谈案例：YZSY，访谈资料：T20190620_SY。
② 参见访谈案例：HBFE，访谈资料：T20180911_HBFE。

关联可以调整政社之间的权力结构。一个组织可能通过建立组织间链接、联盟的方式调整它所处的组织间权力关系；对于政社关系而言，社会组织通过建立多种政治关联能够调整它在政社关系中不平衡的权力地位，从而修正与某一政府部门之间的权力关系，以更好地适应多变的环境，促进其自身发展（宋程成等，2013；Mcloughlin，2011；Yan & Chang，2018）。另一方面，已有研究表明，如果社会组织的创建者曾在党政系统中工作过，会影响该组织对政府的态度以及如何看待与政府的关系，该组织更容易与政府建立合作关系（Dong & Lu，2021；Hsu & Jiang，2015；Gleiss & Sæther，2017）。

同时需要强调的是，政治关联对政社关系的控制特征可能具有双重作用，这可能与社会组织拥有的政治关联结构有关。有文献提出，当组织与强势政府建立关联时，也有可能会受到该政府的控制从而降低组织的自主性（Selznick，1949）。在政社关系中，当社会组织的政治关联集中于它主要合作的某个政府部门时，政治关联可能会使政府的控制增强；与之不同的是，当社会组织在该政府部门之外拥有更多的政治关联时，政治关联可能更多地能够削弱来自该部门的控制（Song et al.，2015；Mcloughlin，2011；Yan & Chang，2018；Zaheer et al.，2010）。

（三）研究假设：组织间权力来源的作用机制

在以上分析的基础上，本书将探讨组织间权力来源的三个因素在培育模式影响政社关系特征的过程中可能存在的调节效应。当自变量对因变量的影响取决于另一个变量的取值时，则该变量对自变量和因变量之间的关系存在调节作用（杰卡德、图里西，2016）。调节变量可能会影响自变量与因变量之间关系的方向或强弱（温忠麟等，2012）。如果组织间权力来源存在调节效应，那么在不同水平的组织间权力来源作用下，培育模式对政社关系特征的影响程度会发生改变。本书认为，随着政府向社会组织赋权以及社会组织自身的成长发展，社会组织所拥有的权力要素可能会发生变化，在这个过程中可能会逐步掌握更多的权力来源；社会组织可以凭借不同的组织间权力来源提升自身对政策环境的适应能力，改善和政府的相对权力地位，在双方的互动中获得更多的主动权，进而改变政府培育模式对政社关系发展的影响程度。

　　首先，由前文的分析可知，组织间权力有三种主要的来源，它们对组织间权力大小的影响有所不同。具体来讲，在政府与社会组织关系中，如果社会组织对政府的资源依赖水平越高，则社会组织拥有的组织间权力越小；社会组织对政府的合作专有性水平越高，则组织间权力越小；社会组织的政治关联水平越高，则组织间权力越大。因此，当社会组织对政府的资源依赖水平越低、对政府的合作专有性水平越低，同时其政治关联水平越高时，社会组织将在其与政府的关系中拥有更多的组织间权力。

　　其次，当社会组织由于资源依赖、合作专有性和政治关联等因素而拥有不同水平的组织间权力时，培育模式对政社关系特征的影响强度会发生改变，这种影响主要体现在两方面。

　　一方面，在与政府建立关系的社会组织中，拥有更高水平组织间权力的社会组织会占据更多的比例。当培育模式的间接性程度发生相同幅度的提升时，相较组织间权力较低的社会组织，拥有更高水平组织间权力的社会组织能够凭借政治关联获得更多的政府资源和合作机会，从而克服直接培育模式中存在的资源配置行政化和参与机会开放性程度低带来的限制（Zhao et al.，2016；Dong & Lu，2021），因而在同等情况下，拥有更高组织间权力的社会组织更易与政府建立关系。

　　另一方面，在与政府的互动中，拥有更高水平组织间权力的社会组织将在关系中处于更有利的位置，其产生的效应可能能够抵消一部分因为培育模式的直接化而产生的行政干预力量，从而减少控制特征、增强合作特征。这类组织由于对政府的资源依赖水平更低，与政府的关系对它们来讲的相对重要性更低，同时它们的政治关联水平更高，它们将在关系中拥有更多的组织间权力，能够改善它们与政府之间不平衡的权力地位（Huxham & Beech，2008；Pfeffer & Salancik，2003；Yan & Gray，1994；宋程成等，2013；Mcloughlin，2011）。相较拥有组织间权力较少的社会组织，它们对政府管控的削弱程度会更大，同时也具有更强的博弈能力来争取合作项目中的决策权并维护自身组织的价值和利益。

　　因而，相较于组织间权力水平低的社会组织，高水平的社会组织能够使培育模式的间接性程度在发生相同幅度的提升时削弱更多的控制特征，并增强更多的合作决策相互性和互益性。因此，当社会组织拥有更高水平的组织间权力时，培育模式对政社关系特征的正向影响会增强。由此，本书得出以下研究假设：

H2：组织间权力来源对于培育模式影响政社关系具有调节效应。

接下来，本书将具体论述每一种组织间权力来源如何对培育模式影响政社关系特征的过程产生作用，提出对应的分假设。然后将组织间权力来源的三个因素带入培育模式中影响政社关系特征的每一条路径，进一步得出各个作用路径中变量间的关系。

首先是政治关联的影响。由上一节对政治关联已有研究的论述中可知，社会组织通过与政府建立政治关联，能够修正其与政府部门的不平衡权力关系，同时也会影响双方合作关系的建立。因此，当培育模式的间接性程度发生相同幅度的改变时，相较政治关联水平较低的社会组织，高政治关联的社会组织对多变的政策环境具有更强的适应力，能够减少资源配置行政化和参与机会开放性低对其发展可能带来的限制，更有可能与政府建立合作关系；同时也更有可能削弱来自政府部门的控制。故本书提出以下分假设：

H2-1：政治关联对培育模式影响政社关系具有调节效应。

相应地，在培育模式影响政社关系的各个路径中，将政治关联可能具备的调节效应展开，可以进一步得出每个路径所对应的研究假设。首先，在参与机会开放性对政社关系特征影响的三条路径中，我们可以得出以下细分假设：

H2-1a：政治关联水平越高，参与机会开放性对控制特征的影响越强；

H2-1b：政治关联水平越高，参与机会开放性对合作决策相互性的影响越强；

H2-1c：政治关联水平越高，参与机会开放性对合作互益性的影响越强。

同样地，在资源配置机制对政社关系特征的路径中，我们可以得出以下三个细分假设：

H2-1d：政治关联水平越高，资源配置机制对控制特征的影响越强；

H2-1e：政治关联水平越高，资源配置机制对合作决策相互性的影响越强；

H2-1f：政治关联水平越高，资源配置机制对合作互益性的影响越强。

其次是合作专有性的影响。上文已经指出，合作专有性越低，意味着和政府的这段关系在社会组织达成自身战略目标上的相对重要性程度更低，或者社会组织有其他可替代的合作对象，则社会组织在和政府的关系中拥有的组织间权力更多，更有可能削弱政府的控制，维护组织自身的利益。相反，合作专有性越高，和政府的这段关系对社会组织更加重要，则社会组织拥有的组织间权力更少，更有可能在关系中向政府妥协。因此，当培育模式的间接性程度发生相同幅度的提升时，相较合作专有性水平较高的社会组织，合作专有性水平较低的社会组织在与政府的关系中将处于更有利的地位，从而更多地削弱来自政府的控制，增强双方关系的合作决策相互性和互益性。由此，本书得出以下分假设：

H2-2：合作专有性对培育模式影响政社关系具有调节效应。

将合作专有性的调节效应在培育模式影响政社关系的各个作用路径中展开，可以进一步得出各个变量间的关系。首先，在参与机会开放性影响政社关系特征的三条作用路径中，我们可以得出以下细分假设：

H2-2a：合作专有性水平越低，参与机会开放性对控制特征的影响越强；

H2-2b：合作专有性水平越低，参与机会开放性对合作决策相互性的影响越强；

H2-2c：合作专有性水平越低，参与机会开放性对合作互益性的影响越强。

同样地，可以得出在资源配置机制影响政社关系特征的三条路径中相应的细分假设：

H2-2d：合作专有性水平越低，资源配置机制对控制特征的影响越强；

H2-2e：合作专有性水平越低，资源配置机制对合作决策相互性的影响越强；

H2-2f：合作专有性水平越低，资源配置机制对合作互益性的影响越强。

最后是资源依赖。由上文对已有研究的回顾可知，资源依赖会产生外部约束。在政社关系中，如果社会组织对政府的资源依赖水平越低，则社会组织拥有的组织间权力越大，越不容易受到政府的约束和干预。因而当培育模式的间接性程度发生相同幅度的提升时，相较于资源依赖水平较高的社会组织，拥有更低资源依赖水平的社会组织在政社关系中将会拥有更多的主动权，对政府行政介入的削弱程度会更大，在争取共同决策权和自身组织利益方面也会更有余地，从而能够更多地减少双方关系的控制特征，增强双方合作的决策相互性和互益性。因此，可得出以下分假设：

H2-3：资源依赖对培育模式影响政社关系特征具有调节效应。

同样地，具体展开资源依赖在培育模式影响政社关系的各个作用路径中的调节效应假设，首先可以得出参与机会开放性所对应的三个细分假设：

H2-3a：资源依赖水平越低，参与机会开放性对控制特征的影响越强；

H2-3b：资源依赖水平越低，参与机会开放性对合作决策相互性的影响越强；

H2-3c：资源依赖水平越低，参与机会开放性对合作互益性的影响越强。

然后，在资源配置机制所对应的三个路径中，我们可以得出以下相应的三个细分假设：

H2-3d：资源依赖水平越低，资源配置机制对控制特征的影响越强；

H2-3e：资源依赖水平越低，资源配置机制对合作决策相互性的影响越强；

H2-3f：资源依赖水平越低，资源配置机制对合作互益性的影响越强。

三、政府培育影响政社关系特征的综合分析框架

在上文中，本书根据提炼的培育模式的核心解释变量，提出了培育模式影响政社关系特征的主效应分析框架。在本节第二部分，本书引入组织间权力理论来解释培育模式对政社关系特征的作用机制，提出组织间权力来源可能在培育模式影响政社关系特征的过程中存在中介效应和调节效应。将组织间权力来源的三个因素加入后，我们可以得出包含培育模式主效应和作用机制的综合分析框架，如图 4-2 所示：

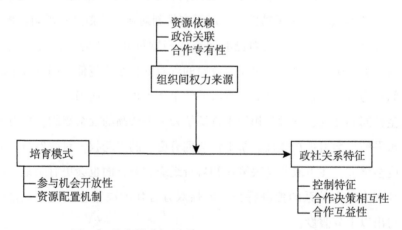

图 4-2　培育模式影响政社关系特征的综合分析框架

四、研究概念模型

在上文中，我们根据培育模式的两个核心维度——参与机会开放性和资源配置机制，提出了培育模式对政社关系影响的研究假设；然后引入组织间权力理论，提出政治关联、合作专有性和资源依赖三个组织间权力来源可能对培育模式影响政社关系的发展存在中介效应和调节效应，并给出了相应的研究假设。

综合以上讨论，可以得出本书的概念模型（见图4-3）。

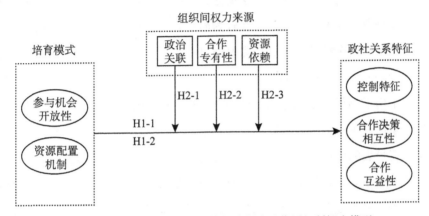

图 4-3　培育模式对政社关系特征的影响及作用机制概念模型

第四节　方法与数据

上一节提出了本章的分析框架和研究假设。从本节开始，研究将验证分析框架的解释力，对所提出的假设进行定量化检验。

本部分将给出后续定量化检验所使用的方法与数据，包括各变量的测量和数据采集方式、评估所采集的数据质量以及分析样本的代表性。

在本节中，研究首先将分析框架中的核心概念操作化，分别构建政府培育模式与政社关系特征的测量量表，同时给出组织间权力来源各个因素以及控制变量的测量指标。然后，研究将给出数据的采集方法，包括问卷的预测试、调查对象的选取方式和数据采集途径。随后，研究将对样本数据的质量进行评估，主要包括两部分内容：一是检验政府培育模式测量量表和政社关系特征测量量表的信度和效度；二是对样本进行描述性分析，以判断样本的代表性和研究结论的适用范围。

一、变量测量与量表设计

在定量研究中，为了获取各变量的数据，首先要对概念进行操作化。概念操作化过程的第一步是要确定某个抽象概念的不同维度和指标，然后转化为可测量的题项。在获取数据的过程中，一些较为简单客观的概念可通过设计指标获得数据，而对于一些复杂抽象的概念，需要通过一系列的判断和评价来测量，一般可通过设计量表的方式获取数据。

量表是用于测量复杂概念的一种测量工具，可以通过间接、定量的方式较为精确地度量研究中难以直接观察的抽象概念（袁方，2016）。在社会科学的研究中，李克特量表的应用范围较广，所获得的数据可被视同为连续变量。本研究采取李克特七点量表来设计量表。在本研究中，政府的培育模式与政社关系特征这两大核心概念较为复杂和抽象，无法直接测量，本研究首先分别设计了它们的测量量表。

（一）政府培育模式的指标构建

量表设计过程较为复杂，需要经过科学、严谨的评价流程，才能保证测量的效度和信度。一般来讲，如果所研究的概念已经有前人设计了较为成熟的量表，应该优先采用已有量表。然而，当前仍未有研究对政府的培育模式进行定量化测量，也未见以定量的方式检验政府不同培育模式对政社关系特征的影响。已有的政府培育模式相关实证研究以案例分析为主，有少数研究用问卷调查的方式研究政府培育政策或政府购买服务项目，如测量社会组织对政府培育政策的满意度、分析哪些社会组织更容易承接政府购买服务项目（如竺乾威、朱春奎，2016；管兵，2016）。这些研究为培育模式的测量提供了一些线索，但仍主要以描述性分析为主，缺少对政府培育模式的系统化测量。

为了保证量表的效度和信度，本研究采取以下措施开发培育模式的测量量表。首先，在上文分析的基础上，优先采用已有文献提及的测量指标来度量所识别的培育模式两个维度；然后，通过与理论和实务界多位专家深度访谈的方式，征求其对测量指标的意见。在量表初稿形成后，本研究也通过预调查的方式再次向专家征求量表的修改意见，并以定量统计的方式检验了量表的信度和效度。

前文从社会组织方的视角切入，已经给出了微观层面上对政府培育模式的定义。将概念的研究层次降低后，本研究能够通过调查社会组织来获得社会组织所处的培育模式特征。在此基础上，本部分将培育模式的概念操作化，通过测量培育模式的两个核心维度——资源配置机制和参与机会的开放性，来测量培育模式的直接化程度。接下来，将分别论述两个维度的测量和指标选取。

1. 资源配置机制的指标构建

首先是构建培育模式的资源配置机制维度的测量指标。在当前的政府培育资源分配方式中，已有研究较多根据竞争性程度将资源配置机制划分为竞争性机制和低竞争的行政机制。有研究采用"每一个政府购买服务项目的竞标机构数量"来测量政府购买服务项目的竞争性程度（管兵，2016）。这种测量方式较为直接明晰，能够在某种程度上反映竞争性程度，但存在两个问题。

一个是该指标在当前的政策环境下已经很难具有区分度，主要原因是因为政府购买服务项目在经过多年的制度化和规范化后，已经在形式意义上基本采用了公开招投标的方式。另一个问题是，一些地方政府的购买服务项目虽然采用了招投标的形式，保证了每一个项目都有多个竞标单位，但其实质上仍然是政府以行政机制来确定承接对象。

因而以程序上是否具有竞争性作为判断资源配置机制的标准，将很难在本质上区分出两种资源配置机制的类型。

基于此，本研究对资源配置机制的测量并不以程序意义上是否采取竞争和招投标的方式为依据。本研究提炼了资源配置行政化的三个核心特征，然后由社会组织来评价其在什么条件下更能够获得政府培育资源，以此作为测量资源配置机

139

制的标准。本研究对资源配置机制的测量选取以下四个指标：有政府背景的社会组织是否更易获得政府项目；政府项目是通过竞争确定还是政府根据自己的偏好确定；在获取政府项目的竞争中，与政府关系密切是否比实力更重要；政府项目是否有特定的合作对象。

2. 参与机会开放性的指标构建

虽然已有文献较为关注参与机会开放性对社会组织成长发展的重要作用（敬义嘉，2011；黄晓春、周黎安，2017；黄晓春、嵇欣，2014），但与资源配置机制不同，目前仍缺少对培育模式中参与机会开放性的定量研究。少数研究从政策评估的视角考察了培育政策的实施情况，会比较零星地涉及一点相关内容，如评价培育政策执行的公开性和享受政策的难易程度（朱纯，2019），但这些研究并不以参与机会的开放性为主要分析内容。本研究主要以概念分析和案例访谈的方式提炼测量指标。

参与机会开放性主要评价政府培育所提供的参与空间和合作机会是否对社会组织同等开放。首先，培育资源的信息发布是其中的一个重要指标。在案例访谈中，不止一家社会组织提到政府信息发布的重要性。正如上文所述，一些草根社会组织在成长发展中没有畅通的渠道可以接触政府的项目，甚至都不知道有什么项目。在访谈中也有实务界的专家提到信息渠道的问题。在他们看来，政府的项目经常是"急不可待"的，由于相互不了解以及无法估计可能的试错成本，以结果为导向的政府部门经常会找熟悉的社会组织，社会组织如何获得培育资源信息、政府以什么方式发布信息是其中的两个关键节点。笔者在访谈中也发现，甚至对于一些行业内顶尖的支持型社会组织来讲，在跨区域承接政府项目时也存在参与空间开放性不足的问题。

本研究将培育资源信息发布是否及时准确作为测量参与机会开放性的一个指标。除此以外，本研究同样根据案例分析设计了测量现有的培育资源的开放性程度、增量上的合作机会的开放性程度两类指标。

最后，经过征求意见和修改，本研究总共形成了三个测量参与机会开放性的指标：培育资源信息发布是否及时准确；政府所提供的培育资源在多大程度上对所有社会组织同等开放；出现新社会问题时是否有同等的机会去和政府合作。

综合以上分析，培育模式的初始测量量表如表4-2所示：

表 4-2　　　　　　　**培育模式的初始测量指标体系**

维度	指　　标	指标来源和依据文献
资源配置机制	1. 有政府背景的社会组织是否更容易获得政府项目	Lu，2015；管兵，2015
	2. 有一些政府的项目由谁来做，与其说是通过竞争确定的，不如说是政府以自己的偏好确定的	根据访谈设计
	3. 在获取政府项目的竞争中，与政府关系密切是否比实力更重要	黄晓春、周黎安，2017；管兵，2016；Zhao et al.，2016
	4. 很多情况下，政府的项目有它特定的合作对象	根据访谈设计
参与机会开放性	1. 政府在提供各种培育资源时的信息发布是及时准确的	根据访谈设计
	2. 政府所提供的培育资源在多大程度上对所有社会组织同等开放	敬义嘉，2011；黄晓春、周黎安，2017；黄晓春、嵇欣，2014
	3. 当出现新的社会问题需要政社双方共同解决时，我们组织有同等的机会去和政府合作	敬义嘉，2011；黄晓春、周黎安，2017；黄晓春、嵇欣，2014

（二）政府与社会组织关系特征的指标构建

相对于培育模式，现有研究对政府与社会组织关系的量化研究更为成熟，这为本研究的量表设计提供了较为充分的文献依据。本部分将在已有定量研究文献的基础上构建测量政社关系特征的指标体系。

1. 政府和社会组织的合作特征测量

现有研究对政社合作关系的定量研究涉及议题较广，分别从政府和社会组织合作的绩效（如合作的效率和有效性）、合作的范围、合作的可持续性、合作动机以及双方对政社合作的态度（如是否应该合作、合作能够带来的优势和合作的主要阻碍等）等多个维度对政社合作进行了测量和描述（Gazley，2008；Gazley，2010；Peng et al.，2020；McGiverin-Bohan et al.，2016；De Corte & Verschuere，2014；史传林，2015；邓志锋，2018；黄颖轩，2019）。还有一些研究探讨政府和社会组织在合作中的相互影响，如什么条件下社会组织更易获得与政府的合作机会（包括社会组织与政府双方的因素、外部环境因素影响），政府资金对社会组织项目实施的影响，政府方的嵌入、政府方的资金资助对社会组织筹资的影响等（Dong & Lu，2021；Guo，2007；Gazley，2007；陈天祥、何红烨，2016）。但这些对政社合作关系的量化研究较少涉及政社合作性质的测量，如政社合作在多大程度上属于相对理想的合作伙伴关系，或是政府单方面控制的关系。

　　Brinkerhoff 在其研究中提出理想合作关系的概念模型和相应维度后，进一步提出了测量相互性和组织身份的指标，用来衡量组织间达成理想合作关系的程度，并在其最新的研究中将该测量指标体系用于政府和社会组织合作项目的评估，这为本书的测量提供了相对完整的测量依据（Brinkerhoff，2002a；Brinkerhoff，2002b；Brinkerhoff & Brinkerhoff，2021）。在本书的导论部分，本研究也采用了其提出的理想合作关系模型，将政府和社会组织的合作特征进一步总结为决策相互性和互益性两个特征。在采用已有测量指标体系之前应仔细评估该测量指标体系的应用情境，以判断其是否可用于自身的研究（徐云杰，2011）。然而，经评估后，本书认为这些文献所提出的测量指标细节并不太适用于中国的政社关系研究。

　　有研究同样在该分析框架的基础上设计了测量合作相互性的指标，相对而言其更适用于本研究的情境（Nolte & Boenigk，2013）。因此，本研究在该文献基础上，结合中国社会组织与政府合作的实际情况以及本书对合作决策相互性的界定，提出测量合作决策相互性的以下指标：合作项目中的大多数决策是否完全由政府决定，合作目标是否以共同的需求制定，当政府希望改变服务类型或更改服务对象时是否会按政府的要求去做。

　　合作特征的另一个维度为合作互益性，即社会组织在与政府的合作中是否坚持自身的价值使命、维护组织自身的利益。首先，在合作互益性的组织价值使命方面，本研究参考了已有文献对社会组织使命偏移的测量方法来设计指标。使命偏移指组织的时间、经历和资金与其初始的使命相分离，经常由资助者对该组织的项目或服务施加影响而产生（Hersberger-Langloh et al.，2021）。因此，本研究提出测量互益性的第一个指标：社会组织在执行政府部门合作项目时，实际中所做的事在多大程度上与使命和价值相关。其次，社会组织对自身利益的维护主要体现在两方面：一方面是社会组织在合作中的付出与收益的平衡性，本书采用已有文献对合作中分配的公平性作为测量指标（Peng et al.，2020）；另一方面是责任的承担，本书采用该指标来测量：在合作出问题时双方是否共同承担责任。

2. 政府和社会组织的控制特征测量

在政府对社会组织控制的定量研究中，一类文献有论及政府对社会组织财务和项目的控制，但它们所讨论的控制实为组织间为确保共同目标的实现而采取的协调行动的一种机制（Gazley，2008；Gazley，2010；De Corte & Verschuere，2014）。

另一类研究的测量与本书对政府控制特征的定义接近。如有研究关注在跨部门合作中组织对决策权的控制，即是否在合作中拥有或失去决策权，这种决策权主要体现在重大决策和日常活动决策两方面（Selsky & Parker，2005；吕纳，2013；张圣、徐家良，2021）。也有研究测量了政府对是否应该控制社会组织的态度，测量包括 3 个方面：是否应该控制社会组织对政府资金的使用，是否应该影响社会组织行为，以及社会组织是否应该为获取政府资金而按政府的需求改变其自身行为（McGiverin-Bohan et al.，2016）。这些研究为本书的测量提供了一部分的依据。

还有一类研究通过让调研对象从总体上判断其所感知到的政府管制的程度或者其处理政府管制所花费的时间来测量政府的管控水平（游玎怡等，2020；张峰等，2016；才国伟等，2010）。但对政府实际管控的感知程度会因为被调对政府管控的接受程度不同而产生变化，从而影响测量结果，相对而言，从人、财、决策权等较为客观的指标来测量更为可靠。

最后，康晓光和韩恒在其文中提出描述政府对社会组织管控的五个变量：政府对社会组织注册成立的态度、是否及如何设置社会组织的业务主管单位、对社会组织治理结构的控制、对经费和人力资源的控制以及对社会组织日常活动的控制（康晓光、韩恒，2005）。该文提出的变量除了前两个变量不太适用于当前的情境外，其余三个变量较为适用于本书的研究，因而本书也采用了该文献作为指标设计的依据。

在以上文献的基础上，本研究拟订了测量指标，经征求意见和修改后，本研究采用以下几个指标测量政社合作的控制特征：政府是否经常影响社会组织的年度工作计划或战略规划，政府是否经常布置合同之外的任务，对政府资金的使用是否需要审批或报备，社会组织的人事任免是否需要向政府审批、报备或协商确定。

综合以上分析，本研究得出了政府与社会组织关系特征的初始测量量表（见表 4-3）。

表 4-3　　　　　　政府与社会组织关系特征的初始测量指标体系

维度	指　　标	指标来源和依据文献
控制特征	1. 政府部门经常影响我们组织的年度工作计划或战略规划	Selsky & Parker, 2005；吕纳, 2013
	2. 政府部门经常给我们组织布置项目合同之外的任务	康晓光、韩恒, 2005；张圣、徐家良, 2021；吕纳, 2013
	3. 拿到政府的项目后，政府资助的钱怎么用要向上级领导审批或报备	McGiverin-Bohan et al., 2016；康晓光、韩恒, 2005
	4. 我们组织的人事任免需要向政府部门领导审批、报备或协商确定	康晓光、韩恒, 2005；黄晓春、周黎安, 2017；张圣、徐家良, 2021
合作决策相互性	1. 合作项目中的大多数决策完全由政府决定	Nolte & Boenigk, 2013
	2. 合作项目的目标以政府部门的需求为核心制定，我们组织被考虑得较少	Brinkerhoff, 2002a；Brinkerhoff, 2002b；Nolte & Boenigk, 2013；黄晓春、周黎安, 2017
	3. 当政府希望改变服务类型或更改服务对象时会按它的要求去做	Brinkerhoff, 2002a；Brinkerhoff, 2002b

维度	指　　标	指标来源和依据文献
合作 互益性	1. 在与政府的合作中，我们组织的付出与获得的收益是公平的	Peng et al.，2020
	2. 如果合作中发生意料之外的问题，政府部门会与我们组织共同承担责任	Nolte & Boenigk；2013
	3. 在执行政府部门合作项目时，实际中组织所做的事情在多大程度上与组织的使命和价值相关	Brinkerhoff，2002a；Brinkerhoff，2002b；黄晓春、周黎安，2017；Hersberger-Langloh et al.，2021

（三）组织间权力来源的测量

与培育模式和政社关系特征两个概念相比，资源依赖、政治关联和合作专有性等概念的测量较为直接。在回顾已有文献对概念的界定和测量的基础上，本研究采取以下方式测量组织间权力来源的三个概念。

首先，本书的资源依赖是指社会组织在多大程度上依赖政府提供的资金。由于政府资助对社会组织发展的重要影响，国内外有许多研究评估了资源依赖的各种效应（Verschuere & De Corte，2014；Jung & Moon，2007；Mosley，2012；Guo，2007），相关研究比较成熟。本研究采用已有研究的通常做法，主要通过政府资金在社会组织收入中的占比来测量社会组织的资源依赖水平（Verschuere & De Corte，2014；Peng et al.，2020；Dong & Lu，2021）。有研究将政府资金在社会组织收入中的占比是否超过 50% 作为判断社会组织在资源上是否依赖政府的标准，或者将资源依赖水平按 10% 和 50% 两个节点划分为资源依赖水平低、资源依赖水平较高和资源依赖水平高三档（Verschuere & De Corte，2014；De Corte & Verschuere，2014）。考虑到数据分析需要以及填写的难易性，本研究将题项设置为 10 点等距变量来测量资源依赖水平。

其次，政治关联是指社会组织与政府具有的正式或非正式关系（Faccio，2010；陈文津，2021），包括社会组织的核心成员是否曾任或现任某些参政议政职位，或具有以往政府工作经历，或与某些政府部门间有非常稳固的非正式关系。在以往文献的研究中，政治关联的测量类型通常为分类变量或定序变量（衣凤鹏、徐二明，2014；李诗田、邱伟年，2015；张铂晨等，2022；曹畅、余福海，2020；李小青等，2020），而本研究由于要构建结构方程模型，应将变量测量类型设计为连续变量。另外，有研究按理事会成员中具有党政机关工作经验的百分比来测量政治关联（Dong & Lu，2021），但本研究在实证调研中发现，一些街道、区级的社会组织虽然具有党政机关工作经验的百分比高，但通常级别都较低；而一些社会组织虽然占比低，但个别理事会成员的参政议政级别比较高，如担任市级及以上级别的人大代表、政协委员。因而以党政机关工作经验百分比的测量方式可能存在一定的误差，不适用于本研究。也有研究综合采用与政府的正式联系和非正式联系，用与政府具有的良好关系的程度来测量政治关联，变量类型为连续变量（王雪冬等，2022）。

综合以上观点，本研究采用王雪冬等人的测量方法。本研究认为，如果社会组织的核心成员具有参政议政的经历、有政府部门工作经历或与政府有稳固的非正式关系，则该社会组织与政府部门的关系会比较密切。因而本研究以理事会及其他核心成员与政府部门关系的密切程度来测量政治关联水平（王雪冬等，2022）。

最后，合作专有性指政府与社会组织的合作关系对双方重要性程度的差异（Huxham & Beech，2008）。如果合作关系对某一方的发展相对于另一方而言没那么重要，则政府与社会组织之间在对合作关系的需求上存在不对称性的依赖，反映合作关系对双方达成组织战略目标重要性的差异。相对其他两个概念，现有文献对合作专有性的研究较少，更缺少对它的定量研究。本研究通过测量社会组织是否容易找到其他的合作伙伴来替代该政府部门来测量合作专有性。

综合以上分析，本书对组织间权力来源三个变量的测量指标如表4-4所示：

表4-4　　　　　　　　　组织间权力来源测量指标

变量	指　　标	指标来源和依据文献
资源依赖	近一年来，来自政府的全部收入占社会组织总收入的比例	Verschuere & De Corte，2014；De Corte & Verschuere，2014；Dong & Lu，2021；

续表

变量	指标	指标来源和依据文献
政治关联	社会组织的核心成员（如理事会成员、组织负责人等）与政府部门关系的密切程度	Faccio，2010；王雪冬等，2022
合作专有性	如果不与该政府部门合作，我们组织很容易找到其他的合作伙伴来替代该政府部门	Huxham & Beech，2008

二、数据采集

本研究的定量分析部分主要使用问卷调查来采集数据。问卷作为收集资料的工具，具有效率高、匿名性好、相对客观和便于定量分析等优点（风笑天，2014）。在本研究中，问卷的主体内容主要由三部分构成。

首先是社会组织的基本信息。其中社会组织的成立背景、注册类型、所在地、服务领域和组织规模等变量主要用于样本的描述性分析；社会组织的评估等级、组织规模、被调的工作年限和职务主要作为控制变量或用作样本筛选的依据；同时在该部分也搜集了组织间权力来源的资源依赖和政治关联水平等变量。问卷的第二部分主要调查了政府培育政策的实施情况，包括获得培育政策支持的时间、累计年限和政府培育政策的作用等控制变量；同时采用所设计的量表搜集了与培育模式特征相关的数据。问卷的第三部分主要调查政府和社会组织的关系特征，其内容由两部分构成，首先是获得与社会组织合作最多的政府部门的基本信息，包括政府层级、是否同时是业务主管单位等，然后使用设计的量表搜集了社会组织与该政府部门在合作中的关系特征等数据。

在问卷初稿完成后，本研究通过预测试对问卷进行了修改，然后确定了问卷发放的对象，完成数据的采集。

（一）问卷预测试

在案例访谈分析和文献分析的基础上，本书构建了政府培育模式与政社关系特征两个变量的测量指标体系。为了保证量表的可信度和有效性，本书在正式调查前通过专家评审法、与被调查的社会组织代表进行焦点小组讨论等方式对问卷进行了前测和修改，检验了变量维度和指标设计的合理性，同时识别了问卷初稿中有无存在模糊或令人困惑的问题和导语，以提高问卷的效度和信度（徐云杰，2011）。

首先，研究邀请了 3 名经验丰富的专家对问卷进行了详细的评阅，重点从理论分析的角度评估概念、维度和指标的内在逻辑。其次，本书邀请了在社会组织领域从业时间均在 10 年以上的 3 位实务工作者，讨论了量表中各个题项设计的合理性。

在对问卷的意见征集过程中，本书重点讨论了以下几个问题：

（1）测量题项的表述是否明晰、措辞是否妥当，指导语是否明确；

（2）被调对于问题的理解，是否与本书设计的含义一致；

（3）测量题项设计的难易程度与合理性：是否好回答，所设计的题项能否获得被调的真实想法；

（4）对于问题选项的设计是否有疑问、修改和补充。

在访谈的最后，本研究向受访者给出了测量的概念、维度和指标，询问受访者对变量测量的合理性方面的看法，征集了受访者对调查要测量的内容有哪些理解、经验和感受。随后，本研究以此为依据，对问卷的题项作了进一步的补充和完善。

（二）调查对象的选取

本书主要从微观的组织间关系层面研究政府培育模式对政社关系特征的影响。"政府"和"社会组织"两个概念本身含义丰富，前者涵盖了从国家到地方的各个层级和多个职能的政府部门，后者包括了多种类型的社会组织。当在组织间关系的层面上对政社关系进行实证研究时，必须首先清楚地界定调查对象及其范围。

1. 社会组织

本书所研究的"政社关系"，指在政府培育和支持政策作用范围下的政社关系，因而选取的社会组织是政府重点支持发展的、在民政部门有登记备案的各类社会组织。纳入调研的社会组织至少须具有以下经历中的一项：参与政府购买服务、公益创投等项目，承接政府职能转移，入驻孵化基地，与政府共同组建机构，或与政府有其他形式的合作经历。

2. 政府

本研究所指的"政府"为广义上的政府，指这些社会组织在获得政府培育资源、与政府开展业务合作时所接触的各级政府部门、基层的政府派出机构及具有公权力性质的各类群团组织（如妇联、残联、共青团等）。

在对政社关系的已有研究中，通常它们所指的"政府"是一个加总的概念，并没有区分具体的政府部门（Gazley，2008；Lu，2015；Ihm & Shumate，2019；Dong & Lu，2021）。在一些以一对一的政社关系为分析对象的定量研究中，其研究所指的"政府"一般为被调研的组织最近合作最多的政府部门（Peng et al.，2020）。

本研究的分析对象同样也是一对一的政府关系，在调研时必须明确其中所指的政府是指社会组织所接触的哪个政府部门。鉴于已有研究的经验，本研究所指的政府是与被调查的社会组织合作最多的政府部门（Peng et al.，2020）。

3. 政府与社会组织关系的数据获取方式

本书以政社关系作为研究对象，需要明确如何获得政社关系的相关数据。已有文献指出，在判断组织间的关系特征时，一般采用弱势一方所判断的关系类型作为两者关系的判断依据（Brinkerhoff，2002b）。基于此，同时结合研究的可行性，本研究在数据采集方式上选择通过调查社会组织的方式获得数据。

4. 样本筛选方式

为了使政府培育模式对政社关系的效应能够充分展现，本研究在样本筛选中采取了两方面的处理措施。一方面，按照因果关系的时间序列逻辑，在研究政府培育模式对政社关系特征的影响时，政府的培育行为应发生在前。因而本研究搜集了社会组织最早获得政府培育政策支持的时间，以及被调研的政社合作关系的起始时间，确保在纳入分析的样本中，政府的培育行为发生在前。

另一方面，研究在样本选取时去掉了以下几类组织。第一，去除了政府购买服务政策实施前的样本。我国政府购买服务最早始于上海，其在1998年首次进行了养老服务委托，并在2000年逐步扩大了政府购买服务的试点工作，随后，南京、无锡、深圳、宁波等地逐步推出并不断扩大购买服务规模（王浦劬、萨拉蒙，2010）。在 2012 年，民政部和财政部出台《关于政府购买社会工作服务的指导意见》，同时启动了"中央财政支持社会组织参与社会服务示范项目"，意味着购买服务正式在国家层面上成为我国政府支持社会组织发展的主要政策之一。因而，在政策实施前成立并已发展成熟的社会组织不属于本书的研究对象。第二，去除了不适用于分析政府培育模式效应的几类组织。第一类组织是在 2012 年之前成立、由民间自发产生、发展已经很成熟的社会组织培育主体，如恩派、映绿等社会组织。这类组织发展较早，在政府推行社会组织培育政策时，其本身就是探索创新社会组织发展模式的先行者，是与政府培育主体并行的促进社会组织发展的重要力量，其创立、成长和发展虽然在政府支持政策的大环境下，但政府的培育效应并不显著。第二类是由企业发起、完全以企业支持为主而发展的社会组织，这些组织本身与政府的关系较远，互动较少。第三类是具有高校背景的各类研究型的智库和社工机构。这些社会组织在发展中更多地依托高校教师的专业知识和网络，政府培育模式的效应相对较弱。

5. 数据采集情况

在确定样本选取的范围后，调查问卷于 2022 年 8 月通过问卷星平台发布，以两种途径发放。首先，本研究以滚雪球的方式向社会组织发放问卷。调查问卷通过上海、北京、宁波、成都、武汉、杭州和苏州等地的社会组织服务中心、社会组织发展促进会、社会组织公益园和孵化基地等支持型社会组织，发放至它们所在的各类社会组织微信群、QQ 群。

其次，为了获得范围更广的社会组织群体样本，本书采用 Dong 和 Lu（2021）的调查方式进行了问卷的邮件调查。"中国发展简报"创立于 1996 年，于 2017 年 3 月注册为北京益行公益信息交流服务中心，以促进社会组织间的信息交流和资源对接为使命，是国内社会组织发布各类信息的重要平台。① 在该平台注册的社会组织通常比较活跃，具有一定的代表性（Dong & Lu，2021）。本书选取该平台提供的社会组织名录作为样本筛选的信息来源。

笔者从网站的社会组织名录栏目里爬取了 5753 家社会组织的基本信息，随

---

① 参见访问网址：http：//www.chinadevelopmentbrief.org.cn/.

后通过信息对比，获得在民政系统注册登记、仍在运行的 1994 家社会组织名单。随后，研究根据以上确定的调查对象范围和样本筛选原则，筛选确定了 1287 家社会组织。考虑到邮件调查的回复率一般较低，笔者不再进一步抽样，在去除其中无效的联系方式后，向 1012 家社会组织通过邮件的方式发放了调查问卷。随后，笔者在一星期左右的时间通过邮件进行了一轮提醒。

通过以上两种方式，截至 2022 年 8 月 17 日，研究共回收问卷 338 份。随后，笔者通过两种方式剔除了其中的无效样本。首先，为了便于数据清洗，笔者在前期设计问卷时嵌入了注意力测试题。针对注意力测试答案不一致、答题时间过短、反应一致的问卷，笔者进行了人工核验，剔除了其中的无效样本。其次，笔者根据社会组织与政府的累计合作年限、最早获得政府培育政策支持的时间等题项，剔除了不适用于分析政府培育模式效应的无效样本。经过以上处理，笔者共剔除无效样本 21 份，获得有效问卷 317 份，有效率为 93.4%。

6. 有效样本数量与统计分析方法

在接下来的分析中，本书将采用探索性因子分析、验证性因子分析、结构方程模型和多元层级回归分析等方法分析数据，以检验本书提出的研究假设。在开始分析前需要确认所获得的有效样本数量能否满足所采用的统计分析方法的要求。在上述统计分析方法中，结构方程模型对样本数量的要求最高，因而本书主要以该方法来衡量样本大小是否满足统计方法的要求。

结构方程模型适用于大样本的分析。一般来讲，为了获得稳定的分析结果，样本数量应至少在 200 以上，但由于样本数量对模型适配度检验中的绝对适配度指数卡方值影响很大，因而也不是样本数越大越好，研究者需要在其中取得一定的平衡；有研究发现，大部分的结构方程模型分析的样本数量在 200 至 500 间（吴明隆，2010a）。除此以外，一些学者提出，样本数量还与观察变量或测量指标的数量有关。如果变量分布符合正态分布或者椭圆分布的情况，则每个观察变量应需要 5 个样本；如果是其他分布则需要 10 个及以上的样本（黄芳铭，2004）。也有学者以待估计参数的个数来判断样本数，一般每个待估计参数的样本数最好在 5 至 10 个之间，最好能达到 10 个（吴明隆，2013）。

在本书的分析中，首先以观察变量的数量来看，纳入结构方程模型分析的观察变量共计 20 个（含培育模式测量模型、政社关系特征测量模型以及组织间权力来源的测量指标），有效样本数量是观察变量数量的 15.9 倍，则本章的样本数量可以满足要求。其次，以待估计参数的标准来看，本章中待估计参数最多的模型为第五节的培育模式影响政社关系特征的初始结构方程模型（见图 4-8）。以此为例，由 AMOS 的参数摘要表可知，初始模型的待估计参数为 38 个，有效样本数为待估计参数的 8.3 倍；修正后模型的待估计参数为 38 个，有效样本数为待估计参数的 8.3 倍（见图 4-9）。因此样本数量也属于要求的范围内。

综上所述，本章的有效样本数可以满足所采用的统计方法对样本数量的要求。

三、量表的效度和信度检验

在问卷预测试与修改的程序完成后，笔者选取了前期调研获得的 183 份问卷，经数据清洗后得到有效问卷 170 份，随后使用该部分问卷数据以定量的方式检验了政府培育模式测量量表和政社关系特征测量量表的信度和效度。

在问卷的题目设计中，各测量指标具有不同的方向。按照信效度检验的操作要求，在检验前本书按照政社关系"控制特征减弱、合作决策相互性和合作互益性的特征增强"的发展方向，将各测量指标按照理论预测的关系用 SPSS 转换为方向一致的变量。

（一）政府培育模式测量量表的效度和信度分析

量表的效度是指测量工具在多大程度上能够有效测出所要测量的特质，即量表所测的东西是否是研究设计想要测量的属性，是否能够正确有效地说明所要研究的现象（袁方，2016）。效度分析主要包括内容效度与结构效度。本研究采用上述专家评估和社会组织访谈的方式来评估测量指标的合理性，有效确保了量表的内容效度。

结构效度主要反映概念测量的内部结构，判断测量同一维度指标间的相关性，可用来衡量所得到的数据结构是否与理论所预设的测量维度和指标的内部构成一致。本研究借助了探索性因子分析的方法检验量表的结构效度。首先采用 KMO 检验（Kaiser-Meyer-Olkin）和 Bartlett 球形度检验，判断变量是否可用于因子分析。一般来讲，KMO 值应大于 0.5，而 Bartlett 球形度检验的值应小于 0.05。将测量政府培育模式的样本数据输入后，结果显示 KMO 值为 0.743，Bartlett 球形度检验的 P 值远小于显著性水平（见表 4-5），符合因子分析的要求。

表 4-5 政府培育模式测量量表的 KMO 和 Bartlett 检验

取样足够度的 Kaiser-Meyer-Olkin 度量		.743
Bartlett 的球形度检验	近似卡方	557.353
	df	21
	Sig.	.000

随后，采用最大方差的正交旋转法，根据 Kaiser 标准抽取因子，初步的因子分析结果如表 4-5 所示。探索性因子分析共抽取了 2 个因子。其中，题 1 至题 4 可归为一个因子，测量的是政府培育资源的配置机制；题 5 至题 7 可归为一个因子，测量的是政府培育资源的开放性。抽取的因子与理论预设的模型基本一致，都落入了相应的维度。

因子分析的结果表明，培育模式的资源配置机制维度可通过 4 个指标进行测量：在政府分配培育资源的时候，相较于竞争政府是否更以自身的偏好确定项目对象，是否有关系比实力更重要，有无政府背景与能否获得项目是否相关，以及政府项目是否有特定的合作对象。培育模式的开放性维度，可通过 3 个指标进行测量：出现新社会问题时是否有同等的机会去和政府合作，培育资源信息发布是否及时准确，以及已有资源是否对所有社会组织同等开放（见表 4-6）。

表 4-6 政府培育模式测量量表的旋转成分矩阵[a]

	成 分	
	1	2
1. x21 政府没有以偏好确定项目对象	.885	
2. x22 关系没有比实力更重要	.881	
3. x23 政府背景与能否获得项目无关	.877	

	成　分	
	1	2
4. x24 政府项目无特定合作对象	.685	
5. x11 出现新社会问题时有同等的机会去和政府合作		.830
6. x12 培育资源信息发布及时准确		.815
7. x13 已有资源对所有社会组织同等开放		.740

提取方法：主成分。

旋转法：具有 Kaiser 标准化的正交旋转法。

a. 旋转在 3 次迭代后收敛。

　　因子的解释总方差分析显示，提取的 2 个因子的累计解释总方差为
70.281%，其中因子 1 的方差贡献率为 40.595%，因子 2 的方差贡献率为
29.686%（见表 4-7）。分析结果表明提取的因子解释能力较强，能够很好地测量
政府的培育模式。

表 4-7　　　　　　　　　　　修正后的政府培育模式的解释总方差

成分	初始特征值			提取平方和载入			旋转平方和载入		
	合计	方差的 %	累计 %	合计	方差的 %	累计 %	合计	方差的 %	累计 %
1	3.047	43.525	43.525	3.047	43.525	43.525	2.842	40.595	40.595
2	1.873	26.756	70.281	1.873	26.756	70.281	2.078	29.686	70.281
3	.785	11.212	81.492						
4	.489	6.983	88.475						
5	.401	5.724	94.199						
6	.244	3.482	97.681						
7	.162	2.319	100.000						

提取方法：主成分分析。

　　基于以上分析，政府培育模式的测量量表具有较高的效度。

量表的信度是指测量工具的可靠性程度，反映测量工具的稳定性与一致性程度（吴明隆，2010b）。在量表设计时如果题项和选项的设计存在模棱两可、具有多种解释的可能性，或者问题难以理解，都有可能会影响被试回答问题的一致性，从而降低该量表的可靠性程度（风笑天，2014）。在量表设计的前期准备中，本研究通过邀请专家和社会组织代表访谈的方式，识别和修改了题项设计的一些模糊之处，为后续的测量奠定了一定的基础。

在社会科学的研究中对李克特量表的信度估计最常采用的检验方法是Cronbach α 系数（吴明隆，2010b）。本研究采用 Cronbach α 系数来检验政府培育模式量表的信度。表 4-8 显示，政府培育模式量表的 Cronbach α 系数为 0.761，表明量表的信度较好。进一步的分析表明，政府培育模式量表的资源配置机制维度和参与机会开放性维度的 Cronbach α 系数分别为 0.861 和 0.728（见表 4-9），说明政府培育模式量表在两个维度上也具有较高信度。

表 4-8　　　　　　　　政府培育模式量表的可靠性统计量

Cronbach's Alpha	项数
.761	7

表 4-9　　　　　　　　政府培育模式量表各维度的可靠性统计量

	Cronbach's Alpha	项数
资源配置机制	.861	4
参与机会开放性	.728	3

（二）政府与社会组织关系特征测量量表的效度和信度分析

借助探索性因子分析，本节检验了政府与社会组织关系特征测量量表的结构效度。KMO 检验值为 0.715，Bartlett 球形度检验值远小于显著度水平，可进行下一步的因子分析（见表 4-10）。

表 4-10 　　　　　　　政社关系特征测量量表的 KMO 和 Bartlett 检验

取样足够度的 Kaiser-Meyer-Olkin 度量		.715
Bartlett 的球形度检验	近似卡方	580.937
	df	45
	Sig.	.000

采用最大方差的正交旋转法，共抽取 3 个因子（见表 4-11）。从题项的聚合结构来看，抽取的因子与理论推导基本相符。首先，测量政社关系控制特征的 3 个题项都落入了该维度，包括政府是否经常影响社会组织年度工作计划或战略规划，是否经常布置合同之外的任务，政府项目资金的使用是否需要审批或报备。该维度的第 4 个题项：人事任免是否需要审批、报备或协商确定，在因子分析中同时落入了两个维度，在控制特征和决策相互性两个维度上的因子负荷都大于 0.4。由于社会组织的人事任免属于组织内部事务，与合作项目的实施没有直接关系，而已有文献也大多将此指标用来衡量政府对社会组织的控制程度（康晓光、韩恒，2005），因此本研究决定该题项仍旧用于测量政社关系的控制特征维度。第 2 个因子包括 3 个题项：当政府希望改变服务类型或更改服务对象时社会组织是否会顺从其要求，合作目标是否以共同的需求制定，合作项目中的大多数决策是否完全由政府决定，反映的是政社双方在合作项目实施中决策过程的相互性。第 3 个因子包含的题项有：合作的受益是否公平、双方有无共同承担责任，以及社会组织实际中所做的事与使命和价值的相关度，反映的是合作特征中的互益性，即社会组织有无在合作中维护自身组织的利益、得以实现其自身的价值追求，从而保护其组织身份。

表 4-11 　　　　　　　政社关系特征测量量表的旋转成分矩阵[a]

	成　　分		
	1	2	3
1. y12 政府没有经常影响年度工作计划或战略规划	.900		
2. y11 政府没有经常布置合同之外的任务	.775		

续表

	成 分		
	1	2	3
3. y14 政府资金使用不用审批或报备	.683		
4. y13 人事任免不用政府审批、报备或协商确定	.426	.440	
5. y23 当政府希望改变服务类型或更改服务对象时没有去做		.786	
6. y22 合作目标以共同的需求制定		.763	
7. y21 合作项目中的大多数决策没有完全由政府决定		.709	
8. y31 合作中的付出与受益是公平的			.763
9. y32 有共同承担责任			.738
10. y33 实际中所做的事与使命和价值相关			.664

提取方法：主成分。

旋转法：具有 Kaiser 标准化的正交旋转法。

a. 旋转在 4 次迭代后收敛。

因子的解释总方差显示，3 个因子的方差贡献率分别为 24.070%、20.364% 和 19.021%，累计解释总方差为 63.454%。结果表明，提取的 3 个因子解释能力较强，可以有效地测量政府与社会组织关系的特征（见表 4-12）。

表 4-12 政社关系特征测量量表的解释总方差

成分	初始特征值			提取平方和载入			旋转平方和载入		
	合计	方差的 %	累计 %	合计	方差的 %	累计 %	合计	方差的 %	累计 %
1	3.466	34.660	34.660	3.466	34.660	34.660	2.407	24.070	24.070
2	1.887	18.868	53.528	1.887	18.868	53.528	2.036	20.364	44.434
3	.993	9.927	63.454	.993	9.927	63.454	1.902	19.021	63.454
4	.863	8.626	72.080						
5	.784	7.845	79.925						
6	.590	5.903	85.828						

续表

成分	初始特征值			提取平方和载入			旋转平方和载入		
	合计	方差的 %	累计 %	合计	方差的 %	累计 %	合计	方差的 %	累计 %
7	.536	5.359	91.187						
8	.442	4.422	95.608						
9	.235	2.354	97.963						
10	.204	2.037	100.000						

提取方法：主成分分析。

以上探索性因子分析的结果表明，政府与社会组织关系特征的测量量表具有较高的效度。

采用 Cronbach α 系数对政社关系特征的测量量表进行信度分析，结果显示 Cronbach α 系数为 0.709，表示量表具有较好的信度水平（见表 4-13）。在各个维度的信度检验上，三个维度的信度水平分别为 0.742、0.735 和 0.611，其中控制特征和决策的相互性两个维度均具有较好的信度水平，互益性维度的信度大于 0.6，属于可接受的水平（见表 4-14）。分析结果表明量表的整体信度较好，且在各个维度上具有较好的信度水平。

表 4-13　　　　　　　　　政社关系特征测量量表的可靠性统计量

Cronbach's Alpha	项数
.709	10

表 4-14　　　　　　　　　各维度的可靠性统计量

项数	Cronbach's Alpha	
控制特征	.742	4
决策的相互性	.735	3
互益性	.611	3

四、样本的描述性特征

对样本进行描述性分析能够帮助判断被纳入分析的样本在影响分析结论的核心因素上是否分布均衡，在样本的选择上是否具有一定的代表性，从而能够反映研究结论的可靠性和适用范围。本研究共获得有效样本数 317 个，通过 SPSS 的描述统计能够得出样本的基本构成情况。

在参与调研的对象中，社会组织核心成员（包括社会组织负责人、发起者、理事会成员、党组织负责人或部门负责人）占比为 81.7%，在该组织工作年限为 2 年及以上的占比为 91%。被调研对象总体上对其所在社会组织的发展情况较为熟悉，这为研究数据的可靠性提供了有力保证。

被调查社会组织分布特征如表 4-14 所示。在社会组织的成立背景中，由政府发起的社会组织总占比为 26.50%，由社会发起的社会组织占比为 73.50%。在社会组织的类型分布上，社会团体占比 33.75%，基金会占比 4.73%，民办非企业单位占比 58.68%。在 2020 年底，全国社会团体、基金会和民办非企业单位占比分别为 41.91%、0.94% 和 57.14%（黄晓勇，2021），样本的社会组织类型构成大体上与我国社会组织的注册类型的构成相类似。

在 317 个样本中，获得 3A 及以上社会组织评估等级的组织占比为 52.68%，3A 以下的社会组织占比为 47.32%，在社会组织的等级分布上相对比较均衡。

参与调研的社会组织以中小规模为主，年收入在 500 万元以下的社会组织占比达 91.48%，其中 100 万元及以下社会组织占比为 69.08%。由于受政府培育政策影响最大的大多为中小型的社会组织，调研对象的组织规模构成能较好地吻合研究拟定的分析对象。

在样本的地域分布上，被调研的社会组织以东部地区为主，占比为 67.19%，中西部地区占比为 32.80%。被调研社会组织的所在地总共涵盖了全国 24 个省、直辖市和自治区，以浙江、湖北、上海、江苏、四川和广东等省市为主，6 个省市占总样本数的比例为 80.13%。截至 2020 年年底，我国东部地区的社会组织占比为 54.13%，中西部地区的社会组织占比为 45.87%，同时，东部地区的增速远超其他地区（黄晓勇，2021）。总体来看，被调研的社会组织以东部地区居多，同时也覆盖了全国大部分地区，在地域分布上有一定的代表性。

同时，本研究以政府与社会组织关系特征为主要分析单位，因而在样本的描述性特征中，也需要明确被纳入分析的政社关系具备哪些描述性的特征。由表4-15可知，被调研的社会组织所合作的政府部门层级几乎以市级及以下为主，总占比达94.01%，其中区县级及以下占比为63.09%，这与当前政府培育发展社会组织资源主要集中在地方政府尤其是基层政府的特征相符合。

表4-15   调查样本的分布特征

变量名称	类别	频率（个）	百分比（%）
成立背景	政府发起	84	26.50
	社会发起	233	73.50
注册类型	社会团体	107	33.75
	基金会	15	4.73
	民办非企业单位	186	58.68
	其他形式	9	2.84
社会组织评估等级	3A及以上	167	52.68
	3A以下	150	47.32
所在地区	东部地区	213	67.19
	中西部地区	104	32.80
年收入规模	500万元及以下	290	91.48
	500万元以上	27	8.52

由于社会组织所合作的政府部门是否为其业务主管单位，会影响该政府部门在社会组织关系网络中是否具有某种程度的层级特征（也能部分反映出社会组织获得政府培育资源的渠道），因而在政社关系的基本特征中，本研究也同时收集了该方面的情况。由表4-16可知，被调研社会组织所合作的政府部门中，有58.04%的政府部门同时也是其业务主管单位，41.96%的政府部门并不是其业务主管单位。两者构成的相对差异较小。将该变量作为控制变量后能减少该因素对研究议题的影响。

表 4-16　　　　　　　　　　　　调查样本所合作的政府特征

变 量 名 称	类 别	频率（个）	百分比（%）
合作的政府部门层级	乡镇/街道及以下	42	13.25
	区县级	158	49.84
	市级	98	30.91
	省级及以上	19	5.99
该部门是否同时是业务主管单位	是	184	58.04
	否	133	41.96

　　培育模式、政社关系特征和组织间权力来源的各测量指标的均值、中值、标准差、偏度和峰度等描述性统计结果如表 4-17 所示。所有指标的偏度和峰度均在要求的范围内。与培育模式的参与机会开放性相关的 3 个指标的均值在 4 至 6 之间，与资源配置机制相关的 4 个指标均值在 2 至 4 之间。这说明被调查的社会组织所处的培育模式的开放性水平尚可，但在资源配置中的行政化程度比较明显。考虑到当前地方政府的培育模式较多是以政府为主导的直接培育模式，因此这些指标的分布与实际情况大致相符。

表 4-17　　　政府培育模式和政社关系特征各测量指标的描述性统计分析

变 量 名	样本数	均值	中值	标准差	偏度	峰度	极小值	极大值
1. x13 已有资源对所有社会组织同等开放	317	4.85	5.00	1.726	-.48	-.52	1.00	7.00
2. x12 培育资源信息发布及时准确	317	5.35	6.00	1.421	-.78	.34	1.00	7.00
3. x11 出现新社会问题时有同等的机会去和政府合作	317	4.96	5.00	1.490	-.56	-.07	1.00	7.00
4. x24 政府项目无特定的合作对象	317	2.73	3.00	1.399	.74	.27	1.00	7.00
5. x23 政府背景与能否获得项目无关	317	2.43	2.00	1.434	1.11	1.06	1.00	7.00

续表

变　量　名	样本数	均值	中值	标准差	偏度	峰度	极小值	极大值
6. x22 关系没有比实力更重要	317	3.06	3.00	1.638	.51	-.41	1.00	7.00
7. x21 政府没有以偏好确定项目对象	317	3.25	3.00	1.766	.45	-.73	1.00	7.00
8. y11 政府没有经常布置合同之外的任务	317	3.85	4.00	1.766	.00	-1.01	1.00	7.00
9. y12 政府没有经常影响年度工作计划或战略规划	317	4.28	4.00	1.841	-.22	-.99	1.00	7.00
10. y14 政府资金使用不用审批或报备	317	3.54	3.00	1.836	.27	-1.02	1.00	7.00
11. y13 人事任免不用政府审批、报备或协商确定	317	4.46	5.00	2.132	-.34	-1.35	1.00	7.00
12. y31 合作中的付出与受益是公平的	317	4.77	5.00	1.591	-.52	-.37	1.00	7.00
13. y32 有共同承担责任	317	4.38	4.00	1.589	-.15	-.66	1.00	7.00
14. y33 实际中所做的事与使命和价值相关	317	5.71	6.00	1.265	-1.25	2.00	1.00	7.00
15. y21 合作项目中的大多数决策没有完全由政府决定	317	4.38	4.00	1.839	-.28	-1.02	1.00	7.00
16. y22 合作目标以共同的需求制定	317	4.14	4.00	1.685	-.15	-.82	1.00	7.00
17. y23 当政府希望改变服务类型或更改服务对象时没有去做	317	3.05	3.00	1.542	.47	-.48	1.00	7.00
18. 合作专有性_政府部门易被替代	317	3.89	4.00	1.65	.17	-.72	1.00	7.00
19. 资源依赖_来自政府的全部收入占总收入的比例低	317	4.32	5.00	2.45	-.20	-1.69	1.00	7.00

续表

变　量　名	样本数	均值	中值	标准差	偏度	峰度	极小值	极大值
20. 政治关联_核心成员与政府关系非常密切	317	4.61	5.00	1.49	-.47	-.07	1.00	7.00

在控制特征相关的 4 个指标中，均值在 3 至 5 之间；在合作决策相互性相关的 3 个指标中，均值在 3 至 5 之间；在与合作互益性相关的指标中，均值在 4 至 6 之间。政社关系特征的相关测量指标分布相对平衡。

在组织间权力来源的 3 个测量指标中，合作专有性的均值为 3.89，资源依赖的均值为 4.32，政治关联的均值为 4.61。3 个测量指标的均值范围在 3 至 5 之间，测量指标的分布相对平衡。

第五节　政府培育对政社关系发展的效应：结构方程模型分析

在上一节中，本研究完成了各变量的测量和数据采集，检验了数据的信效度，并对纳入分析的样本进行了描述性分析。自本节开始，本研究将使用这些数据对分析框架提出的假设进行检验。

本节将主要分析培育模式对政社关系发展的主效应，检验培育模式是否会影响政社关系特征、其影响的程度大小和影响的主要路径。

首先，在上一节的探索性因子分析的基础上，本节将对培育模式测量模型，以及政府与社会组织关系特征的测量模型做验证性因子分析，以确认经由探索性因子分析所得出的测量模型是否与实际搜集的数据相契合。其次，本节将构建培育模式对政府与社会组织关系特征影响的结构方程模型，以检验政府培育模式是否会影响政社关系特征，以及在多大程度上有影响。在完成培育模式的主效应分析后，接下来的章节将继续从组织间权力来源的视角来尝试解释政府培育模式影响政社关系特征的作用机制。

一、政府培育模式测量模型的验证性因子分析

验证性因子分析是进行整合性的结构方程分析的前置步骤，其主要目的是检验所提出的因素结构模型与实际数据的契合度（吴明隆，2010a）。在进行整体的结构方程分析之前，应首先优化和修正理论框架中的各个潜变量的测量模型。首先，本研究使用 AMOS 软件对培育模式进行验证性因子分析。在分析之前，本研究同样根据政社关系的发展方向——控制特征减弱、合作决策相互性和合作互益性的特征增强，将各测量指标的方向按照理论预测的关系做了相同方向的转换。

（一）培育模式的初始验证性因子分析模型

初始模型结果如图 4-4 所示，标准化和非标准化路径系数见表 4-18。测量题项的因子负荷量标准化路径系数均在 0.5 至 0.95 之间，残差项没有出现负值，意味着模型没有违反辨认规则（吴明隆，2013）。同时，各路径系数的 P 值远小于显著性水平。分析结果显示，初始的培育模式验证性因子分析模型内在质量检验较好。

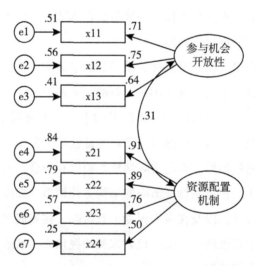

图 4-4　初始培育模式验证性因子分析模型

表 4-18　　　　　　　　培育模式验证性因子分析初始模型路径系数

	Standardized Estimate	Estimate	S. E.	C. R.	P
x11<---参与机会开放性	0.712	1.000			
x12<---参与机会开放性	0.748	1.002	0.107	9.331	***
x13<---参与机会开放性	0.641	1.043	0.122	8.551	***
x21<---资源配置机制	0.914	1.000			
x22<---资源配置机制	0.889	0.902	0.045	20.185	***
x23<---资源配置机制	0.758	0.673	0.042	15.935	***
x24<---资源配置机制	0.503	0.436	0.046	9.519	***

模型适配度反映的是假设的模型与搜集的数据之间相适配的程度，由于单一的衡量指标均存在局限性，一般须同时考虑模型的基本适配度指标、整体模型适配度指标以及内在的结构适配度，在评估模型的适配度时应使用多个适配度指标进行综合判断（吴明隆，2010a）。由表 4-19 可知，虽然初始模型在一些指标上达到了适配标准，但总体适配度欠佳，尤其是卡方自由度比仍大于最低要求的宽松适配标准 5.00，RMSEA 也大于中度适配标准 0.10（吴明隆，2013）。因此，需要对初始模型做进一步的调适，以满足模型适配度标准。

表 4-19　　　　　　　培育模式验证性因子分析初始模型适配度检验

统计检验量	适 配 标 准	检验数据结果	模型适配判断
卡方自由度比	<3.00，较宽松为<5.00	6.318	否
RMSEA	<0.08，0.08 至 0.10 之间为中度适配	0.13	否
RMR	<0.05	0.182	否
GFI	>0.90 以上	0.935	是
AGFI	>0.90 以上	0.86	否
NFI	>0.90 以上	0.915	是
RFI	>0.90 以上	0.863	否

续表

统计检验量	适 配 标 准	检验数据结果	模型适配判断
IFI	>0.90 以上	0.928	是
TLI	>0.90 以上	0.882	基本达到
CFI	>0.90 以上	0.927	是
PGFI	>0.50 以上	0.434	否
PNFI	>0.50 以上	0.567	是
PCFI	>0.50 以上	0.574	是
AIC	理论模型值小于独立模型值，且同时小于饱和模型值	112.14>56 112.14<983.761	否
CAIC	理论模型值小于独立模型值，且同时小于饱和模型值	183.523<189.249 183.523<1017.074	是

(二) 修正后的培育模式验证性因子分析模型

根据 AMOS 提供的 Modification Indices 对模型进行修正，在删除最大的误差项来源 e7 对应的题项，并按修正提示增加 e3 和 e4 间的共变关系后，模型适配度有了大幅改善，除简约适配度指标（PGFI、PNFI、PCFI）略有降低外，其他主要指标都达到了较好的适配标准，可以认为修正后的模型适配度已较为理想（见表 4-20）。修正后的培育模式验证性因子分析模型如图 4-5 所示。在修正后的验证性因子分析模型路径系数中，因子负荷量标准化路径系数均在 0.6 至 0.95 之间（如表 4-21 所示）。

表 4-20　　　　**修正后的培育模式验证性因子分析模型适配度**

统计检验量	适 配 标 准	检验数据结果	模型适配判断
卡方自由度比	<3.00，较宽松<5.00	2.96	是
RMSEA	<0.08，0.08 至 0.10 间为中度适配	0.079	是
RMR	<0.05	0.117	否

续表

统计检验量	适 配 标 准	检验数据结果	模型适配判断
GFI	>0.90 以上	0.978	是
AGFI	>0.90 以上	0.935	是
NFI	>0.90 以上	0.975	是
RFI	>0.90 以上	0.947	是
IFI	>0.90 以上	0.983	是
TLI	>0.90 以上	0.964	是
CFI	>0.90 以上	0.983	是
PGFI	>0.50 以上	0.326	否
PNFI	>0.50 以上	0.455	否
PCFI	>0.50 以上	0.459	否
AIC	理论模型值小于独立模型值，且同时小于饱和模型值	48.721>42 48.721<849.45	否
CAIC	理论模型值小于独立模型值，且同时小于饱和模型值	115.345<141.937 115.345<878.005	是

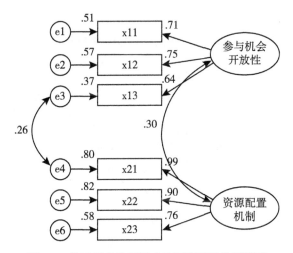

图 4-5　修正后的培育模式验证性因子分析模型

表 4-21 　　　　修正后的培育模式验证性因子分析模型路径系数

	Standardized Estimate	Estimate	S. E.	C. R.	P
x11<---参与机会开放性	0. 713	1. 000			
x12<---参与机会开放性	0. 754	1. 008	0. 113	8. 934	***
x13<---参与机会开放性	0. 607	0. 973	0. 118	8. 212	***
x21<---资源配置机制	0. 892	1. 000			
x22<---资源配置机制	0. 904	0. 950	0. 049	19. 533	***
x23<---资源配置机制	0. 764	0. 703	0. 044	16. 114	***

最后，本研究计算了培育模式验证性因子分析模型的组合信度（CR）以及平均方差抽取量（AVE）（见表 4-22）。一般来讲，如果潜在变量的组合信度系数值均大于 0.6，则模型的内在质量良好，而平均方差抽取量是一种收敛度指标，代表着潜变量对观察变量的解释能力，一般要求大于 0.5，0.36 至 0.5 之间为接受门槛（吴明隆，2013）。分析表明，潜变量参与机会开放性与资源配置机制的组合信度分别为 0.735 和 0.891，平均方差抽取量分别为 0.482 和 0.732，说明模型具有较好的内在质量。

表 4-22 　　　　修正后的培育模式验证性因子分析模型的信度检验

潜变量	观察变量	因素负荷量	信度系数（R2）	测量误差	组合信度（CR）	平均方差抽取量（AVE）
参与机会开放性	x11	0. 713	0. 508	0. 492	0. 735	0. 482
	x12	0. 754	0. 569	0. 431		
	x13	0. 607	0. 368	0. 632		
资源配置机制	x21	0. 892	0. 796	0. 204	0. 891	0. 732
	x22	0. 904	0. 817	0. 183		
	x23	0. 764	0. 584	0. 416		

二、政府与社会组织关系特征测量模型的验证性因子分析

在完成对培育模式测量模型的验证性因子分析之后，本节将继续检验前期探索性因子分析所获得的政府与社会组织关系特征测量模型是否与实际数据相匹配。

（一）政府与社会组织关系特征的初始验证性因子分析模型

对政府与社会组织关系特征的初始模型分析表明，测量题项的因子负荷量标准化路径系数大多在 0.5 至 0.95 之间，有三个题项略微偏低；残差项没有负值；潜变量和测量题项间的路径系数均在 0.001 的水平上显著（见图 4-6、表 4-23）。初步的分析显示，模型没有违反辨认规则，且内在质量检验较好。同时，分析模型适配度检验表明初始模型的适配度不佳，同样需要对模型进行优化与修正（见表 4-24）。

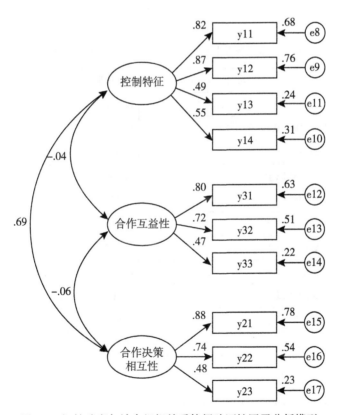

图 4-6 初始政府与社会组织关系特征验证性因子分析模型

169

表 4-23 初始政府与社会组织关系特征验证性因子分析模型的路径系数

	Standardized Estimate	Estimate	S. E.	C. R.	P
y11<---控制特征	0.822	1.000			
y12<---控制特征	0.871	1.105	0.067	16.602	***
y13<---控制特征	0.487	0.715	0.089	8.015	***
y14<---控制特征	0.554	0.701	0.075	9.347	***
y21<---合作决策_相互性	0.884	1.000			
y22<---合作决策_相互性	0.736	0.762	0.065	11.786	***
y23<---合作决策_相互性	0.476	0.452	0.058	7.767	***
y31<---合作互益性	0.795	1.000			
y32<---合作互益性	0.716	0.899	0.154	5.844	***
y33<---合作互益性	0.466	0.466	0.076	6.152	***

表 4-24 初始的政社关系特征验证性因子分析模型适配度检验

统计检验量	适配标准	检验数据结果	模型适配判断
卡方自由度比	<3.00，较宽松<5.00	6.827	否
RMSEA	<0.08，0.08 至 0.10 间为中度适配	0.136	否
RMR	<0.05	0.310	否
GFI	>0.90 以上	0.866	基本符合
AGFI	>0.90 以上	0.770	否
NFI	>0.90 以上	0.812	否
RFI	>0.90 以上	0.735	否
IFI	>0.90 以上	0.835	否
TLI	>0.90 以上	0.765	否
CFI	>0.90 以上	0.833	否
PGFI	>0.50 以上	0.504	是
PNFI	>0.50 以上	0.577	是
PCFI	>0.50 以上	0.592	是

统计检验量	适 配 标 准	检验数据结果	模型适配判断
AIC	理论模型值小于独立模型值，且同时小于饱和模型值	264.474>110 264.474<1179.277	否
CAIC	理论模型值小于独立模型值，且同时小于饱和模型值	373.929>371.74 373.929<1226.866	否

（二）修正后的政府与社会组织关系特征验证性因子分析模型

同样地，研究根据 AMOS 提供的修正指标对模型进行了优化。由上一步的初始模型可知，因子合作互益性与另外两个因子的相关性非常低，提示我们通常假定的因子间斜交形式与模型并不一致。因而在模型优化的第一步，研究采用了因子间的混合形式，即假定因子合作互益性与另外两个因子之间为正交关系，其他相关关系则允许取任何值（金在温、米勒，2012）。在模型优化的第二步，当初始模型与观察数据的匹配度不佳时，可考虑释放测量误差项间的共变关系，包括释放同一潜变量测量变量误差项间的共变关系，以及释放不同潜变量间的测量变量误差项间的共变关系两种方式（吴明隆，2013）。在分析误差来源后，研究删除了引起误差主要来源的 e10 所在题项，随后对测量变量误差项间建立了共变关系，其中测量指标 y11 与 y12 具有一定的跨负荷量性质。修正后的模型如图 4-7 所示。

进一步的模型适配度检验表明，在常用的 15 个适配度指标中，有 7 个指标完全达到了较为理想的适配度指标要求，同时卡方自由度比和 RMSEA 这两个指标也能达到较为宽松的中度适配标准（吴明隆，2013），另外也有 3 个指标已接近适配度要求（见表 4-25）。一般来讲，由于单一适配度指标存在局限性，同时各指标的适配标准并非基于严格的统计推导得出，其临界值的判断标准并非绝对标准，研究者需要在评估模型的适配度时使用多个适配度指标进行综合判断（吴明隆，2010a；吴明隆，2013）。从修正后模型总的适配度情况来看，模型的适配度较为适中，能够满足要求。同时，分析显示各潜变量与测量题项间的路径系数均显著（见表 4-26）。

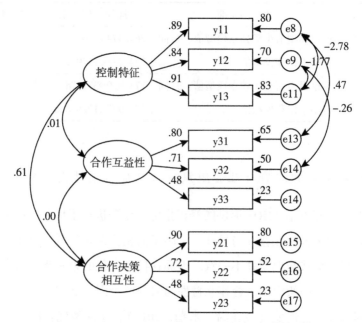

图 4-7　修正后的政府与社会组织关系特征验证性因子分析模型

表 4-25　修正后的政府与社会组织关系特征验证性因子分析模型适配度检验

统计检验量	适 配 标 准	检验数据结果	模型适配判断
卡方自由度比	<3.00，较宽松<5.00	4.106	是
RMSEA	<0.08，0.08 至 0.10 间为中度适配	0.099	是
RMR	<0.05	0.230	否
GFI	>0.90 以上	0.940	是
AGFI	>0.90 以上	0.876	基本符合
NFI	>0.90 以上	0.910	是
RFI	>0.90 以上	0.853	否
IFI	>0.90 以上	0.931	是
TLI	>0.90 以上	0.885	基本符合
CFI	>0.90 以上	0.930	是
PGFI	>0.50 以上	0.459	基本符合

续表

统计检验量	适 配 标 准	检验数据结果	模型适配判断
PNFI	>0.50 以上	0.556	是
PCFI	>0.50 以上	0.568	是
AIC	理论模型值小于独立模型值，且同时小于饱和模型值	136.341>90 136.341<1025.021	否
CAIC	理论模型值小于独立模型值，且同时小于饱和模型值	245.796<304.151 245.796<1067.852	是

表4-26　修正后的政府与社会组织关系特征验证性因子分析模型路径系数

	Standardized Estimate	Estimate	S. E.	C. R.	P
y11<---控制特征	0.892	1.000			
y12<---控制特征	0.838	0.974	0.081	11.952	***
y13<---控制特征	0.913	1.243	0.166	7.506	***
y21<---合作决策相互性	0.896	1.000			
y22<---合作决策相互性	0.723	0.739	0.059	12.508	***
y23<---合作决策相互性	0.478	0.447	0.057	7.831	***
y31<---合作互益性	0.805	1.000			
y32<---合作互益性	0.706	0.880	0.128	6.850	***
y33<---合作互益性	0.475	0.470	0.073	6.402	***

对修正后验证性因子分析模型的信度检验显示，修正后模型的组合信度（CR）均在0.7以上，高于组合信度0.6的要求；控制特征和合作决策相互性的平均方差抽取量（AVE）均大于0.5，合作互益性的 AVE 值大于0.36，也达到了可接受的范围。分析结果表明，修正后的模型具有较好的内在质量（见表4-27）。

表 4-27　修正后的政府与社会组织关系特征验证性因子分析模型的信度检验

潜变量	观察变量	因素负荷量	信度系数（R2）	测量误差	组合信度（CR）	平均方差抽取量（AVE）
控制特征	y11	0.892	0.796	0.204	0.913	0.777
	y12	0.838	0.702	0.298		
	y13	0.913	0.834	0.166		
合作决策相互性	y21	0.896	0.803	0.197	0.753	0.518
	y22	0.723	0.523	0.477		
	y23	0.478	0.228	0.772		
合作互益性	y31	0.805	0.648	0.352	0.708	0.457
	y32	0.706	0.498	0.502		
	y33	0.475	0.226	0.774		

三、政府培育模式对政社关系特征影响的结构方程模型分析

在对培育模式和政社关系特征各自的测量模型进行验证性因子分析之后，本研究将根据分析框架中提出的概念模型，进一步检验各潜变量间的关系。本节将先检验政府培育模式对政社关系特征的主要效应，以判断政府的培育模式是否会影响政社关系特征，以及影响程度的大小，进而检验研究所提出的假设。

（一）培育模式影响政府与社会组织关系特征的初始模型

将经过检验的培育模式和政社关系特征的测量模型放入结构方程中，根据分析框架提出的假设建立了潜变量之间的路径关系，从而形成了初始的结构方程模型。经运算得到的标准化输出结果如图 4-8 所示。

首先，在初始结构方程模型的各路径系数中，有三条路径在 0.001 的显著性水平上未通过检验，分别是"参与机会开放性→合作决策相互性""参与机会开放性→控制特征"和"资源配置机制→合作互益性"。其中，"参与机会开放性→控制特征"在 0.05 的显著性水平上可以通过检验（见表 4-28）。

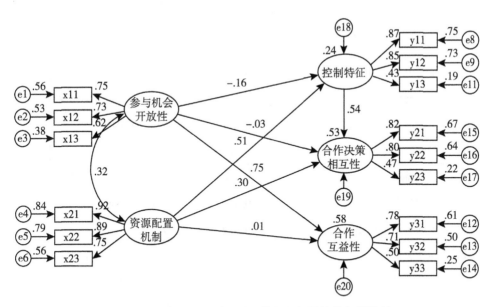

图 4-8　培育模式影响政社关系特征的初始结构方程模型

表 4-28　　　　　　　　　　　**初始结构方程模型路径系数**

	Standardized Estimate	Estimate	S. E.	C. R.	P
控制特征<---资源配置机制	0.514	0.485	0.063	7.749	***
控制特征<---参与机会开放性	−0.163	−0.224	0.093	−2.392	0.017
合作互益性<---参与机会开放性	0.755	0.841	0.096	8.784	***
合作决策相互性<---资源配置机制	0.305	0.283	0.063	4.477	***
合作决策相互性<---控制特征	0.536	0.527	0.074	7.136	***
合作决策相互性<---参与机会开放性	−0.032	−0.043	0.087	−0.499	0.618
合作互益性<---资源配置机制	0.015	0.011	0.049	0.233	0.816
x11<---参与机会开放性	0.748	1.000			
x12<---参与机会开放性	0.730	0.931	0.088	10.622	***
x13<---参与机会开放性	0.618	0.956	0.104	9.198	***

续表

	Standardized Estimate	Estimate	S. E.	C. R.	P
x21<---资源配置机制	0.919	1.000			
x22<---资源配置机制	0.888	0.896	0.045	19.706	***
x23<---资源配置机制	0.747	0.660	0.042	15.544	***
y11<---控制特征	0.867	1.000			
y12<---控制特征	0.854	1.027	0.067	15.361	***
y13<---控制特征	0.434	0.604	0.085	7.110	***
y21<---合作决策相互性	0.819	1.000			
y22<---合作决策相互性	0.800	0.894	0.075	11.999	***
y23<---合作决策相互性	0.470	0.481	0.061	7.893	***
y31<---合作互益性	0.781	1.000			
y32<---合作互益性	0.706	0.903	0.087	10.422	***
y33<---合作互益性	0.503	0.512	0.068	7.576	***

其次，从初始结构方程模型的适配度指标来看，有 6 个指标达到标准，5 个指标比较靠近适配标准，4 个指标未达标（见表 4-29），说明模型的匹配度还不够理想。因此，需要进一步优化结构方程模型。

表 4-29　　　　　　　　　初始结构方程模型适配度检验

统计检验量	适 配 标 准	检验数据结果	模型适配判断
卡方自由度比	<3.00，较宽松<5.00	3.615	是
RMSEA	<0.08，0.08 至 0.10 间为中度适配	0.091	是
RMR	<0.05	0.241	否
GFI	>0.90 以上	0.884	基本符合
AGFI	>0.90 以上	0.830	否
NFI	>0.90 以上	0.863	基本符合

续表

统计检验量	适配标准	检验数据结果	模型适配判断
RFI	>0.90 以上	0.824	否
IFI	>0.90 以上	0.897	基本符合
TLI	>0.90 以上	0.866	基本符合
CFI	>0.90 以上	0.896	基本符合
PGFI	>0.50 以上	0.604	是
PNFI	>0.50 以上	0.674	是
PCFI	>0.50 以上	0.699	是
AIC	理论模型值小于独立模型值，且同时小于饱和模型值	372.44>240 372.44<2190.503	否
CAIC	理论模型值小于独立模型值，且同时小于饱和模型值	553.278<811.068 553.278<2261.887	是

（二）结构方程模型的修正

一般来讲，结构方程模型的优化策略具有不同的优先级。同时需注意的是，结构方程模型的优化和修正不能违反其基本假定，对误差项间增列协方差应该要有实质意义。因而，有学者总结出了较为适切的结构方程模型调适步骤。首先，由于结构方程更为关注外因潜变量对内因潜变量的影响，所以优化的第一步应该是根据潜变量间影响的路径系数是否显著、路径系数正负号是否与理论预测的相一致，对潜变量间的直接路径做增删；其次，由于同一测量模型反映的是一样的高阶因素，其中的某些观察变量间可能会存在一定的相关性，因而同一测量模型中的误差项间的协方差可以优先界定；最后，如果潜变量同为外因潜变量，也可能存在某种关系，因而也可考虑外因潜变量间的观察变量误差项间的协方差；同时，每一次的模型修正只能释放一个参数，以避免模型过度修正的可能（吴明隆，2013）。

按照以上步骤，本研究对初始结构方程模型进行了逐步的修正和优化。首先，删除了"参与机会开放性→合作决策相互性"和"资源配置机制→合作互益性"两条不显著的影响路径。路径"参与机会开放性→控制特征"在 0.05 的显著性水平上可以通过检验，但与假设设定的方向不一致。该路径说明，政府在培育社会组织中提高参与机会的开放性会增强控制特征，虽然这种影响比较小，其标准化路径系数绝对值仅为 0.16。分析结果可能部分支持政府培育政策效应的另一种观点，即政府培育发展社会组织也可能是政府借此加强对社会组织管控的方式之一（Hodgson，2004；Wolch，1990；吕纳、张佩国，2012；李景鹏，2011；黄晓春，2015）。该路径是否能在本书的分析框架中被合理解释，需要结合文献以及案例的具体情境做进一步的分析，故予以保留。然后，研究根据 AMOS 提供的模型修正指数，对同一测量模型内的误差项做调整；最后，优化外因潜变量间的误差项之间的关系。修正后的结构方程模型如图 4-9 所示。

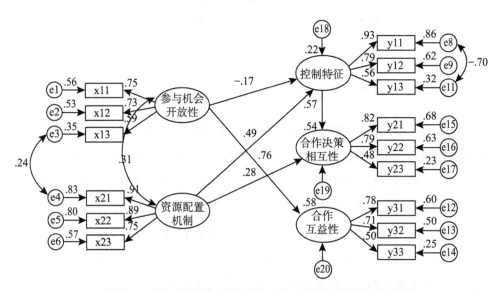

图 4-9　修正后的培育模式影响政社关系特征的结构方程模型

由表 4-30 可知，修正后的结构方程模型的各个标准化路径系数没有出现绝对值大于 1 的情况，没有违反模型的辨认规则；在非标准化路径系数部分，绝大多数路径均在 0.001 的显著性水平上通过检验，而"参与机会开放性→控制特征"路径也在 0.01 的显著性水平上通过了检验。

表 4-30 修正后的结构方程模型路径系数

	Standardized Estimate	Estimate	S. E.	C. R.	P
控制特征<---资源配置机制	0.490	0.505	0.063	8.066	***
控制特征<---参与机会开放性	-0.174	-0.255	0.094	-2.720	0.007
合作互益性<---参与机会开放性	0.761	0.842	0.090	9.330	***
合作决策相互性<---资源配置机制	0.284	0.270	0.058	4.671	***
合作决策相互性<---控制特征	0.568	0.525	0.071	7.435	***
x11<---参与机会开放性	0.751	1.000			
x12<---参与机会开放性	0.730	0.927	0.088	10.527	***
x13<---参与机会开放性	0.592	0.902	0.102	8.813	***
x21<---资源配置机制	0.909	1.000			
x22<---资源配置机制	0.893	0.921	0.047	19.612	***
x23<---资源配置机制	0.752	0.679	0.043	15.714	***
y11<---控制特征	0.926	1.000			
y12<---控制特征	0.787	0.886	0.065	13.584	***
y13<---控制特征	0.565	0.736	0.090	8.200	***
y21<---合作决策相互性	0.822	1.000			
y22<---合作决策相互性	0.794	0.885	0.070	12.621	***
y23<---合作决策相互性	0.476	0.485	0.060	8.030	***
y31<---合作互益性	0.777	1.000			
y32<---合作互益性	0.708	0.910	0.087	10.436	***
y33<---合作互益性	0.504	0.516	0.068	7.584	***

由表 4-31 可知，修正后的结构方程模型整体适配度的卡方自由度比为 3.185，远小于较宽松的适配标准值 5.00，并已非常接近较为理想的适配标准 3.00；RMSEA 值为 0.083，小于 0.10 的中度适配标准，也较为接近 0.08 的理想适配标准阈值；模型的 GFI、NFI、IFI、TLI 和 CFI 值均达到或是非常接近 0.9 的标准；PGFI、PNFI 和 PCFI 值均达到大于 0.5 的要求，CAIC 也满足了适配标准。

由于单一衡量指标的局限性，在评估模型的适配度时应使用多个适配度指标进行综合判断（吴明隆，2010a；吴明隆，2013）。由上述可知，在 15 个适配度标准中，有 11 个达到或是基本符合要求，可以认为修正后模型的拟合优度较好，与数据的适配度良好。

表 4-31　　　　　　　　修正后结构方程模型适配度检验

统计检验量	适　配　标　准	检验数据结果	模型适配判断
卡方自由度比	<3.00，较宽松<5.00	3.185	是
RMSEA	<0.08，0.08 至 0.10 间为中度适配	0.083	是
RMR	<0.05	0.225	否
GFI	>0.90 以上	0.896	基本符合
AGFI	>0.90 以上	0.848	否
NFI	>0.90 以上	0.879	基本符合
RFI	>0.90 以上	0.845	否
IFI	>0.90 以上	0.914	是
TLI	>0.90 以上	0.888	基本符合
CFI	>0.90 以上	0.913	是
PGFI	>0.50 以上	0.612	是
PNFI	>0.50 以上	0.687	是
PCFI	>0.50 以上	0.713	是
AIC	理论模型值小于独立模型值，且同时小于饱和模型值	337.175>240 337.175<2190.503	否
CAIC	理论模型值小于独立模型值，且同时小于饱和模型值	518.014<811.068 518.014<2261.887	是

（三）假设检验

根据修正后结构方程路径系数的统计检验结果，可以判断前文所提出的培育模式影响政社关系特征的相关假设是否能被证实。各假设检验的结果如表 4-32

所示。

表 4-32　　　　　　培育模式对政社关系特征的研究假设检验情况

研 究 假 设	检验情况
总假设：	
H1. 培育模式的直接性程度越高，政社关系的控制特征越强，合作的决策相互性和互益性特征越弱，反之亦然	部分证实
分假设：资源配置机制	
H1-1. 资源配置机制行政化程度越低，则控制特征越弱，反之则越强	证实
H1-2. 资源配置机制行政化程度越低，则合作决策相互性越强，反之则越弱	证实
H1-3. 资源配置机制行政化程度越低，则合作互益性越强，反之则越弱	未证实
分假设：参与机会开放性	
H1-4. 参与机会开放性程度越高，则控制特征越弱，反之则越强	未证实
H1-5. 参与机会开放性程度越高，则合作决策相互性越强，反之则越弱	未证实
H1-6. 参与机会开放性程度越高，则合作互益性越强，反之则越弱	证实

在研究提出的 6 个分假设中，有 3 个假设在 0.001 的显著性水平上通过检验，且与理论预测的方向一致，假设得到证实。假设 H1-3 和假设 H1-5 未通过显著性检验，在本研究中无法得到证实。假设 H1-4 在 0.01 的显著性水平上通过检验，但与理论设定的方向有差异，该假设虽亦未得到证实，但该假设的统计结果证明了关于政府培育模式的另一种观点：政府培育发展社会组织是其加强对社会组织管控的方式。即便在政府采取间接性程度更高的培育模式时，这种效应也有所体现，虽然其影响较小。因此该路径在分析中予以保留。该路径能够为剖析政府在培育社会组织中的双重行为逻辑提供实证依据。

因此，结构方程模型的路径分析表明，培育模式影响政社关系特征的路径主要有四条，分别是"资源配置机制→控制特征""资源配置机制→合作决策相互性""参与机会开放性→合作互益性"和"参与机会开放性→控制特征"。其中，参与机会开放性对政社合作的互益性特征有较大影响，其标准化路径系数为

0.76；资源配置机制对控制特征的标准化路径系数为 0.49，其影响也较为明显；资源配置机制对合作决策相互性的影响较为适中，标准化路径系数为 0.28。参与机会开放性对控制特征的影响比较小，标准化路径系数绝对值为 0.17。

由以上分析可知，培育模式的直接性或间接性特征会对政社关系的发展特征产生影响。其影响主要体现在参与机会开放性和资源配置机制两个维度各自所对应的四条路径中。从总体上看，培育模式的间接性程度越高，则政社关系的控制特征越弱，合作的决策相互性和互益性特征越强，但较为开放的培育模式也有可能会略微增强政府的控制特征，主要体现在相对开放的合作和参与机会有可能增强了政府对原本游离在政府之外的社会组织的控制，扩大了政府对社会组织的实际影响范围。

四、研究发现

根据培育模式影响政社关系特征的结构方程模型和假设检验结果，我们可以得出以下几点研究发现。

研究发现 1：政府培育发展社会组织是促进了政社合作还是加强了政府管控，与政府所采取的培育模式特征有关。

假设检验的结果表明，越是直接性程度高的培育模式，越有可能加强政府对社会组织的管控，减弱合作的决策相互性和互益性；越是间接性程度高的培育模式，越有可能形成更具合作特征的政社关系，降低政府的管控水平，同时也可能使政府借此加强对游离在政府之外的社会组织的控制，扩大政府对社会组织的实际影响范围。培育模式测量模型的验证性因子分析表明，培育模式的直接性或间接性程度可以通过参与机会开放性和资源配置机制两个维度来衡量。培育模式对政社关系特征所产生的影响主要通过这两个维度所对应的四条路径来达成。假设检验的结果说明，政府培育发展社会组织对政社关系发展方向的影响取决于培育模式的间接性程度。培育模式的间接性特征越明显，越有可能促进政社关系的良性发展，反之亦然。

研究发现 2：政府培育下的政社关系走向合作的实现条件之一是采用参与机会开放性更高、资源配置机制行政化更低的间接培育模式。

假设检验的结果对于"政府如何在培育社会组织的过程中促进政社关系的良

性发展"的问题带来了启示。已有文献对政府培育发展社会组织政策的批判和担忧，大多数和政府配置资源的行政化，以及政府借助培育的方式过度介入社会组织有关（吕纳、张佩国，2012；李景鹏，2011；谭志福，2014；付建军、高奇琦，2012）。有研究对政府培育所能达成的效果表示怀疑。它们认为政府的培育只是产生了更多垄断性的官办组织和僵尸组织，压缩了本来非常有限的社会组织发展空间；或者是培育出了同质化严重的社会组织，存在能力和专业性不足等问题（黄晓春，2017；栾晓峰，2017；李友梅，2016；黄晓勇，2017）。

本研究表明，当政府采取间接性程度更高的培育模式时，能够在不同程度上消解政府培育所存在的这些问题。一方面，从培育模式这一侧的特征来看，当政府采取间接性程度更高的培育模式时，参与机会的开放性程度更高，这使得政府的培育资源和合作机会更多地向普通的社会组织开放，从而使社会组织获得更多的发展空间；同时，资源配置机制的行政化程度更低，这意味着政府采取的是更具竞争性的资源配置机制，将会使专业性强的社会组织能够在资源配置中获得更多的优势，从而促进社会组织之间的优胜劣汰。

另一方面，从政社关系这一侧的特征来看，实证检验的结果表明，当政府采用更为间接的培育模式时，从总体上看政府对社会组织的管控水平是下降的，与社会组织的合作决策相互性和互益性都能够得到增强，政社之间的关系发展方向将会走向更为良性的、以合作为主要特征的关系。同时，也有文献已经论证了当政府采取间接的培育模式时，将有利于培育和发展出更加健康的社会组织（郁建兴、滕红燕，2018）。社会组织的健康发展，也使得政社合作的前提条件有了保证。

因此，政府培育发展社会组织政策所产生的问题并不是政府培育本身所带来的，而是政府选取的方式方法的问题。当政府采用间接性更高的培育模式时，政府培育下的政社关系同样可以走向良性发展。本研究给出了政府培育下政社关系走向合作的实现条件：采用参与机会开放性更高、资源配置机制行政化更低的间接培育模式。

研究发现3：间接化程度更高的培育模式将更有利于政府达成培育社会组织的多重政策目标。

培育模式影响政社关系特征的结构方程模型为政府如何达成培育社会组织的

多重政策目标提供了启示。一个良性可持续的政社关系既能够达成双方的共同目标，也能各取所需，满足各自的差异化需求。政府在培育发展社会组织的过程中存在双重行为逻辑。对于政府而言，虽然政社合作能够提升政府的治理绩效，但是潜在的政治风险和挑战也往往使得以结果为导向、总体行为偏保守的地方政府对社会组织的发展持谨慎态度。本节的结构方程模型表明，在间接的培育模式下，虽然资源配置机制对控制特征的影响是主要路径，但参与机会开放性程度的提高也会小幅度地增加政社关系的控制特征。当政府采用间接培育模式时，培育政策的参与机会开放性程度比较高，这意味着间接的培育模式能够使一些原本与政府关系较为疏离的社会组织有更多的机会与政府建立关系，而政府可以通过这种方式扩大培育政策对社会组织的实际影响范围，有助于增强自身在整体上对社会组织的掌控力。

相反，虽然政府采取直接化程度更高的培育模式能够强化政府对社会组织的管控，但这种管控范围受到政府选择性偏好的较大限制。在直接培育模式中，由于参与机会的开放性程度比较低、资源配置的行政化程度高，与政府建立关系的社会组织更多的是与政府关系密切或是具有政府背景的社会组织。因此，虽然直接培育模式能够强化政府的管控，但政府强化管控的这些社会组织本身的政治风险就低。而直接培育模式事实上可能会将更多的社会组织排除在政策影响之外。在当前环境下，由于企业、基金会等多元力量的迅速成长能够为社会组织带来更为灵活的资金和项目支持，同时部分社会组织也采取了多种方式增强自我造血能力，社会组织在确定合作伙伴时将有更多的选择。政府采取的直接培育模式可能会主动或者被动地使更多的社会组织游离在政府的政策影响范围之外，削弱政府对社会组织整体上的影响力和掌控力。除此以外，在直接培育模式中，政府以行政机制配置资源的方式也不利于选出专业性更强的社会组织承接项目，长远来看将会影响政府借社会组织之力提升治理绩效的政策目标的达成。

由此可见，政府培育模式的直接化程度越高，长远来看将更不利于政府实现既能发挥社会组织跨部门治理的优势，又能有效控制潜在的政治风险的政策目标。而间接化的培育模式虽然会减弱政府的控制特征，但实则是以扩大合作的范围、加深合作程度的方式强化了政府对社会组织整体上的影响力，尤其是通过吸纳游离在政府培育政策之外的一些社会组织，扩大了政府的控制范围。更为重要的是，已有研究已证实，政府采用间接的培育模式将更有利于社会组织的健康发展（郁建兴、滕红燕，2018）。

因此，政府采用的间接培育模式既能让政社关系具备更多的合作特征，使政府和社会组织在合作中获益，也能够兼顾政府对社会组织必要的管控的需求，满足政府对控制社会组织潜在风险的需要，同时也能提高政府培育社会组织的质量。因而，政府采用间接化程度更高的培育模式将更有利于政府达成其培育政策的多重政策目标。

研究发现4：培育模式对政社关系特征的影响并非单线过程，当培育模式在参与机会开放性和资源配置机制上具有不同水平时，在此影响下的政社关系也相应地带有了多样性和复杂性的特点。

由培育模式影响政社关系特征的结构方程模型可知，培育模式对政社关系特征的影响具有多个路径，构成培育模式的各个维度会分别影响政社关系特征的不同面象，而且每一个维度的标准化路径系数差异较大。这意味着实际中的政社关系特征取决于政府采取的培育模式在参与机会的开放性和资源配置机制两个维度上所具备的组合性特征的影响，从而使得政社关系的特征更为复杂多样，有可能出现多种混合型的特征。例如，结构方程的路径分析表明，政社关系的控制特征与合作互益性并没有相关性。其中，合作互益性主要受到参与机会开放性的影响。这意味着当资源配置机制的行政化程度增强时，政府的控制特征会加强，合作决策相互性会被削弱；但同时，由参与机会开放性水平的波动所引起的合作互益性也有可能得到增强，从而有可能形成控制特征强、合作决策相互性弱但互益性强的政社关系特征。

这三条路径分析能够为我们理解当前在微观层面上一对一的政社关系所出现的复杂特征提供解释和论证的思路。一方面，这些路径解释了为什么在政府的强势介入下，一些社会组织仍然坚持与政府合作。在这种情况下，社会组织相当于牺牲了部分的自主性换来了发展的机会和空间，使组织自身的价值和使命得以实现，这也从统计意义上论证了部分已有研究的观察（He，1997；郁建兴等，2008；王才章，2016）。另一方面，对于一些官办组织来讲，它们是资源配置机制行政化的受益方，在实际的参与机会开放性程度较低时，由于这些组织本身处于既得利益的位置，因而并没有受到开放性程度的太多限制。虽然这些组织的治理结构被政府管控，也在项目执行中不得不失去一些决策权，但当这些组织高度认同政府目标，或者将政府目标内化时，它们评价组织在合作中的互益性水平时也会给出较高得分。在这种情况下，政社关系也会表现出控制特征强、合作决策相互性弱但互益性强的特征。

由以上分析可知，经检验的结构方程模型有助于解释现实中在政府培育政策影响下所形成的动态、复杂和多样的政社关系特征。

第六节　政府培育模式影响政社关系特征的
机制：组织间权力来源视角

上一节检验了政府培育发展社会组织的模式是否会对政社关系特征产生影响，以及在多大程度上有影响。那么，政府培育模式影响政社关系特征的作用机制是什么？为何在同一培育模式的影响下，不同的社会组织与政府部门仍会形成迥然不同的关系？这提示我们，还需要从社会组织自身的角度来进一步分析政府培育模式影响政社关系特征的作用机制。已有文献分别从社会组织的策略性行动等视角展开了讨论，本节将引入组织间权力来源的视角来探讨有哪些与社会组织相关的重要的因素在解释培育模式影响政社关系特征时起到了重要的作用，从该视角来尝试解释政府培育模式影响政社关系特征的作用机制。

在本章的分析框架部分，研究从组织间权力理论的视角出发，在整合已有研究的基础上，提出了解释政府培育模式影响政社关系特征的三个组织间权力来源：政治关联、合作专有性以及资源依赖。本节将这三个因素放入培育模式影响政社关系特征的分析中，检验这些因素是否会在其中起到调节作用。

一、调节效应的理论模型与变量处理

组织间权力来源的调节效应分析，主要探讨的是在什么情况下培育模式对政社关系特征的影响会增强或减弱，以解释同一培育模式影响下所形成的政社关系的多样性和复杂性。本书将从组织间权力来源的视角探讨培育模式影响政社关系特征的作用机制，主要检验组织间权力来源的三个因素是否在这个过程中具有调节效应。

在探讨自变量 X 与因变量 Y 之间的关系时，如果它们之间关系的方向或强弱受到第三个变量 M 的影响，则变量 M 为调节变量，在 X 影响 Y 的过程中具有调节效应（温忠麟等，2012）。其模型如图 4-10 所示，在回归分析中，一般可表述为以下方程：

$$Y=a+bX+cM+dMX+e \tag{1}$$

将 X 提取出来，方程可改写为：

$$Y=(a+cM)+(b+dM)X+e \tag{2}$$

由方程 2 可知，X 与 Y 之间的关系是 M 的函数，由回归系数 $b+dM$ 决定。当 d 不等于零时，M 则是 X 与 Y 之间的调节变量。

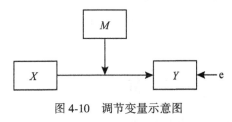

图 4-10　调节变量示意图

（资料来源：温忠麟等，2012）

在方程 1 的回归模型中，X、M 是主效应项，MX 是交互效应项。在调节效应的分析中，调节变量 M 与自变量 X 和因变量 Y 的关系可以显著，也可以不显著，理想的调节变量是与 X 和 Y 的相关性都不大（温忠麟等，2012）。当经检验的回归系数 d 显著时，可以认为调节效应显著。

按照以上理论模型，本研究采取多元层级回归分析的方法检验调节效应，分步加入控制变量、自变量和调节变量，以及交互效应项。

研究对纳入分析的变量做了以下预处理。首先，通过转换使各变量间的方向保持一致。在数据采集时，本书以李克特量表的形式分别直接测量了政治关联、合作专有性以及资源依赖的水平。在分析前本书通过转换使变量的方向与自变量、因变量的方向保持一致，以便后续分析。各变量对应的方向如下：政治关联的测量方向为核心成员，与政府关系非常密切；合作专有性的测量方向为该政府部门，易被替代；资源依赖的测量方向为政府收入，占比低。其次，为了减少交互项对自变量和调节变量的多重共线性，研究分别先对自变量和调节变量做了中心化处理，并在回归分析中进行了共线性检验。再次，由于本研究的自变量与因变量为潜变量，研究采用指标平均值的方式将潜变量转变为显变量，进行回归分析（温忠麟等，2012）。最后，根据已有文献的研究成果，为了检验本书所提出的组织间权力来源能够在多大程度上对培育模式影响政社关系特征产生调节作用，研究纳入了三个主要的控制变量：社会组织所合作的部门是否同时也是其业务主管单位，社会组织的成立背景即社会组织是否是政府发起成立的，以及社会组织的评估等级。为了符合回归分析对变量类型的要求（等距变量或等比变量），研究将前两个控制变量处理为 0，1 虚拟变量；社会组织的评估等级为定序变量，本书将其处理为多组的虚拟变量，以"未参与评估"的等级作为参照组（由于样本中没有社会组织评估等级为 1A 的社会组织，故在以下分析中没有纳入该类别）（吴明隆，2010b）。

二、政治关联的调节效应分析

由上一节的结构方程模型可知，在培育模式对政社关系的影响中，有四条通过检验的路径。本书的调节效应检验主要考察组织间权力来源的三个变量在以下三条路径中是否具有调节作用：资源配置机制（以下简称 X_2）→控制特征（以下简称 Y_1）；资源配置机制（以下简称 X_2）→合作决策相互性（以下简称 Y_2）；参与机会开放性（以下简称 X_1）→合作互益性（以下简称 Y_3）。[1]

本研究采用 SPSS 做层次回归分析，首先检验政治关联的调节效应。将三个控制变量放入回归方程的第一层，对应的自变量和调节变量政治关联放入第二层，两者的交互项放入第三层。

政治关联对路径"资源配置机制（X_2）→控制特征（Y_1）"的调节效应检验见表 4-33 所示。其中，资源配置机制和政治关联的交互在 0.01 的显著性水平上通过检验，$\triangle R^2$ 为 0.016，交互项的标准化系数为 0.128；同时，政治关联在

---

[1]　由于第四条路径"参与机会开放性（以下简称 X_1）→控制特征（以下简称 Y_1）"的标准化路径系数绝对值很小，经后续统计分析发现，组织间权力来源的三个因素在其中不存在调节效应，考虑到篇幅原因，本书不再做具体展开。

0.05 的显著性水平上也对 Y_1 有影响。因而政治关联不但会直接影响政社关系的控制特征，而且在资源配置机制影响政社关系控制特征的过程中也具有调节效应。随着政治关联水平的增加，资源配置机制对政社关系控制特征的影响会增强。

表 4-33 政治关联对资源配置机制影响政社关系控制特征的调节效应检验

变 量		因变量 = Y_1_控制特征		
		模型 1	模型 2	模型 3
控制变量	合作部门是否同时是业务主管单位	-0.217 ***	-0.230 ***	-0.226 ***
		(0.170)	(0.153)	(0.151)
	是否由政府发起成立	-0.162 **	-0.205 ***	-0.216 ***
		(0.193)	(0.182)	(0.180)
	社会组织评估等级_2A	-0.031	-0.062	-0.064
		(0.622)	(0.558)	(0.552)
	社会组织评估等级_3A	-0.039	0.006	0.013
		(0.221)	(0.198)	(0.196)
	社会组织评估等级_4A	0.077	0.088	0.088
		(0.257)	(0.229)	(0.227)
	社会组织评估等级_5A	0.006	0.010	0.006
		(0.233)	(0.208)	(0.206)
主效应	X_2_资源配置机制		0.435 ***	0.441 ***
			(0.052)	(0.052)
	政治关联		-0.139 **	-0.124 *
			(0.052)	(0.052)
调节效应	交互_资源配置机制 * 政治关联			0.128 **
				(0.033)
常数项		0.000 ***	0.000 ***	0.000 ***
		(0.164)	(0.298)	(0.298)
R^2		0.093	0.284	0.300

续表

变　　量	因变量＝Y_1_控制特征		
	模型1	模型2	模型3
调整 R^2	0.075	0.266	0.280
R^2 更改	0.093	0.191	0.016
F 值更改	5.286	41.177	7.050
Sig. F 更改	0.000	0.000	0.008
样本量	317	317	317

注：（1）显著性水平：＊代表 $p<0.05$，＊＊代表 $p<0.01$，＊＊＊代表 $p<0.001$；

　　（2）数值为标准系数，括号内为标准误差。

　　同理，对政治关联影响路径"资源配置机制（X_2）→合作决策相互性（Y_2）"的调节效应做检验，结果表明，资源配置机制和政治关联的交互同样在 0.01 的显著性水平上通过检验，△R^2 为 0.017，交互项的标准化系数为 0.133（见表 4-34）。检验结果显示，政治关联对资源配置机制影响政社关系的合作决策相互性特征具有调节效应；随着政治关联水平的增加，两者间的影响会增强。

表 4-34　政治关联对资源配置机制影响政社关系合作决策相互性的调节效应检验

变　　量		a. 因变量：Y_2_合作决策相互性		
		模型1	模型2	模型3
控制变量	合作部门是否同时是业务主管单位	−0.123* (0.156)	−0.149** (0.140)	−0.144** (0.139)
	是否由政府发起成立	−0.027 (0.177)	−0.108* (0.167)	−0.120* (0.165)
	社会组织评估等级_2A	−0.096 (0.571)	−0.117* (0.512)	−0.119* (0.507)
	社会组织评估等级_3A	0.026 (0.203)	0.077 (0.182)	0.084 (0.180)

续表

变 量		a. 因变量：Y_2_合作决策相互性		
		模型 1	模型 2	模型 3
控制变量	社会组织评估等级_4A	0.055 (0.236)	0.068 (0.210)	0.067 (0.208)
	社会组织评估等级_5A	0.046 (0.214)	0.044 (0.191)	0.040 (0.189)
主效应	X_2_资源配置机制		0.465*** (0.048)	0.471*** (0.048)
	政治关联		−0.020 (0.048)	−0.004 (0.048)
调节效应	交互_资源配置机制 * 政治关联			0.133** (0.030)
常数项		0.000*** (0.150)	0.000*** (0.273)	0.000*** (0.273)
R^2		0.032	0.236	0.253
调整 R^2		0.014	0.216	0.231
R^2 更改		0.032	0.203	0.017
F 值更改		1.733	40.970	7.143
Sig. F 更改		0.113	0.000	0.008
样本量		317	317	317

注：（1）显著性水平：＊代表 $p<0.05$，＊＊代表 $p<0.01$，＊＊＊代表 $p<0.001$。

（2）数值为标准系数，括号内为标准误差。

最后，对路径"参与机会开放性（X_1）→合作互益性（Y_3）"的调节效应做检验，结果如表 4-35 所示。虽然政治关联对 Y_3 有影响，其回归系数在 0.05 的显著性水平上通过检验，但政治关联与参与机会开放性的交互项并不显著。分析表明，政治关联对合作互益性有影响，但并不影响路径 $X_1 \rightarrow Y_3$ 的强弱程度，在该路径中，政治关联不具有调节效应。

表 4-35 政治关联对参与机会开放性影响政社关系合作互益性的调节效应检验

变　量		a. 因变量：Y_3_合作互益性		
		模型 1	模型 2	模型 3
控制变量	合作部门是否同时是业务主管单位	0.181**	0.089	0.092
		(0.131)	(0.113)	(0.113)
	是否由政府发起成立	0.179**	0.025	0.016
		(0.149)	(0.134)	(0.135)
	社会组织评估等级_2A	0.044	0.055	0.054
		(0.478)	(0.409)	(0.408)
	社会组织评估等级_3A	0.033	0.042	0.044
		(0.170)	(0.144)	(0.144)
	社会组织评估等级_4A	0.010	0.015	0.012
		(0.198)	(0.168)	(0.168)
	社会组织评估等级_5A	0.040	0.030	0.027
		(0.179)	(0.153)	(0.152)
主效应	X_1_参与机会开放性		0.511***	0.515***
			(0.046)	(0.046)
	政治关联		0.099*	0.107*
			(0.039)	(0.039)
调节效应	交互_参与机会开放性*政治关联			0.073
				(0.026)
常数项		0.000***	0.000***	0.000***
		(0.126)	(0.271)	(0.273)
R^2		0.078	0.337	0.342
调整 R^2		0.061	0.320	0.323
R^2 更改		0.078	0.259	0.005

续表

变　量	a. 因变量：Y_3_合作互益性		
	模型 1	模型 2	模型 3
F 值更改	4.396	60.072	2.418
Sig. F 更改	0.000	0.000	0.121
样本量	317	317	317

注：（1）显著性水平：＊代表 $p<0.05$，＊＊代表 $p<0.01$，＊＊＊代表 $p<0.001$；

（2）数值为标准系数，括号内为标准误差。

三、合作专有性的调节效应分析

同样地，研究检验了合作专有性是否具有调节效应。

首先，在路径"资源配置机制（X_2）→控制特征（Y_1）"中，交互项资源配置机制和合作专有性的标准化系数为 0.101，在 0.05 的显著性水平上通过检验；同时，合作专有性对政社关系的控制特征有直接影响，其回归系数在 0.001 的显著性水平上通过检验（见表 4-36）。分析结果表明，合作专有性在资源配置机制影响政社关系控制特征的过程中起调节作用，同时也对控制特征有影响。随着合作专有性水平的降低，社会组织拥有更多的组织间权力，这会使资源配置机制对政社关系控制特征的影响增强。

表 4-36　合作专有性对资源配置机制影响政社关系控制特征的调节效应检验

变　量		a. 因变量：Y_1_控制特征		
		模型 1	模型 2	模型 3
控制变量	合作部门是否同时是业务主管单位	-0.217*** (0.170)	-0.224*** (0.150)	-0.221*** (0.149)
	是否由政府发起成立	-0.162** (0.193)	-0.244*** (0.172)	-0.241*** (0.171)
	社会组织评估等级_2A	-0.031 (0.622)	-0.042 (0.544)	-0.046 (0.542)

续表

变　量		a. 因变量：Y_1_控制特征		
		模型 1	模型 2	模型 3
控制变量	社会组织评估等级_3A	−0.039	0.011	0.000
		(0.221)	(0.194)	(0.194)
	社会组织评估等级_4A	0.077	0.097	0.084
		(0.257)	(0.225)	(0.225)
	社会组织评估等级_5A	0.006	0.030	0.020
		(0.233)	(0.205)	(0.205)
主效应	X_2_资源配置机制		0.393***	0.418***
			(0.052)	(0.053)
	合作专有性		−0.217***	−0.194***
			(0.045)	(0.046)
调节效应	交互_资源配置机制 * 合作专有性			0.101*
				(0.030)
常数项		0.000***	0.000***	0.000***
		(0.164)	(0.275)	(0.280)
R^2		0.093	0.312	0.321
调整 R^2		0.075	0.294	0.301
R^2 更改		0.093	0.219	0.009
F 值更改		5.286	49.031	4.080
Sig. F 更改		0.000	0.000	0.044
样本量		317	317	317

注：（1）显著性水平：* 代表 $p<0.05$，** 代表 $p<0.01$，*** 代表 $p<0.001$；

　　（2）数值为标准系数，括号内为标准误差。

　　其次，在路径"资源配置机制（X_2）→合作决策相互性（Y_2）"中，合作专有性与资源配置机制的交互项并没有通过显著性检验，意味着合作专有性并没有在该路径中起到调节作用。但合作专有性对 Y_2 有直接影响，其标准化回归系数为−0.235，在 0.001 的显著性水平上通过检验（见表4-37）。

表 4-37 **合作专有性对资源配置机制影响合作决策相互性的调节效应检验**

变　量		a. 因变量：Y_2_合作决策相互性		
		模型 1	模型 2	模型 3
控制变量	合作部门是否同时是业务主管单位	−0.123 *	−0.132 **	−0.132 **
		(0.156)	(0.135)	(0.136)
	是否由政府发起成立	−0.027	−0.116 *	−0.117 *
		(0.177)	(0.155)	(0.156)
	社会组织评估等级_2A	−0.096	−0.108 *	−0.107 *
		(0.571)	(0.492)	(0.493)
	社会组织评估等级_3A	0.026	0.080	0.081
		(0.203)	(0.175)	(0.177)
	社会组织评估等级_4A	0.055	0.075	0.077
		(0.236)	(0.203)	(0.205)
	社会组织评估等级_5A	0.046	0.071	0.073
		(0.214)	(0.185)	(0.187)
主效应	X_2_资源配置机制		0.425 ***	0.420 ***
			(0.047)	(0.049)
	合作专有性		−0.231 ***	−0.235 ***
			(0.041)	(0.042)
调节效应	交互_资源配置机制 * 合作专有性			−0.017
				(0.027)
常数项		0.000 ***	0.000 ***	0.000 ***
		(0.150)	(0.248)	(0.255)
R^2		0.032	0.286	0.287
调整 R^2		0.014	0.268	0.266
R^2 更改		0.032	0.254	0.000
F 值更改		1.733	54.823	0.106
Sig. F 更改		0.113	0.000	0.745
样本量		317	317	317

注：（1）显著性水平：* 代表 $p<0.05$，** 代表 $p<0.01$，*** 代表 $p<0.001$；

　　（2）数值为标准系数，括号内为标准误差。

195

最后，对合作专有性在路径"参与机会开放性（X_1）→合作互益性（Y_3）"中的调节效应做检验。表 4-38 显示，交互项参与机会开放性和合作专有性的回归系数并不显著，而合作专有性对 Y_3 的影响在 0.05 的显著性水平上通过检验。检验结果表明，合作专有性对政社关系的合作互益性特征有直接影响，但并没有在 X_1→Y_3 的路径中起到调节作用。

表 4-38　合作专有性对参与机会开放性影响政社关系合作互益性的调节效应检验

变　量		a. 因变量：Y_3_合作互益性		
		模型 1	模型 2	模型 3
控制变量	合作部门是否同时是业务主管单位	0.181**	0.089	0.089
		(0.131)	(0.113)	(0.113)
	是否由政府发起成立	0.179**	0.054	0.052
		(0.149)	(0.131)	(0.131)
	社会组织评估等级_2A	0.044	0.044	0.045
		(0.478)	(0.407)	(0.407)
	社会组织评估等级_3A	0.033	0.037	0.037
		(0.170)	(0.144)	(0.145)
	社会组织评估等级_4A	0.010	0.010	0.008
		(0.198)	(0.168)	(0.169)
	社会组织评估等级_5A	0.040	0.023	0.023
		(0.179)	(0.153)	(0.154)
主效应	合作专有性		0.097*	0.098*
			(0.033)	(0.033)
	X_1_参与机会开放性		0.520***	0.519***
			(0.046)	(0.046)
调节效应	交互_参与机会开放性 * 合作专有性			−0.027
				(0.023)
常数项		0.000***	0.000***	0.000***
		(0.126)	(0.261)	(0.262)

续表

变 量	a. 因变量：Y_3_合作互益性		
	模型 1	模型 2	模型 3
R^2	0.078	0.338	0.338
调整 R^2	0.061	0.321	0.319
R^2 更改	0.078	0.259	0.001
F 值更改	4.396	60.294	0.330
Sig. F 更改	0.000	0.000	0.566
样本量	317	317	317

注：（1）显著性水平：＊代表 $p<0.05$，＊＊代表 $p<0.01$，＊＊＊代表 $p<0.001$；

（2）数值为标准系数，括号内为标准误差。

四、资源依赖的调节效应分析

按照类似的流程，研究继续对资源依赖的调节效应做了检验，三条路径"资源配置机制（X_2）→控制特征（Y_1）""资源配置机制（X_2）→合作决策相互性（Y_2）"和"参与机会开放性（X_1）→合作互益性（Y_3）"的分析结果如表4-39 至表4-41 所示。

表4-39　资源依赖对资源配置机制影响政社关系控制特征的调节效应检验

变 量		a. 因变量：Y_1_控制特征		
		模型 1	模型 2	模型 3
控制变量	合作部门是否同时是业务主管单位	-0.217 *** (0.170)	-0.252 *** (0.155)	-0.252 *** (0.156)
	是否由政府发起成立	-0.162 ** (0.193)	-0.251 *** (0.178)	-0.252 *** (0.179)
	社会组织评估等级_2A	-0.031 (0.622)	-0.049 (0.560)	-0.054 (0.565)

续表

变　　量		a. 因变量：Y_1_控制特征		
		模型 1	模型 2	模型 3
控制变量	社会组织评估等级_3A	−0.039 (0.221)	0.001 (0.201)	0.000 (0.201)
	社会组织评估等级_4A	0.077 (0.257)	0.087 (0.232)	0.086 (0.232)
	社会组织评估等级_5A	0.006 (0.233)	0.002 (0.210)	−0.001 (0.211)
主效应	X_2_资源配置机制		0.437*** (0.053)	0.436*** (0.053)
	资源依赖		−0.067 (0.032)	−0.066 (0.032)
调节效应	交互_资源配置机制 * 资源依赖			−0.037 (0.021)
常数项		0.000*** (0.164)	0.000*** (0.253)	0.000*** (0.254)
R^2		0.093	0.271	0.272
调整 R^2		0.075	0.252	0.251
R^2 更改		0.093	0.178	0.001
F 值更改		5.286	37.627	0.561
Sig. F 更改		0.000	0.000	0.455
样本量		317	317	317

注：（1）显著性水平：* 代表 $p<0.05$，** 代表 $p<0.01$，*** 代表 $p<0.001$；

（2）数值为标准系数，括号内为标准误差。

表 4-40 **资源依赖对资源配置机制影响政社关系合作决策相互性的调节效应检验**

变 量		a. 因变量：Y_2_合作决策相互性		
		模型 1	模型 2	模型 3
控制变量	合作部门是否同时是业务主管单位	−0.123*	−0.141**	−0.141**
		(0.156)	(0.141)	(0.141)
	是否由政府发起成立	−0.027	−0.106*	−0.104*
		(0.177)	(0.162)	(0.162)
	社会组织评估等级_2A	−0.096	−0.116*	−0.111*
		(0.571)	(0.508)	(0.513)
	社会组织评估等级_3A	0.026	0.083	0.084
		(0.203)	(0.182)	(0.182)
	社会组织评估等级_4A	0.055	0.071	0.071
		(0.236)	(0.210)	(0.210)
	社会组织评估等级_5A	0.046	0.045	0.048
		(0.214)	(0.190)	(0.191)
主效应	X_2_资源配置机制		0.458***	0.458***
			(0.048)	(0.048)
	资源依赖		0.058	0.057
			(0.029)	(0.029)
调节效应	交互_资源配置机制 * 资源依赖			0.038
				(0.019)
常数项		0.000***	0.000***	0.000***
		(0.150)	(0.230)	(0.230)
R^2		0.032	0.239	0.240
调整 R^2		0.014	0.219	0.218
R^2 更改		0.032	0.206	0.001
F 值更改		1.733	41.677	0.570
Sig. F 更改		0.113	0.000	0.451
样本量		317	317	317

注：（1）显著性水平：*代表 $p<0.05$，**代表 $p<0.01$，***代表 $p<0.001$；

（2）数值为标准系数，括号内为标准误差。

表4-41　**资源依赖对参与机会开放性影响政社关系互益性的调节效应检验**

变　量		a. 因变量：Y_3_合作互益性		
		模型1	模型2	模型3
控制变量	合作部门是否同时是业务主管单位	0.181**	0.109*	0.111*
		(0.131)	(0.114)	(0.114)
	是否由政府发起成立	0.179**	0.057	0.053
		(0.149)	(0.130)	(0.133)
	社会组织评估等级_2A	0.044	0.046	0.044
		(0.478)	(0.406)	(0.408)
	社会组织评估等级_3A	0.033	0.054	0.054
		(0.170)	(0.145)	(0.145)
	社会组织评估等级_4A	0.010	0.019	0.019
		(0.198)	(0.168)	(0.168)
	社会组织评估等级_5A	0.040	0.037	0.035
		(0.179)	(0.152)	(0.153)
主效应	X_1_参与机会开放性		0.542***	0.544***
			(0.046)	(0.046)
	资源依赖		0.112*	0.114*
			(0.023)	(0.023)
调节效应	交互_参与机会开放性 * 资源依赖			−0.026
				(0.019)
常数项		0.000***	0.000***	0.000***
		(0.126)	(0.279)	(0.281)
R^2		0.078	0.340	0.341
调整 R^2		0.061	0.323	0.321
R^2 更改		0.078	0.262	0.001
F 值更改		4.396	61.078	0.293
Sig. F 更改		0.000	0.000	0.589
样本量		317	317	317

注：（1）显著性水平：＊代表 $p<0.05$，＊＊代表 $p<0.01$，＊＊＊代表 $p<0.001$；

（2）数值为标准系数，括号内为标准误差。

结果表明，资源依赖对这三条路径的影响强弱均没有调节作用；在对因变量的直接影响方面，仅在路径 $X_1 \rightarrow Y_3$ 中，在 0.05 的显著性水平上对合作互益性有影响。相对而言，在培育模式影响政社关系的过程中，无论是调节效应还是直接影响因变量，资源依赖所产生的效应均没有政治关联和合作专有性两个因素强。

五、组织间权力来源的调节效应：假设检验结果

根据以上分析，我们得出了组织间权力来源的三个因素的调节效应检验结果，如表 4-42 所示。

表 4-42　　　　　　　　　调节效应假设检验情况

研 究 假 设	检验结果
总假设：	
H2：组织间权力来源对培育模式影响政社关系具有调节效应	部分证实
分假设 1：	
H2-1：政治关联对于培育模式影响政社关系具有调节效应	部分证实
H2-1a：政治关联水平越高，参与机会开放性对控制特征的影响越强	未证实
H2-1b：政治关联水平越高，参与机会开放性对合作决策相互性的影响越强	未证实
H2-1c：政治关联水平越高，参与机会开放性对合作互益性的影响越强	未证实
H2-1d：政治关联水平越高，资源配置机制对控制特征的影响越强	证实
H2-1e：政治关联水平越高，资源配置机制对合作决策相互性的影响越强	证实
H2-1f：政治关联水平越高，资源配置机制对合作互益性的影响越强	未证实
分假设 2：	
H2-2：合作专有性对于培育模式影响政社关系具有调节效应	部分证实
H2-2a：合作专有性水平越低，参与机会开放性对控制特征的影响越强	未证实
H2-2b：合作专有性水平越低，参与机会开放性对合作决策相互性的影响越强	未证实
H2-2c：合作专有性水平越低，参与机会开放性对合作互益性的影响越强	未证实
H2-2d：合作专有性水平越低，资源配置机制对控制特征的影响越强	证实

续表

研 究 假 设	检验结果
H2-2e：合作专有性水平越低，资源配置机制对合作决策相互性的影响越强	未证实
H2-2f：合作专有性水平越低，资源配置机制对合作互益性的影响越强	未证实
分假设3：	
H2-3：资源依赖对培育模式影响政社关系具有调节效应	未证实
H2-3a：资源依赖水平越低，参与机会开放性对控制特征的影响越强	未证实
H2-3b：资源依赖水平越低，参与机会开放性对合作决策相互性的影响越强	未证实
H2-3c：资源依赖水平越低，参与机会开放性对合作互益性的影响越强	未证实
H2-3d：资源依赖水平越低，资源配置机制对控制特征的影响越强	未证实
H2-3e：资源依赖水平越低，资源配置机制对合作决策相互性的影响越强	未证实
H2-3f：资源依赖水平越低，资源配置机制对合作互益性的影响越强	未证实

本研究共提出了与调节效应分析相关的 18 个细分假设。其中，由于在本章第五节培育模式影响政社关系特征的检验中有 2 条路径没有通过显著性检验，路径本身不成立；同时，路径"参与机会开放性（以下简称 X_1）→控制特征（以下简称 Y_1）"的标准化路径系数绝对值很小，经统计分析发现组织间权力来源的三个因素在其中不存在调节效应①，因而这 3 条路径对应的 9 个细分假设未得到证实。在通过检验的 3 条主要路径中，共有 9 个细分假设，其中有 3 个细分假设在调节效应的统计分析中通过显著性检验，假设得到证实。

分析结果显示，在组织间权力来源的三个因素中，政治关联和合作专有性在培育模式影响政社关系的 3 条路径中具有调节效应，资源依赖在各路径中均没有调节作用。

六、研究发现

根据以上分析，本书可以得出以下几点研究发现。

---

① 考虑到篇幅，本书未做具体展开。

研究发现1：组织间权力来源对培育模式影响政社关系特征具有调节作用，主要体现在资源配置机制对应的两个路径中。

对组织间权力来源三个因素的调节效应检验结果表明，当社会组织拥有更多的组织间权力来源时，培育模式对政社关系影响的正向作用会增强。具体来讲，当社会组织的政治关联水平越高时，资源配置机制对控制特征的影响会随之增强，同时，资源配置机制对合作决策相互性的影响也会随之增强；当社会组织的合作专有性水平越低时，资源配置机制对控制特征的影响会随之增强。

当社会组织拥有更多的组织间权力来源时，其对培育模式影响政社关系特征的调节作用主要作用于资源配置机制行政化对政社关系带来的行政力量的介入和控制过程中。一方面，当社会组织拥有更多的组织间权力时，能够在以政府偏好来配置资源的培育环境下获得更多的政府资源，争取到更有利的政策支持条件。另一方面，当社会组织拥有更多的组织间权力时，能够改善它们与政府之间不平衡的权力地位，在与政府的互动中获得更多的主动权。相较于拥有组织间权力较少的社会组织，它们对政府试图介入和控制组织内部运行的抵抗能力会更大，同时，相对平衡的组织间权力也能使社会组织在合作项目确定服务对象、制定项目目标等过程中获得更多的尊重，争取到更多的共同决策权。

调节效应的分析表明，在微观的组织间层次上，社会组织可以凭借组织间权力来源增强自身对培育模式所设定的政策环境的适应能力，从而影响培育模式对政府关系发展特征的作用强度。当社会组织拥有更多的组织间权力来源时，能够放大培育模式间接化过程中对政社关系发展的正面作用，即控制特征削弱的幅度更大，而合作决策相互性和合作互益性增加的幅度会更强。

研究发现2：组织间权力来源的调节效应的范围存在限度，政府在培育模式的优化中具有责任主体地位。

在路径的分析中我们也看到，组织间权力来源的调节作用主要发生在资源配置机制对应的两个路径中，而对参与机会开放性的路径没有影响。这说明当社会组织拥有更多的组织间权力时，并不会改变参与机会开放性对合作互益性的影响强度。

为什么组织间权力来源的调节作用仅限于资源配置机制的路径，而对参与开放性影响互益性的路径没有调节作用？一个可能的解释是，社会组织想要凭借组织间权力改变当前既定的参与空间和机会的开放程度要远难于社会组织借助组织间权力改变政府在社会组织之间分配资源的决策。当政府按自身偏好配置培育资源时，社会组织可借助组织间权力影响政府在候选社会组织中分配资源的决策；相较于此，社会组织想要凭借组织间权力改变当前既定的参与空间和机会的开放程度则更难。事实上，影响参与机会开放性程度的因素在短期内是相对稳定的，例如政府培育项目存在的行政区划限定，以结果为导向且求稳的政府行为特征，以及不同职能部门在信息发布渠道上的相对封闭性（敬乂嘉，2011；黄晓春、周黎安，2017；黄晓春、嵇欣，2014）。其改变将是一个更为复杂和系统性的过程，更需要政府方的努力。而微观层面上社会组织运用组织间权力来源所采取的策略性行动能够改变的更多的只是自身的处境。

研究发现 3：在培育模式影响政社关系特征的路径中，政治关联的调节效应比较显著，但社会组织应注意优化自身的政治关联结构。

政治关联可以调整政府和社会组织之间的权力结构，从而减少来自政府的管控。分析结果表明，政治关联对培育模式影响政社关系特征的强度具有部分调节作用。社会组织的政治关联水平越高，则社会组织抵抗来自某一政府部门约束的能力越强，越不容易受到该部门的控制，也更能增进双方的合作决策相互性。但已有文献也提示我们，政治关联对控制特征的影响可能与其组成结构有关，当社会组织的政治关联集中于它主要合作的某一政府部门时，政治关联也可能会使政府的控制增强（Selznick，1949）。这提示我们，社会组织能够借助政治关联在政府培育的过程中改善与政府的关系，但也需同时注意优化自身的政治关联结构。在与政府的互动过程中，如果社会组织能够通过各种方式和渠道快速提升自身在整个政府系统中的政治关联水平，则其在与某一部门合作时会处于更加有利的地位，在这种情况下，政治关联能够减弱政府控制，增强合作的决策相互性；但如果社会组织的政治关联集中于某一政府部门，则很有可能会削弱政治关联在其中的调节效应。因此，社会组织应在与政府的互动中主动拓展与政府的关系，不断优化自身所拥有的政治关联结构。

研究发现 4：在培育模式影响政社关系特征的路径中，资源依赖所产生的效应比较小。

本研究的统计数据的检验表明，在调节效应的检验中，资源依赖在培育模式影响政社关系特征的三条主要路径中均没有起调节作用。这说明资源依赖在培育模式影响政社关系特征的路径中所产生的效应没有政治关联和合作专有性两个因素强。

同时，本研究在分析中发现，资源依赖对控制特征的直接影响并未通过显著性检验，这与一些文献所认为的资源依赖程度越深越容易受到政府控制的观点有所不同（Pfeffer & Salancik，2003；Verschuere & De Corte，2014）。一个可能的解释是，由于本研究纳入分析的自变量和调节变量较多，这些变量均有可能对政府的控制特征产生影响，其他变量很可能会抵消资源依赖所产生的作用。因此，在单独探讨社会组织对政府的资金依赖的效应时需要控制更多的变量。这也从侧面反映出资源依赖的效应并没有先前理论预测的那么强，资源依赖的效应可以通过多种因素的不同作用方式予以修正。而本研究也正印证了另一些文献对资源依赖与控制之间关系的观点，即资源依赖与控制特征的关系并非线性，高度依赖政府资金并不意味着会受到政府的控制（Chaves et al.，2004；Nikolic & Koontz，2008；Kramer，1994），社会组织可以采取更多措施以减少资源依赖可能产生的对组织的约束（Drees & Heugens，2013；Provan，1984）。

资源依赖的分析也为社会组织带来了一些启示。在案例观察中，有的社会组织有意地去控制政府资金占其收入的比重，试图以此避免政府对组织使命和价值的干预和介入。事实上，在国外社会组织的收入中，政府资助是其重要的来源，甚至在一些领域，政府资助的平均占比超过了50%（郁建兴、滕红燕，2018）。正如访谈中有社会组织所提到的：

　　购买服务是公平交换的，是合同合作，是签约的。我们与政府是平等的，可以购买可以不购买。钱的来源不决定这个机构的性质。钱哪里来不重要，怎么运作才是重要的，我们和政府是什么关系，伙伴关系还是伙计关系，关键在于我们是怎么运作，这个和钱无关。①

本研究再次证明，对政府资金的使用并不意味着必然会受到政府的控制。社

---

　　①　参见访谈资料：T20171027_JASL。

会组织可以凭借自身在特定领域中的专业性优势和社会网络资源，构建自身的
"能力专有性"，让自身在与政府的关系中具有更多的比较优势，甚至可以使政府
在专业性和社会网络等方面反向依赖社会组织，从而在与政府的博弈中获得谈判
的资本（王名、蔡志鸿，2019；Huxham & Beech，2008）。

第五章　建构基于中国本土经验的
社会组织发展路径

政府培育发展社会组织的问题关系到国家与社会关系的转型、社会组织发展路径的选择、公共服务供给方式的变革以及社会治理结构的转型升级等一系列重要的问题，在理论和实践中均产生了重要的影响。政府能否培育发展出一个高质量的社会组织系统，能否在培育中促进政社双方形成新型、良性的合作伙伴关系，能否在这个过程中探寻出基于中国特色和本土经验的社会组织发展路径？这正是本书想要尝试回答的几个核心问题。

我国各级政府在培育发展社会组织的过程中进行了各种培育试验，积累了丰富的实践经验，这为本书从经验层面和理论层面探讨这些问题提供了新的研究契机。本书采用理论研究与实证研究相结合的方式，分析了我国政府培育发展社会组织的模式、路径和产生的效应，重点探讨了以下几个关键问题：什么是政府培育发展社会组织，政府应如何恰当且有效地培育发展社会组织，政府培育发展社会组织将如何影响中国的政社关系走向，以及在"强国家—弱社会"的格局下，怎样的发展路径是更具有中国适用性的社会组织发展路径。在综合以上各章的理论分析和实证研究发现的基础上，本章将对这些问题给出基于本书分析框架和实证检验结果的研究结论，在此基础上提出如何优化政府培育发展社会组织政策以及如何构建更加良性的政社合作关系等方面的政策建议。最后，本章将总结本研究可能存在的不足，提出下一步的研究方向。

第一节 研 究 结 论

一、政府应如何恰当且有效地培育和发展社会组织

已有研究表明，由于制度环境、历史背景的差异，基于国家社会二分、追求相对于政府独立性的西方社会组织发展路径并不适用于中国实际。因此，自20世纪90年代以来，一批具有历史使命和现实关怀的学者致力于探讨在"强国家—弱社会"的环境下以社会组织为主体的公民社会在中国是否存在、如何内生出相对自主和成熟的社会组织等问题。在此背景下，当前我国政府将社会组织定位为重要的社会治理主体之一，并出台了一系列对社会组织的培育和支持政策，这表明政府正在以更加正面、积极的态度来看待社会组织在提供公共服务、促进

政府职能转移和构建现代公共治理体系中的作用和价值。在实践中，我国政府正逐步走出管控约束与零和博弈的旧模式，将正确处理政府与社会组织关系、促进社会组织健康有序发展以及推动社会组织助力国家治理体系和治理能力现代化作为政府培育政策的重要政策目标。

政府的实践为探寻具有中国适用性的社会组织发展路径提供了新的研究契机。当下，关注政府培育社会组织的模式与实现路径，考察政府培育社会组织对政社关系发展走向的影响，对于探索有别于西方发展经验、具有中国特色的社会组织发展模式、推进更具中国适用性的国家与社会关系理论研究具有重要的意义。

（一）政府应采用怎样的培育模式来促进社会组织的发展

政府应如何恰当且有效地培育发展社会组织？具体而言，政府应如何提升其培育发展社会组织政策的有效性？政府在其中应该扮演什么样的角色？政府应如何设计社会组织的培育机制，从而能够借助多方资源、助力社会组织的高质量发展？本书的第二章主要围绕这些问题展开。已有研究采用了不同的研究视角回答这些问题，主要包括国家与社会关系、制度分析、政策分析、政府的培育模式等研究路径。本书主要从政府的培育模式入手探讨以上问题。

已有研究主要从培育主体间的关系讨论了政府培育模式的一些类型，但未明确提出不同培育模式的界定标准，也较少关注除培育主体关系结构之外其他重要的政策设计和政策执行因素对政府培育发展社会组织的影响，因而无法完全反映某一地区或某一领域内政府培育政策的总体特征。本书在前期研究的基础上，提出了政府培育模式的两种理想类型，即政府的直接培育模式和政府的间接培育模式。具体而言，政府的直接培育模式，是指以政府为培育主体的核心，以行政机制为主要的资源配置手段来培育和发展社会组织的模式，其中，政府是培育过程的绝对主导者和最终决策者；政府的间接培育模式，是指政府赋权给支持型社会组织，由其作为主要的培育主体，以市场机制和社会机制为主要的资源配置机制来推动社会组织的发展，其中，政府主要扮演参与者和支持者等辅助角色，而支持型社会组织则被政府赋予了社会组织培育主导者的角色，在培育中发挥核心作用。

本书认为，政府培育模式不同意味着政府在促进社会组织发展中所采取的一系列政策和机制的总体特征存在区别，进而会构建出差异化的制度场域。因此，本书采用了两种方式来论述不同培育模式存在的差异。

一方面，本书运用组织生态学理论，采用比较案例的方式，从社会组织个体层面的发展与行业层面的发展两个方面来比较不同培育模式对社会组织发展的支持差异。分析表明，政府不同的培育模式具有不同的侧重点。在政府的直接培育模式中，由于政府多重角色冲突和自身组织逻辑的限制，在社会组织个体层面上难以向社会组织提供更具差异化和针对性的能力提升服务，在行业层面上对社会组织多元化发展的支持力度有限。相对而言，政府的间接支持模式由于向支持型社会组织充分赋权，因而能充分发挥支持型社会组织在其中的优势，该模式在个体层面上提供的支持更具针对性、灵活性和多样性；在行业层面上，其资源配置更有效，对社会组织多元化发展的支持更充分，培育的社会组织更有活力，发展更为健康，从而能够更有助于达成社会组织高质量发展的政策目标。在以上分析的基础上，本书采用了比较案例的方式，具体论述了实践中的两种政府培育模式在提供社会组织发展支持上的差异。

另一方面，本书采用比较案例的方式，分析了不同的政府培育模式对政策工具的运行机制与实施效果的影响。本书认为，在选择同样的政策工具下，若政府采取的培育模式不同，政策工具的运用方式和产生的效果也将大相径庭。

本书在常用的政府培育发展社会组织的政策工具中，选取了以公益创投与政社共建公益性机构为代表的两种政策工具，分别采用比较案例的方法，论述在政府采用不同的培育模式下每一种政策工具的运行机制特征与实施效果差异。

在对公益创投的分析中，本书根据两种政府培育模式的比较维度，从公益创投的方案设计、资助议题特征、资金来源、培育主体间的合作方式、资助项目的确定方式，以及政府与支持型社会组织在公益创投中的角色等方面，比较了不同政府培育模式下公益创投项目的运行特点。

分析结果表明，政府直接培育模式下的公益创投对社会组织的资助力度有限；社会组织参与机会的开放性不足，存在行政区划的限制；资源配置机制的行政化问题明显。在该模式下，政府和支持型社会组织各自的角色偏位，合作机制不够顺畅，公益创投机制的运行被限制在各种条条框框中，并没有充分发挥出其在培育扶持社会组织中的优势。在政府间接培育模式下，政府不再是直接的出资者和最终决策者，而是作为参与者和支持者在其中发挥作用，支持型社会组织作为整合政府、市场和社会资源、沟通协调不同参与主体间关系的关键行动者，在其中发挥主导作用；这种模式下的公益创投具有可复制性强、参与门槛低、专业性和针对性强等优点，能撬动更多的市场、社会资源，提高项目的精细化和精准化，从而更能体现公益创投在培育社会组织中的独特优势。

在政社共建公益性机构的分析中，本书从跨部门主体间的关系、政府治理的侧重点以及治理结构的特征等维度，分析和比较了不同政府培育模式下政府跨部门共建公益性机构的运行特点。结果表明，在直接培育模式下，政府以层级控制和行政化手段管理跨部门共建机构，将注意力过多地放在了合规性的控制上，而不是合作机制的制度性设计上。这使政府为了不出错，过多地介入合作项目的执行环节，极大限制了共建机构的发展；同时，政府在合作中占据了绝对主导地位，极易导致合作治理的失效。在政府间接培育模式下，政府不再以层级控制和行政主导的方式干涉新建机构的具体运营，而是更为关注跨部门合作治理机制的顶层设计，通过注重发挥支持型社会组织的作用、构建基于契约的合作关系以及按照市场逻辑与社会逻辑行事等方式，政府与市场主体、社会主体在共建公益机构的过程中更易达成互益共赢。

（二）政府如何促进支持型社会组织的发展

以上关于政府培育模式的分析主要聚焦于一些相对弱小、在资源和能力上需要外部培育主体予以支持的普通社会组织。但当其中作为培育主体的支持型社会组织自身仍处于较弱发展水平的时候，政府又应如何促进其发展？本书的第三章重点讨论了政府如何促进支持型社会组织发展的问题。

本书认为，支持型社会组织的发展具有一定的特殊性，因此，政府通常用于培育发展中小社会组织的政策工具和培育模式并不太适用于促进这类组织的高质量发展。当前我国政府对支持型社会组织的培育更多地体现为自上而下的行政化直接培育模式，以及自下而上发展中的政府角色缺位，这导致我国支持型社会组织在发展过程中出现了高度行政化、功能结构不完整、区域发展不平衡等现象。支持型社会组织发展中出现的一系列问题主要因为政府在培育过程中的角色错位，其采用的培育模式并不符合支持型社会组织的发展规律。

基于此，本书整理了全国支持型社会组织名录，通过北大法宝等数据库系统搜集了全国各级政府出台的170余份政策文件，并调研了全国具有代表性的一些支持型社会组织。在分析以上这些数据资料的基础上，本书运用政府间接培育模式的基本逻辑，从组织生态理论的角度分析了支持型社会组织的独特发展机制，探讨了政府在培育支持型社会组织中的角色和定位，并进一步提出了政府构建政策支持体系的具体路径。

研究表明，支持型社会组织具有独特的发展逻辑。一方面，支持型社会组织具有较强的自主培育潜能以及自主提升专业性的内生动力，能够自发地通过相互的联合、共建等方式，自主地生发出符合社会组织行业实际需要的新形态、新功能的支持型社会组织，从而持续完善对社会组织的服务支持系统，推动行业走向专业化分工更高的方向。另一方面，支持型社会组织形态易变，发展方向可逆，受政策环境影响大，因此其作用的充分发挥主要取决于政府提供的政策空间大小、对其的功能定位以及政府在培育中采用的竞争和筛选机制，其持续的高质量发展需要包括政府在内的多元主体提供强有力的支持。

基于支持型社会组织发展的特殊性，本书认为，政府应采用间接培育的方式促进支持型社会组织的发展。具体而言，政府在其中的角色应是站在战略性的高度上做好总体布局和规划，其政策工具应该更加体现出政策引导性，其资源配置方式应更多地运用市场化和社会化机制，其着力点应落在构建有利的政策环境上，从而以恰当的政策设计激发支持型社会组织的自身活力，促进其发展，而非以直接培育的方式过度介入支持型社会组织的发展。政府采取更为间接的方式，即通过构建有利的政策环境，以恰当的方式投入和配置资源，引导市场和社会主体为支持型社会组织提供所需的支持，激发其内生的自我培育和发展能力等方式，能够以最有效的路径促进支持型社会组织发展。

二、政府培育社会组织如何影响政府与社会组织关系的发展

在区分和比较了政府对社会组织的不同培育模式后，需要进一步探讨的问题是，政府采用的培育模式会如何影响政社关系的发展方向？本书的第四部分聚焦政府培育对政社关系发展产生的效应，探讨应如何在政府培育发展社会组织的过

程中构建出更为良性健康的政府与社会组织关系。

已有研究虽识别了政府培育对政社关系发展所存在的两种效应,但并未进一步给出基于实证检验的政府培育影响政社关系发展方向的实现条件和作用机理,较少考量政府在处理政社关系中的双重行为逻辑,同时在分析中也较少关注社会组织的行动能力和发展质量在其中的影响。本书主要从政府培育模式的视角切入,着重回答以下两个问题:在政府培育政策的影响下,有哪些与培育模式相关的因素影响了政社关系发展的方向?政府培育模式影响政社关系发展的作用机制是什么?

(一) 政府培育模式对政社关系发展特征的影响

既有研究以规范性分析或案例研究为主,对政府培育如何影响、在多大限度上影响政社关系发展等问题,缺少统计学意义上的实证检验。本书通过识别构成培育模式的核心维度,建立了政府培育模式影响政社关系特征的主效应分析框架,综合采用验证性因子分析、结构方程模型等定量分析工具对该问题展开了研究。

首先,在前文中,为了衡量每一个社会组织所处的培育模式特征,本书基于文献研究和案例观察,提出培育模式的两个核心分类维度:参与机会开放性和资源配置机制,并据此将政府培育模式划分为直接培育模式和间接培育模式两种理想类型。在此基础上,本书开发了培育模式特征的测量模型,用来衡量社会组织所处培育模式的直接性或间接性程度。

其次,为了衡量政社关系的良性发展程度,本书提出政府与社会组织关系发展特征的概念,在总结已有文献研究成果、分析我国政府培育发展社会组织政策目标的基础上,提出衡量政社关系发展程度的三个维度:控制特征、合作的决策相互性特征与合作的互益性特征,以此构建了政社关系特征的测量模型。

在以上两方面工作的基础上,本书使用 317 个有效样本的数据,构建了培育模式影响政社关系特征的结构方程模型,检验了培育模式是否会影响政社关系特征、其影响的程度大小和影响的主要路径。

基于以上分析,本书就政府培育模式如何影响政社关系发展方向的研究问题得出以下两点结论。

首先，本书证实了培育模式的间接性程度与政社关系良性发展特征的正向影响关系。已有研究虽然识别了政府培育社会组织的两种效应，但对政府培育如何影响政社关系发展方向的问题缺少充分的解释。本书以定量的方式检验了政府培育模式对政社关系发展的影响方向和作用路径。研究发现，政府培育模式对政社关系发展方向的影响取决于培育模式的间接性程度；当政府以政策改良等方式提升培育模式的间接性程度时，政社关系有可能向控制特征更弱、合作特征更强的良性方向发展；同时，间接性程度更高的培育模式也更可能使政府借此加强对游离在政府之外的那些社会组织的管控，扩大政府对社会组织的实际影响范围。

其次，本书得出了在政府培育模式影响下，政社关系走向合作的其中一个实现条件。本研究表明，政府培育模式对政社关系的影响主要通过参与机会开放性和资源配置机制两个维度产生。研究发现，在政府培育政策的影响下，政社关系走向合作的实现条件之一是采用参与机会开放性更高、资源配置机制行政化程度更低的间接培育模式；当政府采用该种特征的培育模式时，能够消解更多的政府培育行为可能产生的负面影响，促进政社关系走向以合作为主要特征的良性发展方向。

除此以外，本书还检验了培育模式影响政社关系特征的多条路径和作用强度，有助于解释现实中的政社关系在微观层面展现出的复杂性。由于参与机会开放性和资源配置机制分别对政社关系的控制特征、合作决策相互性特征和合作互益性特征具有权重不等的差异化影响路径，培育模式在参与机会开放性和资源配置机制两个维度上的组合性特征是形成微观层面政社关系多样性和复杂性特征的成因之一。

（二）政府培育模式影响政社关系特征的作用机制

政府培育模式影响政社关系发展的作用机制是什么？在对该问题的研究中，已有文献以基于案例的定性研究为主，在机制的解释和论证上缺少基于量化的实证检验。同时，既有研究在分析视角上存在改进空间。它们大多强调了政府的主导性地位，但较少考量政府在处理政社关系中的双重行为逻辑；在分析中，大多数研究也未充分重视社会组织的行动能力和发展质量对政社关系演变产生的影响。本书采用政府培育模式的概念来概括政府培育政策和政府行为的总体特征，引入了组织间权力来源的三个因素：政治关联、合作专有性和资源依赖，构建了包含社会组织角色和社会组织发展质量在内的综合分析框架和概念模型，然后运用多元层级回归分析等研究方法检验了组织间权力来源的三个因素在培育模式影响政社关系特征中的调节效应。

分析结果表明，培育模式对政社关系的影响强度受到组织间权力来源的调节作用。当社会组织拥有更多的组织间权力来源时，培育模式对政社关系影响的正向作用会增强。这种调节效应主要体现在政治关联和合作专有性两个因素、对与资源配置机制相关的作用路径的影响上，而在参与机会开放性所对应的路径中并无调节效应。分析结果说明组织间权力来源能够增强社会组织对政府培育模式所设定的政策环境的适应能力，但这种调节效应的作用范围也存在限度；在优化和改善政府培育模式、构建良性政社关系的过程中，政府具有责任主体地位。

三、如何在"强国家—弱社会"的格局下实现社会组织的良性发展

综合以上分析，本书的研究结果为探索在"强国家—弱社会"的场景下，如何构建出更为良性健康的政府与社会组织关系，以及探寻更具中国适用性的社会组织发展路径带来了一些启示。

不同于西方国家有边界的政社合作，在我国政府与社会组织的关系演变历史中，从全能主义时期社会组织的缺失，到后全能主义时期政府对社会组织发展的管控与约束，再到当前政府强调发挥社会组织的作用、对社会组织赋权赋能，我国政府与社会组织的边界始终存在模糊甚至越界的情况。在这种情况下，当政府以行政动员的方式培育社会组织时，这种方式是否有可能建立起良性的政社合作关系？是"政府造社会"这种方式本身就是有问题的，还是存在潜在可选的方式方法，能够使政府在社会组织相对屠弱的时候以恰当方式加以扶持、加快社会组织的成长，从而得以借助社会组织的跨部门优势来共同应对各种治理挑战？同时，在西方国家社会组织发展历程中所强调的社会组织的独立性和自主性是否必然是政社合作的前提条件，实践中的社会组织应如何取舍以获得发展机会和空间？

在研究当前政府的培育模式及其对政社关系发展效应的基础上，本书的分析结论为这些问题的探讨提供了新的实证依据。

首先，本研究表明，政府的培育并不必然意味着政府对社会组织的管控，这与政府采用的培育模式类型有关。本书认为，经由政策改良形成的政府间接培育模式有可能达成双方合作的共同目标，并能促成政社关系的良性发展。本书证实了政府培育模式的间接性程度与政社关系良性发展特征的正向影响关系，并得出了以下结论：在政府培育模式影响下的政社关系走向合作的实现条件之一是采用参与机会开放性更高、资源配置机制行政化程度更低的政府间接培育模式。

其次，对于社会组织而言，相对于获得完全、充分的自主性，借助政府培育提供的契机，在参与中获得发展机会，从而达成自身组织的目标是当下更为现实的选择。正如一些研究指出的，应重新思考独立性和自主性的获得是否必须是社会组织参与社会治理、与政府互动的前提条件。在参与中不断拓展发展空间、获得发展机会可能是更具中国适应性的发展路径。

本研究证实了这种路径的潜在可行性。本研究对控制特征的测量指标反映了政府对社会组织内部运行的介入程度，从中可以看出社会组织的自主性水平。研究表明，控制与合作并非非此即彼的关系，培育模式对两种特征的形成路径有所不同，有可能形成兼具控制和合作的混合关系模式。这意味着社会组织想要获得与政府合作的正面价值，并不必然要以获得完全充分的自主性为前提。在自主性"有"和"无"的二分状态之间，仍存在多种水平的自主性。在实践中，牺牲部分的自主性以获得政府对自己的信任和政治认同，然后获得更多的发展资源和空间，从而得以实现组织自身的价值和使命，成了当下社会组织更为现实的选择。因而，在双方的关系中，社会组织为获得发展机会而阶段性地牺牲掉部分的自主性，政府以部分介入社会组织内部运行的方式卸下对社会组织的防御和顾虑，这种选择正体现了在当下政治生态中，政府和社会组织在处理彼此关系时的务实态度和社会组织灵活的发展策略。

再次，本研究的分析显示，采用间接化程度更高的培育模式将更有利于政府实现既促进社会组织发展并充分发挥其作用，又有效控制潜在风险的多重政策目标。我国政府具有双重行为逻辑，希望能在发挥社会组织作用和有效控制潜在风险中达成一种平衡。政府采取直接化程度更高的培育模式虽然能强化政府管控，但管控的范围被限制于与政府关系密切、具有政府背景的社会组织，实际上将更多的社会组织排除在政策影响之外，削弱了政府对社会组织整体的影响力；同时这种培育模式也不利于政府培育和筛选出高质量的社会组织。与之相对的是，政府采取间接化程度更高的培育模式虽然从整体上减弱了政府的控制特征，但实则是以扩大合作范围、加深合作程度的方式来强化政府对社会组织的影响力，尤其是能吸纳游离在政府之外的一些社会组织，并与之建立关系。同时，该模式也更有利于政府达成促进社会组织高质量发展、发挥社会组织跨部门治理优势的目标。

最后，本书对组织间权力来源的作用机制分析表明，随着政府向社会组织赋权和社会组织自身的成长，在微观的组织间关系层次上，社会组织的权力要素会逐步发生变化，有可能在参与治理的过程中掌握更多的组织间权力来源，从而改善自己与政府的权力结构；在组织间权力调节效应的影响下，政府培育对政社关系发展的影响强度发生了改变，从而推动政社合作关系的建立。分析表明，社会组织可以利用组织间权力的不同来源，提升对政策环境的适应能力，在一对一的政社关系中获得更加平等的权力地位，促进双方建立基于共同决策、互惠互利的合作伙伴关系。

综上所述，我们可以看到，在政府的改良型政策和社会组织主动性的共同作用下，以政府扶持、参与共治为主要方式的社会组织发展路径相对于西方路径而言更具有中国适用性。在微观的组织间关系层次上，政府的培育也有可能达成合作共治、良性发展的政府与社会组织关系。

第二节　政　策　建　议

一、对优化政府培育政策的建议

本研究结果显示，间接化程度更高的政府培育模式将更有利于政府达成多重政策目标：既能促进社会组织发展、发挥社会组织跨部门治理的优势，又能有效控制潜在的政治风险。为此，政府可采取以下几点措施优化当前的培育政策。

第一，采用政府间接培育模式，充分重视和发挥支持型社会组织在政府培育社会组织中的作用。一方面，大力培育和发展各类支持型社会组织。首先，加强政策的顶层设计，构建有利的政策环境。在提炼先进地区发展经验的基础上，出台全国性和区域性的促进支持型社会组织发展专项政策，明确以间接方式激发其内生自主培育潜力作为政府培育政策的基本原则，放宽对支持型社会组织的注册登记限制，扩大支持型社会组织的税收优惠政策范围，针对不同类型的支持型社会组织出台更具针对性和差异性的扶持政策，在区域发展上采用总体布局、有重点、分步骤的方式推进不同地区的支持型社会组织发展。其次，注重支持型社会组织发展的结构维度，鼓励开展支持型社会组织行业发展规划方面的研究，识别发展的结构性短板，进一步引导和促进基础性和紧缺型的支持型社会组织发展。再次，引导和鼓励社会和市场力量加大对支持型社会组织发展的投入力度，提高社会各界力量对其发展的专业性支持水平。最后，出台具有针对性的人才优惠政策，通过建立职业认证通道、放松薪酬限制、促进人才政策落地等方式，增强社会组织行业对优秀人才的吸引力。另一方面，向支持型社会组织赋权赋能，充分发挥支持型社会组织在政府培育中的优势。首先，向支持型社会组织赋权赋能，发挥其在政府培育社会组织中的主导作用，持续推进官办支持型社会组织的去行政化改革，减少直接干预，鼓励竞争，强化退出机制，从而激发存量支持型社会组织的发展活力。其次，开放治理空间，鼓励支持型社会组织通过制定行业标准、发布行业数据以及推动行业自律等方式，发挥支持型社会组织在社会组织规范发展中的作用。最后，重视和发挥支持型社会组织在引导社会组织参与社会治理中的作用，发挥政社协同优势。加大对专业能力较强、服务成效显著、社会声誉较高的支持型社会组织的政府职能转移力度，充分发挥支持型社会组织在解决社会问题中的创新和探索作用以及资源链接优势，积极肯定、推广、复制其中的成功模式。

第二，在行政区划内建立统一、集成的政府培育资源的信息发布平台，提升培育模式的参与机会开放性。首先，可在该平台上设立统一的政府购买服务项目发布专栏。各层级政府的各职能部门、政府派出机构及具有公权力性质的各类群团组织（如妇联、残联、共青团等）的购买服务项目应在该平台统一公开发布。其次，在该平台上设立专栏，用于发布政府对中小社会组织的培育扶持项目。一般的社会组织都能在该平台方便快捷地获得诸如政府的公益创投项目申请、孵化基地入驻申请、能力建设培训以及税收优惠政策申请等最新信息。最后，扩大该信息发布平台的知晓度，使更多的社会组织将其作为获取政府培育资源的主要信息渠道。

第三，提高培育资源配置的竞争性程度。一方面，应建立统一的社会组织展示平台，让各政府职能部门有更多的渠道了解社会组织，扩大各职能部门在选择合作对象时的备选范围。同时，通过设立职能部门对社会组织项目满意度评价等各类机制，让专业、优秀的社会组织能够脱颖而出，获得更高的曝光率。另一方面，应建立和完善社会组织对培育政策的评价机制，将评价结果纳入培育政策优化环节。该评价机制应着重评估各类培育政策的公开性、公平性和公正性。对于评分较低、问题反馈集中的培育政策和项目，主动采取优化措施，对于评分较高的政策和项目设立奖励机制，以此来形成政府培育政策良性循环过程。

二、对社会组织如何与政府建立更为良性的合作关系的建议

本研究结果显示，社会组织可以利用组织间权力的不同来源提升对政策环境的适应能力，在与政府的互动中掌握更多的主动权以推动双方关系的良性发展。根据对组织间权力的不同来源，即政治关联、资源依赖和合作专有性等因素的分析，本书对社会组织如何与政府建立更为良性合作关系提出以下几点建议。

第一，充分利用政治关联的正向效应。政治关联具有双重作用，既有可能提升社会组织克服来自政府部门约束的能力，也有可能使政府的控制力增强，这与社会组织所拥有的政治关联的构成有关。因此，社会组织需要在与政府的互动中主动积极拓展与政府的关系，优化和提升自身在整个政府系统中的政治关联水平和结构，以有效借助政治关联的正向效应改善自身所处地位。在实践中，社会组织可以在纵向上和横向上与不同层级的各个政府部门建立政治关联，在党政机关推动社会组织党建和统战工作的过程中不断增强自身的政治资本，从而使自身在与某一单个部门合作时处于较有利的地位，有助于与该部门建立更为良性的合作关系。

第二，与多个政府部门合作，降低对单个政府部门的合作专有性水平。较低的合作专有性水平有利于扩大政府培育模式对政社关系的正向影响。社会组织应避免某一政府部门在其自身的组织发展中过于重要，从战略上重视寻找其他可替代合作伙伴的重要性。同时，专注于提升自身在特定领域中的专业性优势和社会网络资源优势，这会提高合作关系对政府的重要性，有利于双方建立更为平等的

关系。

第三，对政府资金的使用并不意味着必然会受到政府的控制，社会组织可充分利用政府的丰富资源促进组织自身发展。本研究表明，相较于政治关联和合作专有性，资源依赖所产生的控制效应比较小。对政府资金的使用并不等同于必然会受到政府的控制；同时，仅凭对政府的低资源依赖未必能在与政府的关系中掌握更多的主动权。因此，对于一些尤为关注自身独立性和自主性的社会组织而言，可重新评估承接政府项目的利弊，把握机遇，充分利用政府资源促进组织自身的发展。而政府资助的负面效应可通过与多个政府部门建立政治关联，利用自身专业性优势提高合作关系对政府的重要性等多种方式来加以平衡。

第三节　研究不足与展望

本书在以下几个方面仍存在不足，有待后续研究的改进。

首先，鉴于政府培育社会组织的政策仍在不断变迁发展中，本研究结果仅为阶段性结论，后续需要对此做进一步的跟踪研究。当前我国的政社关系正处在演变发展的过程。一方面，政府在不断调整对社会组织的政策。与以往只追求数量增长不同的是，更加重视社会组织的发展质量和结构，以及更加注重社会组织的作用发挥，将成为下一阶段政府对社会组织政策的主要方向。因而政府培育模式的整体特征以及政府在政社关系发展中的角色和作用都可能会发生较大的变化。另一方面，随着市场和社会力量的不断发展壮大，以及社会组织自身发展的日趋成熟，社会组织也将在政社关系的发展演变中扮演更加重要的角色。基于此，本书得出的研究结论仅为当前政社关系发展的阶段性结论，后续研究需要继续追踪培育模式对政社关系发展的影响，进一步探究其中的作用机制。

其次，在研究方法上，本研究在调查对象的选取、组织间权力的影响机制和测量等方面存在不足，后续研究可从以下几点入手，进一步拓展对培育模式影响政社关系发展的研究。

第一，在调查对象的选取上存在优化的空间。一方面，本书在样本抽样方式的选取上存在一定的局限性。在本书的定量统计部分，出于可行性考虑，研究在调查对象选取上主要以"中国发展简报"网站上的社会组织名录为基础筛选调查样本进行邮件调查，同时辅以滚雪球的方式发放线上问卷。虽然从描述性分析来看，样本在社会组织类型、组织规模、评估等级、地域分布以及所合作的政府部门层级等方面的构成基本与我国社会组织的构成相符合，具有一定的代表性，但这种取样方式也容易将一些不太注重网络宣传、对外交流较少的组织排除在研究对象之外，使本研究结论存在一定的局限性。因此，后续的研究可以采用更为科学的抽样方式拓展研究，如采用按地域的分层随机抽样等方式，使纳入分析的政社关系样本类型更全、更具代表性。另一方面，本书在分析政府培育模式对政社关系的影响时，主要以政社关系为分析对象，较为理想的方式是以每一对政府和社会组织为调查对象，同时搜集双方的信息，以此获得的数据将更为客观与全面。考虑到研究的可行性，本书在数据搜集时主要以社会组织为调查对象来评估其所处的政社关系特征。虽然在前期的探索性案例研究中，本书通过访谈市、区、街道各级、多个职能部门的地方政府官员，搜集了政府方的大量信息，对政府与社会组织合作的动机和考量有了一定的了解和把握，但以社会组织单方面的评价来衡量政社关系的发展特征难免会失去一些可能较为重要的信息。后续研究可通过设计更为精确的样本选取方式，在调查社会组织的同时也搜集被调查社会组织所合作的政府方信息，使研究更为准确、全面和客观。

第二，在分析政府培育模式影响政社关系的作用机制时，本书对组织间权力来源的作用机制研究仍存在进一步拓展的空间。组织间权力是探讨政社关系发展的重要研究路径之一，也是管理学中研究组织间关系的重要分析内容。组织间权力理论除了权力的来源外，还包括权力的运行、权力结构等多个研究领域。本书从组织间权力来源的视角切入，主要选取了三个主要的权力来源纳入分析框架。一方面，可能还有其他的组织间权力来源在政社关系发展中发挥作用。另一方面，权力拥有方如何使用权力也可能会对政社关系的互动方式产生影响。后续研究可以依据组织间权力理论已有的研究成果，进一步拓展该理论在解释政府培育影响政社关系发展中的应用。此外，由于问卷篇幅的限制，本书对组织间权力来源三个因素的测量比较简单。本研究分别选取了每个变量的核心要义并凝练了测量指标，相对简单的测量方式可能会丢失掉一部分值得继续深入挖掘的研究信息。如资源依赖的概念除了资金上的依赖外，还有对专业技术、社会网络等其他资源上的依赖，而且依赖的方向也可能是政府对社会组织的依赖。拓展对资源依赖概念的内涵、设计更为全面的测量指标、将有助于更深入地洞察政社之间的互动机制。与此类似，政治关联也包含了多层含义。正如上文所指出的，本书主要测量了社会组织的整体政治关联水平，未对政治关联的构成做进一步的区分。当社会组织的政治关联主要集中于其所合作的政府部门时，相对于跨部门、跨政府层级的政治关联结构，这种单一的政治关联所能增加的组织间权力将会比较有限。因此，后续研究可进一步分析政治关联结构差异可能对培育模式影响政社关系发展带来哪些影响，从而推进对政社关系发展机制的理解。

附　录

附录1 调查问卷

政府培育政策下的社会组织发展调查问卷

尊敬的先生/女士：

您好！我们正在研究政府培育发展社会组织政策对社会组织发展的影响，旨在探讨在培育政策实施后，社会组织的发展受到了哪些影响、存在哪些问题，以及如何在这个过程中更好地促进其发展。作为政策的亲历者，您的真实回答有助于我们了解当前社会组织的实际情况，以更好地总结经验，推进政策改革，加快构建现代公共治理体系。

本项调查的填写预计需要 10 分钟，选项没有对错之分，请根据您了解的情况和感受填写。我们将严格遵守学术伦理，保证问卷的匿名性，承诺问卷仅用于科学研究，感谢您对我们研究的支持！

浙江大学公共管理学院政府培育发展社会组织效应研究课题组

2022 年 8 月

一、基本信息

1. 贵组织成立于_____年；成立背景为：_____

    A. 政府发起   B. 个人发起

    C. 社会组织发起   D. 企业发起

    E. 政府与个人共同发起   F. 政府与社会组织共同发起

    G. 政府与企业共同发起   H. 其他

2. 贵组织的注册类型为：_____

    A. 社会团体   B. 基金会

C. 民办非企业单位（社会服务机构）

D. 代管/挂靠 　　　　　　　E. 企业方式登记

F. 其他

3. 贵组织所在地为_____省/直辖市_____（地级）市_____区/县/（县级）市。

4. 贵组织的主要服务领域为：_____

A. 科技类 　　　　　　　　B. 生态环境类

C. 教育类 　　　　　　　　D. 卫生类

E. 社会服务类 　　　　　　F. 文化类

G. 体育类 　　　　　　　　H. 法律类

I. 宗教类 　　　　　　　　J. 工商业服务类

K. 农业及农村发展类 　　　L. 其他

5. 贵组织属于以下哪几种类型？（多选）_____

A. 支持型/枢纽型社会组织（资助和支持其他社会组织发展）

B. 行业协会商会 　　　　　C. 公益慈善类组织

D. 社区社会组织 　　　　　E. 社会工作服务机构

F. 经政府认定的慈善组织 　G. 政策倡导和维权类组织

H. 其他

6. 贵单位是否参与过民政系统的社会组织等级评估？_____

A. 是 　　　　　　　　　　B. 否

若是，最近一次的评估等级为：_____

7. 贵组织的全职员工数量为：_____

A. 1~5 人 　　　　　　　　B. 6~10 人

C. 11~15 人 　　　　　　　D. 16~20 人

E. 21~25 人 　　　　　　　F. 25 人以上

8. 2021 年贵组织年收入规模为：_____

A. 10 万元及以下 　　　　　B. 11 万~50 万元

C. 51 万~100 万元 　　　　 D. 101 万~500 万元

E. 501 万~1000 万元 　　　 F. 1000 万元以上

9. 近一年来，来自政府的全部收入占贵组织总收入的比例为：_____

    A. 0%~10%   B. 11%~20%

    C. 21%~30%   D. 31%~40%

    E. 41%~50%   F. 51%~60%

    G. 61%~70%   H. 71%~80%

    I. 81%~90%   J. 91%~100%

10. 贵组织的核心成员（如理事会成员、组织负责人等）是否现任或曾任党代表、人大代表、政协委员，或曾在党政机关工作过？_____

    A. 是   B. 否

若是，其担任过的最高级别是：_____

    A. 乡镇/街道及以下级别   B. 区县级

    C. 市级   D. 省级

    E. 国家级（中央）

11. 贵组织的核心成员（如理事会成员、组织负责人等）与政府部门的关系属于以下哪种类型：_____

    A. 非常不密切   B. 不密切

    C. 较不密切   D. 一般

    E. 较密切   F. 密切

    G. 非常密切

12. 您在贵组织的工作年限为：_____年，所担任的职务为：_____

    A. 社会组织负责人或发起者

    B. 社会组织理事会成员或党组织负责人

    C. 社会组织部门负责人

    D. 社会组织普通员工

    E. 社会组织兼职成员

二、政府培育政策实施情况

1. 自成立以来，贵组织与政府有过合作的时间累计为几年？_____年（包括参与购买服务、公益创投、入驻孵化基地、共同组建机构、承接政府职能转移以及其他合作方式）。

2. 贵组织最早获得政府培育政策支持的时间是哪一年？_____年。

3. 请在总体上评价政府所提供的培育资源（如政府购买服务资金、公益创投资金、孵化基地等）在多大程度上对所有社会组织是同等开放的：_____分（请在 1 分到 7 分间打分，其中，1 分代表完全不同等开放，7 分代表完全同等开放）。

4. 在获取政府项目时，请根据贵组织和周围其他社会组织的经验，判断以下说法在多大程度上与实际相符（请在相应的分值上打勾）：

题　　项	极不符合	不符合	较不符合	中等程度	比较符合	符合	完全符合
政府在我们组织成立时发挥了不可替代的作用	1	2	3	4	5	6	7
政府的培育和支持对我们组织的发展壮大起到了重要的作用	1	2	3	4	5	6	7
政府在提供各种培育资源时的信息发布是及时准确的	1	2	3	4	5	6	7
很多情况下，政府的项目有它特定的合作对象	1	2	3	4	5	6	7
当出现新的社会问题需政社双方共同解决时，我们组织有同等的机会去和政府合作	1	2	3	4	5	6	7
有政府背景的社会组织更容易获得政府项目	1	2	3	4	5	6	7
在获取政府项目的竞争中，与政府关系是否密切比实力更重要	1	2	3	4	5	6	7
有一些政府的项目由谁来做，与其说是通过竞争确定的，不如说是政府以自己的偏好确定的	1	2	3	4	5	6	7

三、政府和社会组织的关系特征

请选取一个至今为止与贵组织合作最多的政府部门，根据实际情况回答以下问题（若无合作，请选择一个接触最多的政府部门）：

1. 该部门是否同时也为贵组织的业务主管单位？

   A. 是　　　　　　　　　　B. 否

2. 该部门的层级为：

   A. 乡镇/街道及以下　　　　B. 区县级

   C. 市级　　　　　　　　　D. 省级

   E. 国家级

3. 贵组织的核心成员（如理事会成员、组织负责人等）是否曾在该部门工作过？

   A. 是　　　　　　　　　　B. 否

4. 贵组织与该部门的合作始于哪一年？＿＿＿＿＿＿年，迄今为止有过合作的时间累计为几年？＿＿＿＿＿＿年。

5. 在与该政府部门的互动期间，请根据实际情况判断以下描述与贵组织的相符合程度（请在相应的分值上打勾）：

题　项	极不符合	不符合	较不符合	中等程度	比较符合	符合	完全符合
该部门曾经在我们组织拓展其他资源时起到非常重要的作用	1	2	3	4	5	6	7
政府部门经常给我们组织布置项目合同之外的任务	1	2	3	4	5	6	7
政府部门经常影响我们组织的年度工作计划或战略规划	1	2	3	4	5	6	7
拿到政府的项目后，政府资助的钱怎么用要向上级领导审批或报备	1	2	3	4	5	6	7
我们组织的人事任免需要向政府部门领导审批、报备或协商确定	1	2	3	4	5	6	7
合作项目中的大多数决策完全由政府决定	1	2	3	4	5	6	7

题　　项	极不符合	不符合	较不符合	中等程度	比较符合	符合	完全符合
合作项目的目标以政府部门的需求为核心制定，我们组织被考虑得较少	1	2	3	4	5	6	7
在与政府的合作中，我们组织的付出与获得的收益是平衡的	1	2	3	4	5	6	7
如果合作中发生意料之外的问题，政府部门会与我们组织共同承担责任	1	2	3	4	5	6	7
这是一道注意力测试题，请选择 3（较不符合）	1	2	3	4	5	6	7
当政府希望我们组织改变所提供的服务类型或更改服务对象时，我们组织会努力按它的要求去做	1	2	3	4	5	6	7
如果不与该政府部门合作，我们组织很容易找到其他的合作伙伴来替代该政府部门	1	2	3	4	5	6	7

6. 在与该部门的互动中，请根据实际情况打分：

	1（完全不相关）→7（完全相关）
在执行政府部门合作项目时，实际中贵组织所做的事情在多大程度上与组织的使命和价值相关？	1　2　3　4　5　6　7

问卷到此结束，再次感谢您对我们研究的支持！

附录2 社会组织访谈提纲

社会组织访谈提纲

一、政府培育政策的实施情况

1. 贵组织在发展中曾获得政府在哪些方面的支持（如政府购买服务、公益创投、办公场地支持、税费减免、组织能力培训以及其他形式的支持)？

2. 最早获得的政府支持是在哪一年，主要从哪些政府部门和机构获得了这些支持？

3. 在贵组织的收入构成中，来自政府、企业和社会的资金占比各自是多少？

4. 政府的这些支持政策对贵组织的发展有何影响，主要体现在哪些方面？如果没有政府的这些支持，贵组织的业务发展是否会受到影响？

5. 贵组织在获得公益创投、政府购买服务等资源时的竞争程度如何？

6. 您觉得贵组织为什么能获得这些资源，主要的优势是什么？

7. 贵组织获得与政府合作的机会是否和其他同类的社会组织一样？

8. 贵组织在获取政府政策和资源支持的过程中遇到过哪些问题？

9. 在贵组织看来，当前还有哪些政策可能会限制贵组织的发展，或者现有政策在哪些方面存在进一步完善和提升的空间？请举个例子。

10. 贵组织是否向政府表达过这些诉求，有哪些途径可以表达？贵组织的核心成员是否有在政府部门工作的经历，或担任参政议政的一些职务？

11. 贵组织希望今后能在哪些方面获得政府更多的支持？

二、政府和社会组织的关系特征

1. 与贵组织合作最多的政府部门是哪个，什么时候开始有业务合作的，该部门的业务在贵组织业务中大概占比多少？

2. 贵组织与该政府部门是一种什么样的关系，有哪些业务上的联系？

3. 贵组织与该部门所合作项目的目标和项目的执行方式是如何确定的？

4. 该政府部门是否会布置一些合作项目之外的行政性任务？如果是，这些任务大概占用贵组织多少比例的工作时间？

5. 该政府部门是否会指导贵组织的日常运行，比如审核年度工作计划等？

6. 在日常经费支出和使用上，贵组织的权限如何，是否需要经过该政府部门的审核或报备？如果是，有无影响到贵组织一些工作的开展？

7. 在贵组织的人员招聘和人事任命上，贵组织的权限如何，是否需要经过该政府部门的审核或报备？

8. 在与该政府部门的业务合作中，双方责任是否对等，贵组织的付出与收益是否平衡？

9. 如果与该政府部门产生利益冲突，贵组织一般会怎么处理？

10. 如果要在合作中与政府建立真正意义上的合作关系，贵组织的经验是什么，有哪些比较有效的策略？

附录3 支持型社会组织访谈提纲

支持型社会组织访谈提纲

一、行业发展相关

1. 您认为对于我国能力建设类的支持型社会组织来讲，目前发展遇到的最大困难是什么？有没有遇到制度或者政策上的约束？

2. 就您对国内外支持型组织发展的观察来看，当前支持型组织的政策环境有哪些地方是应该改变的？您对政府推动支持型社会组织发展有哪些政策上的建议？

3. 在推动支持型社会组织发展上，您认为当地有哪些经验、做法比较有效？

4. 与国外支持型社会组织的发展状况相比，您认为当前我国的支持型社会组织在功能结构上最欠缺的是哪个部分，发展相对薄弱的是哪类？

5. 国内有一些专业的支持型社会组织是由支持型组织行业内部联合发起培育的，您认为怎样的政策环境能更好地推动这种发展方式？

二、机构发展相关

1. 贵组织当时成立的主要契机是什么，获得了哪些外部帮助？

2. 当前有哪些因素限制了贵组织的发展？

3. 作为一家为社会组织发展提供培育和咨询的机构，贵组织自身的发展如何获得外部的专业性支持？

4. 贵组织是如何发展出专业性的，有哪些具体的做法？

5. 贵组织与其他哪些支持性社会组织有交流，是否有合作项目？

6. 您认为贵组织的发展需要政府、社会和市场提供哪些支持？

7. 政府向贵组织的发展提供了哪些支持，您认为最应该提供什么支持？

8. 您认为在与政府合作的过程中，如何与政府建立真正的合作关系，您有哪些策略能够在这个过程中保持组织的自主性？

9. 贵组织获得政府项目主要取决于自身哪方面的优势，获得与政府合作的机会是否和其他同类官办机构一样？

10. 目前贵组织有哪些渠道可以参与政策倡导？

附录 4　政府部门访谈提纲

政府部门访谈提纲

1. 能否请贵部门介绍下在社会组织培育、社会组织管理体制改革等领域，当地有哪些政府部门和枢纽型机构在其中发挥作用，每个组织的功能定位是什么，如何分工与合作？

2. 贵部门在培育发展社会组织的过程中，推行的最重要的政策是什么？

3. 这些政策的实施效果如何，有哪些重要的经验或者典型的案例？

4. 贵部门在培育发展社会组织的过程中主要有哪几个方面的投入，它们各自的预算资金规模是多少？

5. 政府资金是如何分配给各个社会组织的？请举例描述分配的过程。

6. 贵部门为社会组织参与社会治理提供了哪些有利的条件？

7. 在制定培育发展社会组织政策的过程中，是否会有枢纽型、支持型社会组织或其他社会组织的参与？如有，它们的主要作用是什么，贵部门与它们之间是一种怎样的关系？

8. 在培育发展社会组织的政策执行中，贵部门遇到过哪些困难？

9. 在贵部门看来，如果政府要更为有效、高质量地培育发展社会组织，需要特别关注哪些关键因素？

10. 在接下来的工作推进中，贵部门将会有哪些具体的举措来进一步推进社会组织的高质量发展？

参 考 文 献

[1] Abzug, R. , Olbrecht, A. , Sabrin, M. , & DeLeon, E. Nonprofit Financing to The Rescue? The Slightly Twisted Case of Local Educational Foundations and Public Education in New Jersey [J]. *Nonprofit and Voluntary Sector Quarterly*, 2016, 45: 133-149.

[2] Almog-Bar, M. , & Schmid, H. Cross-sector Partnerships in Human Services: Insights and Organizational Dilemmas [J]. *Nonprofit and Voluntary Sector Quarterly*, 2018, 47 (4S): 119S-138S.

[3] Andrews, R. , & Entwistle, T. Does Cross-Sectoral Partnership Deliver? An Empirical Exploration of Public Service Effectiveness, Efficiency, and Equity [J]. *Journal of Public Administration Research and Theory*, 2010, 20 (3): 679-701.

[4] Anheier, H. K. *Nonprofit Organizations: Theory, Management, Policy* [M]. London: Routledge, 2005.

[5] Babiak, K. , & Thibault, L. Challenges in Multiple Cross-Sector Partnerships [J]. *Nonprofit and Voluntary Sector Quarterly*, 2009, 38 (1): 117-143.

[6] Brinkerhoff, J. M. Assessing and Improving Partnership Relationships and Outcomes: A Proposed Framework [J]. *Evaluation and Program Planning*, 2002b, 25 (3): 215-231.

[7] Brinkerhoff, J. M. Government-nonprofit Partnership: A Defining Framework [J]. *Public Administration and Development: The International Journal of Management Research and Practice*, 2002a, 22 (1): 19-30.

[8] Brinkerhoff, J. M. , & Brinkerhoff, D. W. Partnership Evaluation: An

Application of a Developmental Framework to the Governance and Local Development Project in Senegal [J]. *Evaluation and Program Planning*, 2021, 89 (September): 2-10.

[9] Brown, L. D., & Kalegaonkar, A. Support Organizations and the Evolution of the NGO Sector [J]. *Nonprofit and Voluntary Sector Quarterly*, 2002, 31 (2): 231-258.

[10] Bryson, J. M., Crosby, B. C., & Stone, M. M. The Design and Implementation Of Cross-Sector Collaborations: Propositions from The Literature [J]. *Public Administration Review*, 2006, 66: 44-55.

[11] Casciaro, T., & Piskorski, M. J. Power Imbalance, Mutual Dependence, and Constraint Absorption: A Closer Look at Resource Dependence Theory [J]. *Administrative Science Quarterly*, 2005, 50 (2): 167-199.

[12] Chaves, M., Stephens, L., & Galaskiewicz, J. Does Government Funding Suppress Nonprofits' Political Activity? [J]. *American Sociological Review*, 2004, 69 (2): 292-316.

[13] Cheng, Y. Exploring the Role of Nonprofits in Public Service Provision: Moving from Coproduction to Cogovernance [J]. *Public Administration Review*, 2019, 79 (2): 203-214.

[14] Coase, R. H. The Firm, the Market, and the Law [M]. Chicago: University of Chicago Press, 2012.

[15] Coston, J. M. A Model and Typology of Government-NGO Relationships [J]. *Nonprofit and Voluntary Sector Quarterly*, 1998, 27 (3): 358-382.

[16] Crepaz, M. Hanegraaff, M., & Salgado, R. S, A Golden Key Can Open Any Door? Public Funding and Interest Groups' Access [J]. *West European Politics*, 2019: 1-25.

[17] Das, T. K., & Teng, B. S. Between Trust and Control: Developing Confidence in Partner Cooperation in Alliances [J]. *Academy of Management Review*, 1998, 23 (3): 491-512.

[18] De Corte, J., & Verschuere, B. A Typology for the Relationship Between Local

Governments and NPOs in Welfare State Regimes: The Belgian Case Revisited [J]. Public Management Review, 2014, 16 (7): 1011-1029.

Governments and NPOs in Welfare State Regimes: The Belgian Case Revisited [J]. *Public Management Review*, 2014, 16 (7): 1011-1029.

[19] Domberger, S. *The Contracting Organization: A Strategic Guide to Outsourcing* [M]. OUP Oxford, 1998.

[20] Dong, Q., & Lu, J. What Type of Nonprofit Organization is Preferred in Government Contracting in China?[J]. *International Review of Administrative Sciences*, 2021, 87 (2): 328-346.

[21] Drees, J. M., & Heugens, P. P. M. A. R. Synthesizing and Extending Resource Dependence Theory: A Meta-Analysis [J]. *Journal of Management*, 2013, 39 (6): 1666-1698.

[22] Emerson, R. M. Power-dependence Relations [J]. *American Sociological Review*, 1962: 31-41.

[23] Faccio, M. Politically Connected Firms [J]. *American Economic Review*, 2006, 96 (1): 369-86.

[24] Feiock, R. C., & Andrew, S. A. Introduction: Understanding the Relationships Between Nonprofit Organizations and Local Governments [J]. *International Journal of Public Administration*, 2006, 29 (10-11): 759-767.

[25] Froelich, K. A. Diversification of Revenue Strategies: Evolving Resource Dependence in Nonprofit Organizations [J]. *Nonprofit and Voluntary Sector Quarterly*, 1999, 28 (3): 246-268.

[26] Furneaux, C., & Ryan, N. Modelling NPO-Government Relations: Australian Case Studies [J]. *Public Management Review*, 2014, 16: 1113-1140.

[27] Gazley, B. Beyond the Contract: The Scope and Nature of Informal Government-Nonprofit Partnerships [J]. *Public Administration Review*, 2008, 68 (1): 141-154.

[28] Gazley, B. Why Not Partner with Local Government? Nonprofit Managerial Perceptions of Collaborative Disadvantage [J]. *Nonprofit and Voluntary Sector Quarterly*, 2010, 39 (1): 51-76.

[29] Gazley, B., & Brudney, J. L. The Purpose (and Perils) of Government-

240

Nonprofit Partnership [J]. *Nonprofit and Voluntary Sector Quarterly*, 2007, 36 (3): 389-415.

[30] George, A. L. , & Bennett, A. *Case Studies and Theory Development in the Social Sciences* [M]. MIT Press, 2005.

[31] Gidron, B. , Kramer, R. M. , & Salamon, L. M. *Government and the Third Sector: Emerging Relationships in Welfare States* [M]. Jossey-Bass Inc Pub, 1992.

[32] Gleiss, M. S. , and E. Sæther. Approaches to Civil Society in Authoritarian States: The Case of China [J]. *Sociology Compass*, 2017, 11: 1-11.

[33] Guo, C. When Government Becomes the Principal Philanthropist: The Effects of Public Funding on Patterns of Nonprofit Governance [J]. *Public Administration Review*, 2007, 67 (3): 458-473.

[34] Hansmann, H. The role of Nonprofit Enterprise [J]. *Yale Law Journal*, 1980, 89 (3): 835-901.

[35] He B. *The Democratic Implications of Civil Society in China* [M]. Macmillian, 1997.

[36] Hersberger-langloh, S. E. , Schnurbein, G. Von, & Stühlinger, S. Institutional Isomorphism and Nonprofit Managerialism: For Better or Worse? [J]. *Nonprofit Management and Leadership*, 2021, 31: 461-480.

[37] Hodgson, L. Manufactured Civil Society: Counting the Cost [J]. *Critical social policy*, 2004, 24 (2): 139-164.

[38] Howell, J. Civil Society in China. In M. Edwards (Eds.). *The Oxford Handbook of Civil Society* [M]. Oxford: Oxford University Press, 2011.

[39] Hsu, C. L. , & Jiang, Y. An institutional Approach to Chinese NGOs: State Alliance Versus State Avoidance Resource Strategies [J]. *China Quarterly*, 2015, 221: 100-122.

[40] Hsu, J. Y. , & Hasmath, R. (Eds.) . *The Chinese Corporatist State: Adaption, Survival and Resistance* [M]. Routledge, 2012. http://www. hhs. gov/fbci/Tools%20&%20Resources/Pubs/breakthough. pdf.

[41] Hulme, D. , & Edwards, M. NGOs, States and Donors: An Overview. In Hulme, D. and Edwards, M (Eds.) *NGOs, States and Donors: Too Close for Comfort?* [M]. Macmillan, 1997.

[42] Huxham, C. , & Beech, P. Inter-organizational Power [M] // *The Oxford Handbook of Inter-organizational Relations*. Oxford University Press, 2008: 555-579.

[43] James, E. The Nonprofit Sector in Comparative Perspective [J]. *The Nonprofit Sector: A Research Handbook*, 1987, 1: 397-415.

[44] Jing, Y. Between Control and Empowerment: Governmental Strategies Towards the Development of the Non-profit Sector in China [J]. *Asian Studies Review*, 2015, 39 (4): 589-608.

[45] Jung, K. , & Moon, M. J. The Double-Edged Sword of Public-Resource Dependence: The Impact of Public Resources on Autonomy and Legitimacy in Korean Cultural Nonprofit Organizations [J]. *Policy Studies Journal*, 2007, 35 (2): 205-226.

[46] Kooiman, J. Societal Governance: Levels, Models and Orders of Social-Political Interaction. In J. Pierre (Eds.) *Debating Governance: Authority, Steering and Democracy* [M]. Oxford: Oxford University Press, 2000: 138-164.

[47] Kramer, R. M. Voluntary Agencies and the Contract Culture: "Dream or Nightmare?" [J]. *Social Service Review*, 1994, 68 (1): 33-60.

[48] Lecy, J. D. , & Van Slyke, D. M. Nonprofit Sector Growth and Density: Testing Theories of Government Support [J]. *Journal of Public Administration Research and Theory*, 2013, 23 (1): 189-214.

[49] Lister, S. Power in Partnership? An Analysis of an NGO's Relationships with Its Partners [J]. *Journal of International Development*, 2000, 12 (2): 227-239.

[50] Liu, G. Government Decentralization and the Size of the Nonprofit Sector: Revisiting the Government Failure Theory [J]. *The American Review of Public Administration*, 2017, 47 (6): 619-633.

[51] Lu, J. The Philanthropic Consequence of Government Grants to Nonprofit

Organizations: A Meta-Analysis [J]. *Nonprofit Management and Leadership*, 2016, 26 (4): 381-400.

[52] Lu, S., Deng, G., Huang, C. C., & Chen, M. External Environmental Change and Transparency in Grassroots Organizations in China [J]. *Nonprofit Management and Leadership*, 2018, 28 (4): 539-552.

[53] Ma, Q. The Governance of NGOs in China since 1978: How Much Autonomy? [J]. *Nonprofit and Voluntary Sector Quarterly*, 2002, 31 (3): 305-28.

[54] McGiverin-Bohan, K., Grønbjerg, K., Dula, L., and Miller, R. Local Officials' Support for PILOTs/SILOTs: Nonprofit Engagement, Economic Stress, and Politics [J]. *Public Administration Review*, 2016, 76 (6): 951-963.

[55] Mcloughlin, C. Factors Affecting State-Non-Governmental Organisation Relations in Service Provision: Key Themes from the Literature [J]. *Public Administration and Development*, 2011, 31 (4): 240-251.

[56] Minzner, A., Klerman, J. A., Markovitz, C. E., & Fink, B. The Impact of Capacity-Building Programs on Nonprofits: A Random Assignment Evaluation [J]. *Nonprofit and Voluntary Sector Quarterly*, 2014, 43 (3): 547-569.

[57] Mosley, J. E. Collaboration, Public-Private Intermediary Organizations, and the Transformation of Advocacy in the Field of Homeless Services [J]. *American Review of Public Administration*, 2014, 44 (3): 291-308.

[58] Mosley, J. E. Keeping the Lights on: How Government Funding Concerns Drive the Advocacy Agendas of Nonprofit Homeless Service Providers [J]. *Journal of Public Administration Research and Theory*, 2012, 22 (4): 841-866.

[59] Najam, A. The Four-C's of Third Sector-Government Relations: Cooperation, Confrontation, Complementarity, and Co-optation [J]. *Nonprofit Management & Leadership*, 2000, 10 (4): 375-396.

[60] Nikolic, S. J., & Koontz, T. M. Nonprofit Organizations in Environmental Management: A Comparative Analysis of Government Impacts [J]. *Journal of Public Administration Research and Theory*, 2008, 18 (3): 441-463.

[61] Nolte, I. M., & Boenigk, S. A Study of Ad Hoc Network Performance in

Disaster Response [J]. *Nonprofit and Voluntary Sector Quarterly*, 2013, 42 (1): 148-173.

[62] Peng, S., Liao, Y., and Lu, J. Stay or Exit: Why Do Nonprofits Maintain Collaborations with Government? [J]. *American Review of Public Administration*, 2020, 50 (1): 18-32.

[63] Pfeffer, J., & Salancik, G. R. *The External Control of Organizations: A Resource Dependence Perspective* [M]. Stanford University Press, 2003.

[64] Prentice, C. R., & Brudney, J. L. Are You Being Served? Toward a Typology of Nonprofit Infrastructure Organizations and a Framework for Their Assessment [J]. *Journal of Public and Nonprofit Affairs*, 2018, 4 (1): 41-58.

[65] Provan, K. G. Interorganizational Cooperation and Decision Making Autonomy in a Consortium Multihospital System [J]. *The Academy of Management Review*, 1984, 9 (3): 494-504.

[66] Rhodes, R. A. W. *Understanding Governance* [M]. Buckingham: Open University Press, 1997.

[67] Salamon, L. M., Sokolowski, S. W., & Haddock, M. A. *Explaining Civil Society Development: A Social Origins Approach* [M]. JHU Press, 2017.

[68] Sanyal, P. Capacity Building Through Partnership: Intermediary Nongovernmental Organizations as Local and Global Actors [J]. *Nonprofit and Voluntary Sector Quarterly*, 2006, 35 (1): 66-82.

[69] Selsky, J. W., & Parker, B. Cross-Sector Partnerships to Address Social Issues: Challenges to Theory and Practice [J]. *Journal of Management*, 2005, 31 (6): 849-873.

[70] Selznick, P. *TVA and the grass roots: A study in the sociology of formal organization* (Vol. 3) [M]. California: University of California Press, 1949.

[71] Shea, J. Taking Nonprofit Intermediaries Seriously: A Middle-Range Theory for Implementation Research [J]. *Public Administration Review*, 2011, January/Fe: 57-66.

[72] Smith, B. C. The Sources and Uses of Funds for Community Development

Financial Institutions: The Role of the Nonprofit Intermediary [J]. *Nonprofit and Voluntary Sector Quarterly*, 2008, 37 (1): 19-38.

[73] Smith, S. R. Government Financing of Nonprofit Activity [J]. *Nonprofits and Government: Collaboration and Conflict*, 2006, 219: 56.

[74] Song, C. , Wang, S. , & Parris, K. All Roads Lead to Rome: Autonomy, Political Connections and Organisational Strategies of NGOs in China [J]. *China: An International Journal*, 2015, 13 (3): 72-93.

[75] Steinberg, R. Economic Theories of Nonprofit Organizations. In Powell, W. W. and Steinberg, R. (Eds.) *The Nonprofit Sector: A Research Handbook* [M]. 2nd ed. , Yale University Press, 2006: 221-242.

[76] Stone, M. M. , Hager, M. A. , & Griffin, J. J. Organizational Characteristics and Funding Environments: A Study of a Population of United Way-Affiliated Nonprofits [J]. *Public Administration Review*, 2001, 61 (3): 276-289.

[77] Tadelis, S. and Williamson, O. E. Transaction Cost Economics. In Gibbons, R. S. and Roberts, J. (Eds.) *Handbook of Organizational Economics* [M]. Princeton University Press, 2012: 159-193.

[78] Teets, J. C. Let Many Civil Societies Bloom: The Rise of Consultative Authoritarianism in China [J]. *The China Quarterly*, 2013, 213: 19-38.

[79] Teets, J. C. The Evolution of Civil Society in Yunnan Province: contending models of civil society management in China [J]. *Journal of Contemporary China*, 2015, 24 (91): 158-175.

[80] Unger, J. , & Chan, A. Corporatism in China: A Developmental State in an East Asian Context. In *China After Socialism: In the Footsteps of Eastern Europe or East Asia?* [M]. Armonk: ME Sharpe, 1996.

[81] Verschuere, B. , & De Corte, J. The Impact of Public Resource Dependence on The Autonomy of NPOs in Their Strategic Decision Making [J]. *Nonprofit and Voluntary Sector Quarterly*, 2014, 43 (2): 293-313.

[82] Weisbrod, B. A. *The Voluntary Nonprofit Sector* [M]. Lexington: D. C. Heath and Company, 1977.

［83］ White House Office of Faith-Based and Community Initiatives，*Breakthrough Performance*：*Ten Emerging Practices of Leading Intermediaries* ［EB/OL］. ［2018-08-18］. http：//www. hhs. gov/fbci/Tools% 20&% 20Resources/Pubs/ breakthough. pdf.

［84］ White，G. Prospects for Civil Society in China：A Case Study of Xiaoshan City ［J］. *The Australian Journal of Chinese Affairs*，1993，29：63-87.

［85］ Wolch，J. R. *The Shadow State*：*Government and Voluntary Sector in Transition* ［M］. Foundation Center，1990.

［86］ Yan，A.，and Gray，B. Bargaining Power，Management Control，and Performance in United States-China Joint Ventures：A Comparative Case Study ［J］. *Academy of Management Journal*，1994，37（6）：1478-1517.

［87］ Yan，J. Z.，and Chang，S. The Contingent Effects of Political Strategies on Firm Performance：A Political Network Perspective ［J］. *Strategic Management Journal*，2018，39（8）：2152-2177.

［88］ Young，D. R. Alternative Models of Government-Nonprofit Sector Relations：Theoretical and International Perspectives ［J］. *Nonprofit and Voluntary Sector Quarterly*，2000，29（1）：149-172.

［89］ Zaheer，A.，Gozubuyuk，R.，& Milanov，H. It's the Connections：The Network Perspective in Interorganizational Research ［J］. *Academy of Management Perspectives*，2010，24（1）：62-77.

［90］ Zhao，R.，Wu，Z.，& Tao，C. Understanding Service Contracting and Its Impact on NGO Development in China ［J］. *VOLUNTAS*：*International Journal of Voluntary and Nonprofit Organizations*，2016，27（5）：2229-2251.

［91］ Zhou，Y. State-Society Interdependence Model in Market Transition：A Case Study of the "Farmers' City" in Wenzhou During the Early Reform Era ［J］. *Journal of Contemporary China*，2013，22（81）：476-498.

［92］ W. 理查德·斯科特，杰拉尔德·F. 戴维斯. 组织理论：理性、自然与开放系统的视角 ［M］. 北京：中国人民大学出版社，2011.

［93］ 安戈，陈佩华，史禾. 中国、组合主义及东亚模式 ［J］. 战略与管理，

2001（1）：52-60.

[94] 安建增．社会组织服务机构研究［M］．北京：中国社会出版社，2017.

[95] 莱斯特·M．萨拉蒙．公共服务中的伙伴：现代福利国家中政府与非营利组织的关系［M］．北京：商务印书馆，2008：282.

[96] 才国伟，赵永亮，张捷．政府支持、行政干预与行业协会的发展——基于粤、浙两地问卷调查的实证研究［J］．经济管理，2010，32（2）：1-9.

[97] 曹畅，余福海．政治关联与民营企业盈余管理关系的实证研究［J］．预测，2020，39（6）：17-24.

[98] 陈天祥，何红烨．政府与社会组织关系折射下的政府职能转变——基于珠三角的一项问卷调查［J］．四川师范大学学报（社会科学版），2016，43（4）：22-31.

[99] 陈天祥，郑佳斯．双重委托代理下的政社关系：政府购买社会服务的新解释框架［J］．公共管理学报，2016，13（3）：36-48.

[100] 陈文津．政府质量规制对企业质量能力的影响研究［D］．武汉：武汉大学，2021.

[101] 崔正，王勇，魏中龙．政府购买服务与社会组织发展的互动关系研究［J］．中国行政管理，2012（8）：48-51.

[102] 邓国胜．慈善组织培育与发展的政策思考［J］．社会科学研究，2006（5）：119-123.

[103] 邓宁华．发达国家的非营利组织能力建设［J］．外国问题研究，2011（2）：78-82.

[104] 邓正来，景跃进．建构中国市民社会［J］．中国社会科学季刊，1992（1）.

[105] 邓志锋．政府向社会组织购买公共服务中的行动逻辑研究［D］．上海：华东师范大学，2018.

[106] 丁惠平．支持型社会组织的分类与比较研究——从结构与行动的角度看［J］．学术研究，2017（2）：59-65，177-178.

[107] 丁慧平，吕方．社会组织培育模式的分类与比较——以三种类型的支持型社会组织为例．中国社会组织理论研究文集［M］．北京：中国社会出版

社，2016.

[108] 风笑天．社会调查中的问卷设计（第三版）［M］．北京：中国人民大学出版社，2014.

[109] 弗洛德·J. 福勒．调查问卷的设计与评估［M］．重庆：重庆大学出版社，2010.

[110] 付建军，高奇琦．政府职能转型与社会组织培育：政治嵌入与个案经验的双重路径［J］．理论与现代化，2012（2）：108-114.

[111] 葛亮，朱力．非制度性依赖：中国支持型社会组织与政府关系探索［J］．学习与实践，2012（12）：70-77.

[112] 顾昕．当代中国有无公民社会与公共空间？——评西方学者有关论述［J］．当代中国研究，1994（4）．

[113] 管兵．竞争性与反向嵌入性：政府购买服务与社会组织发展［J］．公共管理学报，2015，12（3）：83-92.

[114] 管兵．政府向谁购买服务：一个国家与社会关系的视角［J］．公共行政评论，2016，9（1）：131-150.

[115] 吴明隆．结构方程模型——AMOS 的操作与应用［M］．重庆：重庆大学出版社，2010.

[116] 黄晓春，嵇欣．非协同治理与策略性应对——社会组织自主性研究的一个理论框架［J］．社会学研究，2014，29（6）：98-123.

[117] 黄晓春，周黎安．政府治理机制转型与社会组织发展［J］．中国社会科学，2017（11）：118-138.

[118] 黄晓春．当代中国社会组织的制度环境与发展［J］．中国社会科学，2015（9）：146-164.

[119] 黄晓勇．中国社会组织报告（2016—2017）［M］．北京：社会科学文献出版社，2017.

[120] 黄晓勇．中国社会组织报告（2021）［M］．北京：社会科学文献出版社，2021.

[121] 黄颖轩．基于合约治理的政府与社会组织关系研究［D］．厦门：厦门大学，2019.

［122］纪莺莺．当代中国的社会组织：理论视角与经验研究［J］．社会学研究，2013，28（5）：219-241．

［123］江华，张建民，周莹．利益契合：转型期中国国家与社会关系的一个分析框架——以行业组织政策参与为案例［J］．社会学研究，2011，26（3）：136-152．

［124］金锦萍．非营利组织营利性收入税收政策比较研究［J］．社会保障评论，2019，3（4）：118-132．

［125］金在温，查尔斯·W. 米勒．因子分析：统计方法与应用问题［M］．上海：上海人民出版社，2012．

［126］敬义嘉．从购买服务到合作治理——政社合作的形态与发展［J］．中国行政管理，2014（7）：54-59．

［127］敬义嘉．合作治理：再造公共服务的逻辑［M］．天津：天津人民出版社，2009．

［128］敬义嘉．合作治理：历史与现实的路径［J］．南京社会科学，2015（5）：1-9．

［129］敬义嘉．控制与赋权：中国政府的社会组织发展策略［J］．学海，2016（1）：22-33．

［130］敬义嘉．社会服务中的公共非营利合作关系研究——一个基于地方改革实践的分析［J］．公共行政评论，2011，4（5）：5-25．

［131］康晓光，韩恒．分类控制：当前中国大陆国家与社会关系研究［J］．社会学研究，2005（6）：73-89．

［132］康晓光，韩恒．行政吸纳社会——当前中国大陆国家与社会关系再研究［J］．Social Sciences in China，2007（2）：116-128．

［133］康晓光．依附式发展的第三部门［M］．北京：社会科学文献出版社，2011．

［134］莱斯特·M. 萨拉蒙．公共服务中的伙伴：现代福利国家中政府与非营利组织的关系［M］．北京：商务印书馆，2008．

［135］莱斯特·M. 萨拉蒙．全球公民社会：非营利部门视界［M］．北京：社会科学文献出版社，2007a．

[136] 莱斯特·M. 萨拉蒙. 政府工具: 新治理指南 [M]. 北京: 北京大学出版社, 2016.

[137] 莱斯特·M. 萨拉蒙等. 全球公民社会: 非营利部门国际指数 [M]. 北京: 北京大学出版社, 2007b.

[138] 李健, 荣幸. "放管服" 改革背景下社会组织发展的政策工具选择——基于 2004 至 2016 年省级政策文本的量化分析 [J]. 国家行政学院学报, 2017 (4): 73-78, 146-147.

[139] 李景鹏. 后全能主义时代: 国家与社会合作共治的公共管理 [J]. 中国行政管理, 2011 (2): 126-127.

[140] 李培志. 规范增能与协同治理: 推动建设 "伙伴式" 街道社区社会组织联合会 [J]. 学习与探索, 2017 (12): 34-42.

[141] 李诗田, 邱伟年. 政治关联、制度环境与企业研发支出 [J]. 科研管理, 2015, 36 (4): 56-64.

[142] 李小青, Hung-Gay Fung, 朱清香, 刘志雄. 连锁董事网络、融资约束与民营企业社会责任 [J]. 管理学报, 2020, 17 (8): 1208-1217.

[143] 李友梅. 新时期加强社会组织建设研究 [M]. 北京: 经济科学出版社, 2016.

[144] 林闽钢, 战建华. 社会组织的自主性和发展路径——基于国家能力视角的考察 [J]. 治理研究, 2018, 34 (1): 58-64.

[145] 栾晓峰. "社会内生型" 社会组织孵化器及其建构 [J]. 中国行政管理, 2017 (3): 44-50.

[146] 吕纳, 张佩国. 公共服务购买中政社关系的策略性建构 [J]. 社会科学家, 2012 (6): 65-68.

[147] 吕纳. 公共服务购买中的政府与社会组织互动关系研究 [D]. 上海: 上海大学, 2013.

[148] 马庆钰, 廖鸿. 中国社会组织发展战略 [M]. 北京: 社会科学文献出版社, 2015.

[149] 毛彩菊, 王君虹. 公益创投中政府策略行为的表现、影响及应对 [J]. 决策咨询, 2024 (1): 86-91.

［150］齐海丽．政府与社会组织依赖关系的发生机理与治理之道——基于政府购买社会组织服务的视角［J］．学习与实践，2016（2）：104-109.

［151］邱仲辉．支持性社会组织概览［M］．北京：社会科学文献出版社，2019.

［152］邵任薇，李明珠，许雯雯．基于政策工具理论的社会组织政策分析与评估——2008—2019 年政策文本研究［J］．中国第三部门研究，2021，21（1）：3-29，255-256.

［153］沈荣华，鹿斌．制度建构：枢纽型社会组织的行动逻辑［J］．中国行政管理，2014（10）：41-45.

［154］史传林．社会管理中的政府与社会组织合作治理研究：绩效视角［D］．兰州：兰州大学，2015.

［155］斯蒂芬·奥斯本．新公共治理？——公共治理理论和实践方面的新观点［M］．北京：科学出版社，2017.

［156］宋程成，蔡宁，王诗宗．跨部门协同中非营利组织自主性的形成机制——来自政治关联的解释［J］．公共管理学报，2013，10（4）：1-11.

［157］谭志福，赵云霞．社会组织培育的政策工具应用与优化［J］．安徽行政学院学报，2021（6）：89-95.

［158］谭志福．公益孵化器：正确的诊断与错误的药方——兼论地方政府在社会组织培育中的角色［J］．中国行政管理，2014（8）：62-66.

［159］唐文玉．行政吸纳服务——中国大陆国家与社会关系的一种新诠释［J］．公共管理学报，2010，7（1）：13-19.

［160］滕红燕，朱心怡．公共服务合作供给中的公共性与效率平衡机制——以 N市 Y 区公益转贷中心为研究对象［J］．治理研究，2023，39（4）：108-124，160.

［161］汪锦军．走向合作治理：政府与非营利组织合作的条件、模式和路径［M］．杭州：浙江大学出版社，2012.

［162］王才章．政府购买公共服务中政府与社会组织的关系——一个组织社会学的新制度主义视角［J］．学术论坛，2016，39（3）：62-66.

［163］王名，蔡志鸿．以"能力专有性"论政社合作——以两岸防艾社会组织为例［J］．中国非营利评论，2019，23（1）：1-33.

[164] 王名, 乐园. 中国民间组织参与公共服务购买的模式分析 [J]. 中共浙江省委党校学报, 2008 (4): 5-13.

[165] 王名, 李勇, 黄浩明. 英国非营利组织 [M]. 北京: 社会科学文献出版社, 2009.

[166] 王名, 孙伟林. 社会组织管理体制: 内在逻辑与发展趋势 [J]. 中国行政管理, 2011 (7): 16-19.

[167] 王名, 王春婷. 推位让治: 社会组织参与社会治理路径 [J]. 开放导报, 2014 (5): 7-11.

[168] 王名, 刘求实. 中国非政府组织发展的制度分析 [J]. 中国非营利评论, 2007, 1 (1): 92-145.

[169] 王名. 社会组织论纲 [M]. 北京: 社会科学文献出版社, 2013.

[170] 王浦劬、郝秋笛. 政府向社会力量购买公共服务发展研究: 基于中英经验的分析 [M]. 北京: 北京大学出版社, 2016.

[171] 王浦劬、莱斯特·M. 萨拉蒙. 政府向社会组织购买公共服务研究: 中国与全球经验分析 [M]. 北京: 北京大学出版社, 2010.

[172] 王诗宗, 宋程成, 许鹿. 中国社会组织多重特征的机制性分析 [J]. 中国社会科学, 2014 (12): 42-59.

[173] 王诗宗, 宋程成. 独立抑或自主: 中国社会组织特征问题重思 [J]. 中国社会科学, 2013 (5): 50-66, 205.

[174] 王世强. 政府培育发展社会组织政策工具的分类与选择 [J]. 学习与实践, 2012 (12): 78-83.

[175] 王雪冬, 聂彤杰, 孟佳佳. 政治关联对中小企业数字化转型的影响——政策感知能力和市场感知能力的中介作用 [J]. 科研管理, 2022, 43 (1): 134-142.

[176] 王炎龙, 刘叶子. 政策工具选择的适配均衡与协同治理——基于社会组织政策文本的研究 [J]. 四川大学学报 (哲学社会科学版), 2021 (3): 155-162.

[177] 王振兴, 周建国, 王科. 地方政府培育发展社区社会组织的政策工具——基于省级政策文本的扎根分析 [J]. 湖北社会科学, 2024 (9): 70-78.

[178] 王志华．论政府向社会组织购买公共服务的体制嵌入 ［J］．求索，2012
      （2）：66-68．

[179] 温忠麟，刘红云，侯杰泰．调节效应和中介效应分析 ［M］．北京：教育科
      学出版社，2012．

[180] 吴斌才．从分类控制到嵌入式治理：项目制运作背后的社会组织治理转型
      ［J］．甘肃行政学院学报，2016（3）：80-87．

[181] 吴建平．理解法团主义——兼论其在中国国家与社会关系研究中的适用性
      ［J］．社会学研究，2012，27（1）：174-198，245-246．

[182] 吴明隆．结构方程模型——AMOS 的操作与应用 ［M］．重庆：重庆大学出
      版社，2010a．

[183] 吴明隆．结构方程模型——AMOS 实务进阶 ［M］．重庆：重庆大学出版
      社，2013．

[184] 吴明隆．问卷统计分析实务 ［M］．重庆：重庆大学出版社，2010b．

[185] 徐盈艳，黎熙元．浮动控制与分层嵌入——服务外包下的政社关系调整机
      制分析 ［J］．社会学研究，2018，33（2）：115-139．

[186] 徐宇珊．非对称性依赖：中国基金会与政府关系研究 ［J］．公共管理学
      报，2008（1）：33-40．

[187] 徐宇珊．社会组织结构创新：支持型机构的成长 ［J］．社团管理研究，
      2010（8）：22-25．

[188] 徐云杰．社会调查设计与数据分析——从立题到发表 ［M］．重庆：重庆
      大学出版社，2011．

[189] 许小玲，马贵侠．社会组织培育：动因、困境及前瞻 ［J］．理论与改革，
      2013（5）：39-43．

[190] 杨宝，杨晓云．从政社合作到"逆向替代"：政社关系的转型及演化机制
      研究 ［J］．中国行政管理，2019（6）：87-93．

[191] 杨宝．政社合作与国家能力建设——基层社会管理创新的实践考察 ［J］．
      公共管理学报，2014，11（2）：51-59，141．

[192] 杨建华．浙江省慈善事业发展报告（2019）［M］．北京：社会科学文献出
      版社，2019．

[193] 衣凤鹏，徐二明．高管政治关联与企业社会责任——基于中国上市公司的实证分析 [J]．经济与管理研究，2014（5）：5-13．

[194] 游玎怡，李芝兰，王海燕．政府转移职能和购买服务提升了社会组织的服务质量吗？——以中国科技社团为例 [J]．中国行政管理，2020（7）：104-113．

[195] 余永龙，刘耀东．游走在政府与社会组织之间——枢纽型社会组织发展研究 [J]．探索，2014（2）：154-158．

[196] 俞可平．中国公民社会：概念、分类与制度环境 [J]．中国社会科学，2006（1）：109-122．

[197] 郁建兴，江华，周俊．在参与中成长的中国公民社会：基于浙江温州商会的研究 [M]．杭州：浙江大学出版社，2008．

[198] 郁建兴，沈永东．调适性合作：十八大以来中国政府与社会组织关系的策略性变革 [J]．政治学研究，2017（3）：34-41．

[199] 郁建兴，滕红燕．政府培育发展社会组织的模式选择：一个分析框架 [J]．政治学研究，2018（6）：42-52．

[200] 郁建兴，等．"最多跑一次"改革：浙江经验，中国方案 [M]．北京：中国人民大学出版社，2019．

[201] 袁方．社会研究方法教程 [M]．北京：北京大学出版社，2016．

[202] 岳经纶，郭英慧．社会服务购买中政府与 NGO 关系研究——福利多元主义视角 [J]．东岳论丛，2013，34（7）：5-14．

[203] 詹姆斯·杰卡德，罗伯特·图里西．多元回归中的交互作用 [M]．上海：格致出版社，2016．

[204] 张铂晨，赵树宽．政府补贴对企业绿色创新的影响研究——政治关联和环境规制的调节作用 [J]．科研管理，2022，43（11）：154-162．

[205] 张峰，黄玖立，王睿．政府管制、非正规部门与企业创新：来自制造业的实证依据 [J]．管理世界，2016（2）：95-111．

[206] 张海．我国社会组织培育模式的历史演变及发展趋势 [J]．湖北社会科学，2015（10）：52-60．

[207] 张圣，徐家良．政府慈善赋权何以走向有序？——探寻渐进之道 [J]．学

习与实践, 2021 (3): 77-88.

[208] 周俊. 政府与社会组织关系多元化的制度成因分析 [J]. 政治学研究, 2014 (5): 83-94.

[209] 朱纯. 政府培育和发展社会组织的实证分析 [D]. 南京: 南京大学, 2019.

[210] 朱光喜. 分化型政社关系、社会企业家行动策略与社会组织发展——以广西 P 市 Y 协会及其孵化机构为例 [J]. 公共管理学报, 2019, 16 (2): 67-78.

[211] 朱健刚, 陈安娜. 嵌入中的专业社会工作与街区权力关系——对一个政府购买服务项目的个案分析 [J]. 社会学研究, 2013, 28 (1): 43-64.

[212] 竺乾威, 朱春奎. 社会组织视角下的政府购买公共服务 [M]. 北京: 中国社会科学出版社, 2016.

[213] 祝建兵. 发达国家支持型社会组织发展的现状、特点及启示 [J]. 广东行政学院学报, 2015, 27 (2): 28-33.

[214] 祝建兵. 中国支持型社会组织发展研究 [D]. 南京: 南京师范大学, 2016.

[215] 邹谠. 中国廿世纪政治与西方政治学 [J]. 经济社会体制比较, 1986 (4): 19-23.

后　记

对政府培育发展社会组织的研究兴趣最早起源于我对社会组织本身发展的关注。出于对公共管理的兴趣，我从理工科转向了公共管理专业，但在读行政管理专业硕士时始终没有找到自己的学术兴奋点。2016 年，我在一家国有控股企业的中层管理岗位上已经工作了 5 年，安逸的工作并没有带来很大的价值感，我一直在寻找值得自己奋斗一生的事业，直到有一次在出差的路上读到了"免费午餐"的故事。一帮志同道合的伙伴们为了解决山区贫苦孩子的吃饭问题出谋划策、联合各方力量共同努力，终于探索出了可持续的解决方案，看到他们故事那一刻的感动和兴奋至今记忆犹新。后来又读了《蓝毛衣》《财富的责任与资本主义演变》等书，这些议题再次激发了我对公共议题的兴趣，也感受到了社会组织在解决社会问题中的强大力量。我开始思考一个问题：我能够在这个领域中为它们做点什么呢？于是，我在而立之年毅然决然地辞职回到母校，从零开始追求自己的学术理想，想通过自己的学术研究为中国的社会组织发展贡献自己的一份力量。而这本书正是自我从 2017 年博士入学到在高校工作的 8 年时间里，对于"政府如何更为有效地促进社会组织的高质量发展"这个问题的阶段性回答。

回顾过往，我首先要感谢我的导师、我学术生涯的领路人郁建兴教授。我依然记得在本科时第一次听郁老师讲座的情景。郁老师的博学、对现实问题的强烈关怀，以及在他身上所体现的使命感和责任感，使我深受震撼。当我在硕士毕业 5 年后表达了想继续追求学术的志趣时，他给了我极大的支持和鼓励，一点点地教我做学问之道，对于我那些天马行空的想法，总是耐心地引导我如何一步步去梳理思路、发现真相。更重要的是，郁老师不但教会了我如何做研究，而且言传身教，身体力行，让我明白什么是做学问的严谨态度，什么是一个学者应承担的使命和责任。非常幸运的是，在读博期间，郁老师主持了多个与政府培育发展社会组织相关的课题，为我们开展这方面的研究提供了得天独厚的条件。在跟随郁老师做研究期间，我对政府培育发展社会组织问题的研究主要围绕郁老师所主持的国家社会科学基金重大项目"政府培育发展社会组织的效应研究"、民政部委托课题"培育发展支持型社会组织的体制机制与政策体系研究"以及基金会中心网、宁波市鄞州区委托的多个横向课题进行。其间通过调研和课题合作的方式，我们团队搜集了关于全国各地社会组织发展情况的丰富数据资料。我们关于"政府如何更为有效地促进社会组织的高质量发展"这个问题的第一个研究成果发表在《政治学研究》上。后来我在一家国内知名的支持型社会组织调研时，受访者竟然表示读到过我们的文章，而且对他们开展工作很有帮助，这再次让我感受到了学术研究的价值所在。

随后，为了拓展视野，提高自己的学术研究能力，我获得了国家留学基金委的资助来到美国明尼苏达大学访学，其间向我的合作导师 Jodi Sandfort、程远老师以及赵志荣老师学习了解了美国社会组织的发展情况，在 ARNOVA 会议上我报告了关于政府如何与社会组织建立合作关系的一篇论文，也有幸跟着合作导师一起与来自世界各地的非营利组织研究者们交流学习。这些经历为我探寻政府如何更好地促进社会组织发展的问题提供了新的研究线索和思路。在此要感谢 Jodi 给予我的访学机会，让我参与了她的研究项目，带着我调研了明尼苏达州的部分社会组织；也感谢赵志荣老师为中国访问学者搭建的学术交流平台，跟着赵老师，我不但学习了如何拓展研究思路，还学会了如何滑雪，结交了真挚的朋友，体验了美式酒吧，对我来说，这让明尼苏达的寒冬变得更加有趣和精彩！在这里，我还要特别感谢访学期间的合作导师程远老师，他是我见过最真诚、热情和才华横溢的青年学者，几乎手把手地教会我完成了第一篇英文论文，传授了很多宝贵的研究经验，向我提供了很多帮助，是我一直以来的学习榜样！

我的博士学位论文选题是"政府培育发展社会组织的模式对政社关系发展的效应"，这部分的研究成果构成了本书第四章的主要内容。在这里，要特别感谢每一位帮助过我的社会组织朋友，有许多是通过邮件等网络方式参与调研，虽未曾谋面但心存感恩，感谢大家对我们研究的支持！此外，要特别感谢庄爱玲博士、徐本亮老师、古丽老师、叶朝斌主任、张利老师、胡芳理事长、樊英秘书长、郑天舒秘书长、刘飞老师、刘雨吉部长、马洪波老师、黄燚老师、符俊杰老师、范舟老师、郑小龙老师，以及永远充满热情和理想的黄佳、霍达、从莉和香如等朋友对我研究提供的大力支持！感恩每一份善意和帮助！同时，感谢为我的博士学位论文提出真诚和宝贵建议的各位老师、同门和室友。在此要特别感谢严国萍研究员、李华芳教授、周俊教授、吴玉霞副教授、陈宝胜教授、沈永东副教授、黄飚研究员、徐东涛主任和谈婕副研究员对我博士学位论文提供的帮助，同时也非常感谢 ESCN 小组的杨峥老师、马季老师、许承昕老师、马嫘霖老师的鼓励和支持，能与他们一起共同为中国非营利组织研究的学者提供志愿服务是我的荣幸！

　　博士毕业后，我来到宁波大学法学院工作，继续从事政府培育社会组织的研究，其间对该议题有了很多新的想法和思考，尤其是近两三年，各级政府培育发展社会组织的模式出现了许多新动向。我将调研中获得的最新案例和想法融进了这本书中，由于时间所限，难以获得更多的案例资料，有待后续的研究继续跟进。这期间我也得到了很多的支持和帮助，在此特别感谢龚虹波教授的帮助和指导。感谢我最好的闺蜜何源、关婷和陈海乐对我的支持。在此也要特别感谢我的先生兼挚友徐巍博士和我的孩子徐培元同学，谢谢他们支持我辞职读博追求理想，为我提供了温暖的港湾和依靠。最后，感谢宁波市哲学社会科学研究基地对本书出版的资助。感谢武汉大学出版社对本书出版的帮助。

　　本书适合对政府培育发展社会组织感兴趣的理论与实务工作者阅读，书中主要回答了"什么是政府培育发展社会组织""政府如何培育发展社会组织"以及"政府培育发展社会组织产生了哪些效应"等问题。希望本书的出版与发行能够为大家带来帮助！也希望在大家的共同努力下，我们国家的社会公益事业能够发展得更好！

滕红燕

2025 年 3 月 5 日于宁波